El libro Clie Historia esencial del cristianismo es visualmente cautivante. Cada página es un placer para la vista. Sin embargo, lo que realmente hace que este libro sea tan especial es la forma como Stephen Backhouse relata la historia cristiana. Es un libro de historia que se lee como una novela de aventuras.

RICHARD BECK, profesor en Abilene Christian University, autor de Unclean y Stranger God

Esta recopilación de imágenes, que abarca dos mil años de historia de la iglesia, deja que cada siglo cuente su propia parte de la historia; y Stephan Backhouse es un guía brillante a través de los desconcertantes vericuetos.

DAVID BENJAMIN BLOWER, Nomad Podcast, escritor y músico

Backhouse describe la historia de la cristiandad oficial «desde arriba», pero, de manera crucial, también cuenta la historia de los numerosos movimientos que renuevan el cristianismo «desde abajo». Ninguna historia de la iglesia está completa si no dedica tiempo a estos hombres y mujeres que fueron reformadores radicales. ¡Un libro excelente y hermoso!

PETE GREIG, fundador de Oración 24-7 Internacional, pastor principal de Emmaus Rd, Guildford, autor de Dirty Glory

Este volumen es un recurso valioso para quien busque un resumen compacto y extraordinariamente completo de la historia cristiana. Incluye un oportuno énfasis en una perspectiva global, además de destacar el papel de la mujer en relación con muchos de los acontecimientos clave de la iglesia. Muy recomendable.

LUCY PEPPIATT, directora del Westminster Theological Centre

Rico, conciso y construido para nuestros líderes más dinámicos (que nunca pisarán un seminario), este breve volumen es la última herramienta maestra de Backhouse para la iglesia local. Si los plantadores de iglesias locales conocieran su historia, sería mucho menos probable que repitieran sus errores.

GRAHAM SINGH, director ejecutivo de Church Planting Canada, rector de St. Jax Montreal

Este libro ha sido titulado correctamente. Es, en efecto, un compañero esencial para quienes se inician en el estudio de la historia de la iglesia. Ofrece a los estudiantes una excelente manera de orientarse, situando a los grandes personajes de la historia en su contexto social y teológico. Lleno de detalles útiles, está escrito con un estilo claro y atractivo que, sin abrumar ni intimidar, atrae al estudiante.

JANE WILLIAMS, decana adjunta y tutora de teología, St. Mellitus College

T0343527

CLIE

HISTORIA

ESENCIAL

del

CRISTIANISMO

STEPHEN BACKHOUSE

Editorial **CLIE**

EDITORIAL CLIE
C/ Ferrocarril, 8
08232 VILADECAVALLS
(Barcelona) ESPAŃA
E-mail: clie@clie.es
http://www.clie.es

Publicado originalmente en inglés bajo el título *Zondervan Essential Companion to Christian History* © 2019 por Stephen Backhouse. Con permiso de Zondervan Academic. Grand Rapids, Michigan.

HISTORIA ESENCIAL DEL CRISTIANISMO

ISBN: 978-84-19779-34-2
Depósito Legal: B 23553-2024
Referencia bíblica
Diccionarios y enciclopedias
REL006670

Impreso en Los Estados Unidos de América / *Printed in the United States of America*
25 26 27 28 29 / TRM / 9 8 7 6 5 4 3 2 1

A Francesca, Alexander, Rumi, Elijah,
Emilia, Sean, Evelyn, Keziah, Daniel,
Emmanuelle, Karyss y Elena.

Índice
general

SERVIDORES Y LÍDERES: 1-100

Érase una vez, en la Palestina ocupada por los romanos en el siglo I, un maestro judío itinerante que empezó a llamar la atención por sus sorprendentes declaraciones sobre Dios, su enfoque radical de la religión y la política, y su atención curativa a los pobres, solitarios y enfermos. Su mensaje ofendió a las autoridades y fue ejecutado. Poco después, sus seguidores empezaron a afirmar que su líder no había muerto, sino que había resucitado. Es más, empezaron a hacer afirmaciones sorprendentes sobre la naturaleza divina de este hombre, cuya influencia seguía animando a sus crecientes comunidades. Esta gente empezó a darse cuenta de que Jesús no solo era el «Mesías» o «Cristo» de Dios —un salvador esperado por los judíos que debía traer el reino de Dios a la tierra—, sino que también era, de algún modo misterioso, Dios mismo en forma humana.

El mensaje principal de Jesucristo era que el reino de Dios no solo estaba cerca, sino que ya estaba *aquí*. Sus seguidores enseñaron que, a través de Jesús, la liberación del pecado, la reconciliación con Dios y la pertenencia a este reino estaban abiertas a todos. La ciudadanía en este reino conllevaba su propio conjunto de libertades, derechos y responsabilidades: una nueva realidad espiritual que tenía consecuencias prácticas y sociales. La creencia en el Dios que se hizo hombre y la creencia en los valores de su reino fueron los dos motores del nuevo movimiento que llegó a conocerse como *cristianismo*.

Los cristianos no siempre han sido fieles a su homónimo, y las sociedades que producen no siempre han expresado lo mejor de sus valores. Sin embargo, una y otra vez el cristianismo ha inspirado a hombres y mujeres heroicos a trabajar en contra de sus propios intereses y del sentido común de su cultura, al servicio de los demás. Los reyes de la cristiandad han iniciado guerras y sus comerciantes se han beneficiado con la explotación, mientras que sus pacificadores han derrocado tiranías y sus científicos han curado enfermedades. En el mismo siglo en que se produjeron las primeras cruzadas, se crearon las primeras universidades y hospitales de la tradición moderna. Los pensadores de la cristiandad sentaron las bases de las ideas filosóficas que siguen conformando la vida actual. Sus artistas, escritores y músicos constituyen muchos de los tesoros culturales del mundo. Desde el principio, las diversas comunidades de Cristo han hecho gala de una vitalidad, originalidad, obstinación, flexibilidad, ferocidad y dulzura sin igual en la historia.

En la narración de esta historia se pueden rastrear ciertos temas a lo largo de los siglos. Uno de ellos es el martirio. El cristianismo comenzó con una crucifixión, y la persecución de los seguidores de Cristo sigue siendo una realidad constante en todo el mundo. De hecho, en la era moderna han muerto más personas por su fe cristiana que en ningún otro momento de la historia. La realidad del martirio está estrechamente relacionada con otro tema común, el de la ambigua relación entre los cristianos y sus países. De Constantino a Carlomagno, de Kublai Khan al rey Enrique VIII, de los zares rusos a los presidentes estadounidenses, la historia de la cristiandad es, en muchos sentidos, la historia del Estado que intenta controlar, gestionar o aprovechar el poder del cristianismo. Otro tema clave es el de la restauración interna. Siempre que las instituciones cristianas se han asemejado demasiado al mundo que las rodea, los movimientos de reforma no se quedan atrás. Históricamente, los cristianos han sido a menudo los críticos más feroces de la cristiandad.

El cristianismo es la fe más difundida de la tierra. Sus seguidores están muy extendidos, sus ideas son profundas y sus implicaciones de largo alcance. Como consecuencia, el cristianismo ha provocado disensiones tanto como ha inspirado emulación, y por esta razón es evidente que una historia del cristianismo es también, en muchos sentidos, una historia del propio mundo moderno. Nunca se podrá contar toda la historia del cristianismo, ya que la verdadera historia reside en la vida cotidiana de los hombres y mujeres que vivieron la fe y la transmitieron a otros, manteniendo vivas tradiciones y costumbres que darían forma a las generaciones futuras. Aunque no es una historia total, este libro ofrece una guía a través del torbellino de personas extraordinarias, ideas, acontecimientos bélicos y búsquedas de la paz que han llamado la atención de los historiadores y han configurado los principales contornos del pensamiento y la práctica cristianos en todo el mundo.

▶ El Cristo Pantocrátor más antiguo conocido, en el monasterio de Santa Catalina, siglos VI–VII d. C.
Z. Radovan/ BibleLandPictures.com

C. 40-44

- *Cristianos* (que significa "los de Cristo") utilizado por primera vez en Antioquía, probablemente como término peyorativo.
- El cristianismo se desarrolla como un movimiento contencioso dentro del judaísmo. Esteban se convierte en el primer mártir cristiano. El apóstol Pedro es encarcelado e interrogado por el rey de Judea, Herodes Agripa.
- Pedro posiblemente en Roma.
- Tras su experiencia de conversión, Saulo de Tarso adopta el nombre de Pablo y deja de perseguir a la secta cristiana.

C. 59-61

Pablo en Roma.

C. 58

Pablo escribe su Epístola a los Romanos a una iglesia ya bien establecida en Roma.

30   40   50   60

C. 30

Crucifixión de Jesús, llamado por sus discípulos judíos el *Cristo* (que significa "Mesías" o "ungido"). Poco después, los discípulos comienzan a afirmar públicamente que Jesús había resucitado y que esta resurrección era un signo de la realidad presente y la esperanza futura del reino de Dios. Su mensaje encuentra resistencia en Jerusalén, pero también atrae a muchos seguidores al camino de Cristo.

C. 47-57

- El apóstol Pablo actuó en Arabia, Tarso, Chipre, Asia Menor central, Macedonia, Corinto, Éfeso y otros lugares, predicando principalmente a gentiles no judíos.
- Jerusalén y Antioquía son las bases principales del movimiento. La palabra iglesia (del griego, que significa "reunidos con un propósito común") es de uso común.

▲ La Crucifixión, retablo de San Martino.
Gianni Dagli Orti/Shutterstock

▲ Pablo predicando en Atenas, de la Capilla Sixtina.
Wikimedia Commons

© *Historia esencial del cristianismo CLIE*

LOS PRIMEROS CRISTIANOS

Casi toda la información que tenemos sobre los primeros cristianos procede de sus documentos y cartas reunidos en el Nuevo Testamento. Así pues, el estudio histórico de la primera iglesia es necesariamente un asunto de biblistas. El tema ha suscitado mucha atención y debate a lo largo de los años, sobre todo en torno a la datación de los Evangelios, y la mayoría de los eruditos proponen fechas que van desde antes del año 70 hasta finales de los años noventa.

| 70 | 80 | 90 | 100 |

C. 70

Los romanos ocupan Jerusalén y destruyen el templo judío, creando una diáspora de judíos cristianos.

C. 96

La *Primera epístola* del obispo Clemente de Roma acepta las cartas de Pablo como Escritura junto con el Antiguo Testamento hebreo.

C. 64

El término *cristiano* ya circula cuando el emperador Nerón (37-68) inicia la primera persecución oficial del Estado. Según la tradición, Pedro y Pablo fueron martirizados en esa época. Se dice que la crueldad de la persecución de Nerón y el comportamiento de los cristianos frente a la injusticia provocaron sentimientos de simpatía y admiración entre la población romana en general.

C. 81-96

El libro del Apocalipsis (el último del Nuevo Testamento) se refiere probablemente a las iglesias perseguidas por el emperador Dominciano (c. 51-96).

▶ El interior de Karanlik Kilise, en Göreme (Turquía), condecoración al fresco. *firdes sayilan/123RF.com*

11

2 AMOR Y CORAJE: 100-200

A medida que las primeras generaciones de cristianos iban desapareciendo, los seguidores de Cristo en el siglo II se encontraron con que tenían que lidiar con la cuestión de la autoridad legítima. ¿Quién preservaba mejor el mensaje de Jesús y sus apóstoles? A medida que el nuevo movimiento exploraba las profundidades del pensamiento cristiano, algunos grupos se apartaron radicalmente de la enseñanza original, difundiendo ideas que siguen dividiendo al cristianismo hasta nuestros días. Los cristianos también buscaron formas de comunicar la nueva teología a un mundo en gran medida hostil: la persecución y el martirio son el telón de fondo del desarrollo del cristianismo a lo largo de esta época.

ATEOS OBSTINADOS

En el año 100, Trajano (53-117) llevaba dos años como emperador del Imperio romano. En 111, recibió la primera de una serie de cartas de Plinio el Joven (c. 62-115), gobernador de Bitinia. Plinio estaba preocupado por un nuevo y «obstinado» grupo religioso activo en su región. Esta gente se negaba a incorporar a su culto a los dioses locales y no participaba en el culto al emperador. Aunque eran buenos ciudadanos en otros aspectos, su negativa a tratar al emperador como a un dios era preocupante. Como no adoraban a ninguna de las deidades públicamente disponibles, estos cristianos fueron considerados ateos. Y los ateos son un elemento inestable y subversivo para cualquier sociedad que requiera muestras de religión cívica para su buen funcionamiento. Trajano aconsejó que se tuviera cuidado con el enjuiciamiento y que no se aceptaran acusaciones anónimas de cristianismo; sin embargo, aconsejó a Plinio que no tolerara la obstinada religión.

EL CAMINO

Pero esta secta subversiva estaba creciendo. A principios de siglo, de los 60 millones de habitantes estimados del mundo conocido, aproximadamente 7500 pertenecían al «Camino» de Cristo. Sus comunidades se extendían por todo el Imperio romano y más allá. Hacia el año 115, ya se tenían noticias de que el cristianismo había llegado a Edesa, fuera de la frontera oriental del imperio. Los cristianos se reunían regularmente en las casas de sus miembros más ricos: comerciantes textiles, soldados romanos y otros profesionales. Organizados en una red de diáconos y obispos, se comunicaban entre sí mediante predicadores itinerantes y un intenso intercambio de cartas, instrucciones e historias sobre su fundador judío, Jesucristo. A pesar de todo, estaba claro que no todos estaban de acuerdo en lo que significaba ser «cristiano».

 LA DIDACHÉ

El título largo de esta obra (que significa «Enseñanza») es «La enseñanza del Señor, por medio de los doce apóstoles, a los gentiles». La fecha exacta es discutida, pero muchos eruditos la sitúan en torno al año 100, lo que la convierte en el escrito cristiano más antiguo fuera del Nuevo Testamento. La obra ofrece una ventana a la cultura eclesiástica más primitiva, e incluye instrucciones sobre el camino de la vida y el camino de la muerte, las primeras formas del padrenuestro y las liturgias eucarísticas y bautismal. También se incluye una fórmula trinitaria, así como instrucciones sobre la forma correcta de tratar a los profetas itinerantes y a los maestros residenciales.

AUTORIDAD LEGÍTIMA

Uno de los líderes eclesiásticos más destacados de principios del siglo II fue Clemente, obispo (o «papa») de Roma (activo hacia el año 96). Clemente, el tercer hombre que ocupó este cargo después del apóstol Pedro, escribió documentos que ofrecen una ventana a los problemas a los que se enfrentaba la iglesia cristiana de su época. Su *Primera epístola a los corintios* (escrita hacia el año 96) aborda las feroces facciones intereclesiásticas, exige la restitución de los presbíteros destituidos y reclama el retorno a la obediencia de las autoridades eclesiásticas legítimas.

La autoridad legítima era una cuestión clave para la Iglesia primitiva. Para Ignacio, obispo de Antioquía (c. 50–c. 98/117), la unidad bajo el cuidado de una autoridad adecuada era esencial. Es probablemente de Ignacio de donde tenemos la primera idea de una iglesia *católica* («universal»). Ignacio insistía en que, sin la acción del obispo, tanto el matrimonio como la eucaristía eran inválidos. Estas prácticas eran importantes porque para Ignacio los cuerpos eran importantes. El matrimonio afirma el sexo y el

▲ Para huir de la persecución, los primeros cristianos solían celebrar su culto en salas y túneles excavados bajo tierra, como estas catacumbas de Kom el Shogafa, en Alejandría.
Gianni Dagli Orti/Shutterstock

nacimiento, las familias y la hospitalidad. La eucaristía es una celebración de la vida de Cristo, que era a la vez divina y humana. Con su afirmación de lo físico y lo material, Ignacio se une a las filas de otros líderes eclesiásticos preocupados por contrarrestar la más potente de las pretensiones rivales contemporáneas a la autoridad y autenticidad cristianas: el gnosticismo.

▼ El Imperio romano a principios del siglo II d. C.

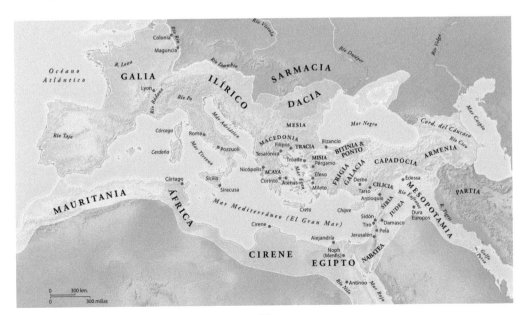

◀ Estatua del emperador Trajano en Roma.
© 2015 por Zondervan

▼ Clemente I, uno de los primeros papas de Roma después del apóstol Pedro.
Dominio público

CLEMENS · I · PP · ROMANUS

📖 EL *PASTOR DE HERMAS*

Esclavo liberado que más tarde se convirtió en un rico comerciante antes de perder su fortuna, Hermas fue con toda probabilidad contemporáneo de Clemente; sin embargo, algunos eruditos datan su obra entre 140 y 155. En cualquier caso, el *Pastor* combina visiones místicas con enseñanzas prácticas, haciendo hincapié en que incluso los pecados cometidos después del bautismo pueden ser perdonados. La obra fue tan popular e influyente que las iglesias de Oriente la consideraron parte de las Escrituras en los siglos II y III.

▼ La iglesia cristiana en los siglos I y II.

Extensión de la iglesia cristiana, siglo I d. C.
• Comunidad cristiana significativa, siglo I d. C.
Extensión de la iglesia cristiana, siglo II d. C.
◇ Importante comunidad cristiana, siglo II d. C.
◆ Importante comunidad cristiana en los siglos I y II

GNOSTICISMO

Los diversos grupos gnósticos, que florecieron en Alejandría y Egipto desde las primeras décadas del siglo II, reivindicaban el conocimiento secreto (o *gnosis*) transmitido por los apóstoles. Aparte de su pretensión de saber más de lo que se ofrecía libremente en los evangelios y las epístolas, la distinción gnóstica entre el mundo material y el espiritual supuso otro desafío. El gnosticismo demoniza la materia al afirmar que el mundo fue creado por un dios maligno (el Demiurgo) y que el mensaje (secreto) de Cristo es la única forma de escapar al reino puro y espiritual. Hay muchas variaciones gnósticas desconcertantes, pero todas tienden a compartir dos características principales: la primera es que, dado que los judíos adoran al Dios Creador, los gnósticos buscan purgar toda influencia judía de su propio pensamiento. La otra característica principal es que los gnósticos no quieren ni pueden afirmar la encarnación corporal de Jesucristo. En su lugar, defienden el docetismo, la opinión de que Jesús solo aparentaba ser humano.

MARCIÓN (C. 85–C. 160)

El gnóstico Marción de Sínope fue declarado hereje y excomulgado de la iglesia de Roma en 144. Marción negaba que Cristo hubiera nacido de una mujer o que su cuerpo fuera material. Rechazaba las Escrituras hebreas por considerarlas irrelevantes para la nueva revelación de Cristo y rechazaba a los apóstoles originales por ser demasiado judíos para entender correctamente a Jesús. El debate con Marción catalizó el pensamiento cristiano sobre la relación entre el Antiguo y el Nuevo Testamento y abrió el camino para la eventual formación del canon cristiano.

▼ El Templo de Esna, un santuario del siglo II situado a orillas del Nilo, en Egipto.
Dominio público

APOLOGÉTICA

Las afirmaciones cristianas fueron también un desafío para la filosofía romana y griega. Se cree que Arístides de Atenas (¿? – c. 140) escribió la primera **Apología** cristiana, presentada al emperador Adriano en 125. Arístides contribuyó a sentar las bases de gran parte de la apologética cristiana al intentar demostrar la existencia de Dios. También abordó los límites de otras cosmovisiones, demostrando cómo el cristianismo cumple las exigencias morales e intelectuales que otros sistemas no logran satisfacer.

JUSTINO MÁRTIR

Otro de los primeros apologetas, Justino (c. 100–165) fue el primer escritor que combinó sistemáticamente las afirmaciones de la fe y la razón. Nacido en el seno de una familia pagana, Justino se convirtió al cristianismo en 130, tras lo cual inició una carrera docente en Éfeso y fundó una escuela en Roma. Su *Primera apología* (c. 155) fue escrita para el emperador Pío y en ella sostiene que el cristianismo es la filosofía más racional. En su *Segunda apología*, dirigida al Senado romano, intenta refutar las objeciones racionales a la vida y el pensamiento cristianos.

Aunque sus escritos se convertirían más tarde en obras fundacionales de la literatura cristiana, no lograron convencer inmediatamente a la Roma pagana; Justino fue martirizado por decapitación en torno al año 165.

MARTIRIO DE POLICARPO

El destino de Justino a manos del Estado no era raro. Ignacio fue martirizado en Roma en 107. Hacia 124, las persecuciones oficiales habían aumentado bajo el emperador Adriano, lo que llevó a la ejecución de Telesforo, obispo de Roma, en 137. Policarpo (c. 69–c. 156) también estuvo activo en Roma, pero es principalmente conocido por haber sido obispo de Esmirna. Se dice que Policarpo, uno de los líderes de la iglesia del siglo II, fue nombrado obispo por los apóstoles originales; su *Epístola a los filipenses* (c. 116) nos da una idea del uso que los primeros cristianos hacían de la literatura apostólica. Pero fue el *Martirio de Policarpo* (*Martyrium Polycarpi*), un libro que relata el juicio y la muerte de Policarpo en la hoguera y apuñalado en el año 156, el que tal vez ejerció la influencia más duradera en el cristianismo de los siglos II y III.

▶ Justino Mártir enseñó la conexión entre filosofía y teología. Fue asesinado por su fe. *Tupungato/Shutterstock*

CULTO DE MÁRTIRES

El relato de los últimos días de Policarpo se convirtió en la norma para otros relatos de mártires, conocidos como *Acta* («actas»). En ellas se hacía hincapié tanto en los detalles gráficos de la ejecución del mártir como en el modo santo y semejante al de Cristo en que el mártir fue a la muerte. La práctica común de venerar los huesos del mártir comenzó también con Policarpo, cuando sus restos conservados fueron el centro de un acontecimiento anual que celebraba el «cumpleaños» de su martirio. Este fue el comienzo de la era conocida como el «Culto de los mártires», en la que algunos cristianos abrazaban con entusiasmo la persecución y muchos más veneraban a los mártires como si hubieran alcanzado las cumbres de la perfección espiritual.

▶ Los restos del Arco de Marco Aurelio, Trípoli, Libia, datan del año 163 d. C. *Patrick Poendl/123RF.com*

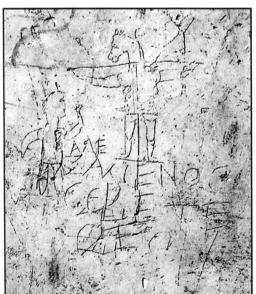

▲ El grafito de Alexámenos, una de las primeras representaciones de la crucifixión de Jesús, muestra a un hombre adorando a una figura con cabeza de burro. El grafiti reza: «Alexámenos adora a su Dios», aparentemente burlándose de un cristiano llamado Alexámenos. *Z. Radovan/BibleLandPictures.com*

PERSECUCIÓN ESTOICA

Tras la muerte de Policarpo, el emperador Marco Aurelio emprendió una intensa campaña de persecución contra los cristianos. Como era un filósofo estoico, muchos cristianos esperaban que Aurelio escuchara su religión con justicia, y apologetas como Justino le dirigieron libros. Sin embargo, Aurelio seguía convencido de que el cristianismo era una amenaza interna para la sociedad romana. En aquella época, Roma sufría guerras, la invasión de los partos (163–166), repetidos ataques de tribus germánicas del norte (166–180), una plaga (166–167) y revueltas en Siria y Egipto (175). En estos tiempos de agitación, las poblaciones supersticiosas estaban ansiosas por encontrar a alguien a quien culpar, y a menudo eran los cristianos «ateos» quienes atraían su ira. Aurelio permitió que sus gobernantes regionales intensificaran sus ataques contra los grupos cristianos locales.

MÁRTIRES DE LYON

Uno de estos ataques tuvo lugar en Lyon en 177, cuando el gobernador ejecutó a todos los cristianos que no se retractaron. La purga se saldó con la captura y ejecución pública de unas cuarenta y ocho personas, entre ellas el nonagenario obispo Potino (c. 87–177), al que mataron de hambre y luego a pedradas.

BLANDINA
(FECHAS DESCONOCIDAS)

Una joven esclava, Blandina, fue una de las mártires de Lyon en el año 177. Aunque frágil y débil tras un periodo de hambruna, se dice que soportó torturas que dejaron cansados incluso a sus torturadores. Cuando la colgaron de un poste como cebo para los animales salvajes, los compañeros cristianos de Blandina se animaron al ver en ella «al que fue crucificado por ellos». Finalmente, Blandina fue azotada, quemada, atada y arrojada a un ruedo, donde murió pisoteada por un toro. Su historia se relata en *La carta de las iglesias de Vienne y Lyon*, recogida por Eusebio de Cesarea (c. 260–341).

MARCIA
(FECHAS DESCONOCIDAS)

Bajo el emperador Cómodo (que gobernó de 180 a 192), a los cristianos les fue un poco mejor que bajo su padre, Aurelio. Esto se debió en gran parte a la influencia de la concubina de Cómodo, Marcia. Esta buscaba beneficiar a los cristianos y utilizaba su posición en la corte para favorecerlos. En una ocasión, Marcia consiguió la liberación de cristianos condenados a la esclavitud penal en Cerdeña, entre ellos Calixto, futuro papa.

EL PRIMER CATÓLICO

La iglesia estaba desorganizada, lo que llevó a la elección de Ireneo (c. 130–c. 202) como nuevo obispo de Lyon en 178. Ireneo es considerado el primer gran escritor y pastor católico. Fue mediador en las disputas entre las iglesias oriental y occidental, y desarrolló fuertes vínculos con las tribus bárbaras de habla gaélica. Su regla del origen apostólico significaba que eran los obispos, y no los eruditos o predicadores itinerantes, quienes tenían la máxima autoridad en la iglesia, pues su cargo era heredado de los discípulos originales. Mantuvo el Antiguo Testamento como Escritura y defendió los cuatro evangelios como canónicos. Ireneo es conocido sobre todo por su lucha contra el gnosticismo, y su obra más importante se titula *Contra las herejías* (*Adversus Haereses*, c. 185).

© *Historia esencial del cristianismo* CLIE

CARTAGO

La persecución fue generalizada y no se limitó a los confines occidentales del Imperio romano. Uno de los documentos cristianos africanos más antiguos es el *Acta de los mártires escilitanos*. Cinco mujeres y siete hombres fueron ejecutados en Scillium, cerca de Cartago, en el año 180, por cargos relacionados principalmente con la acusación de que, como cristianos, debían lealtad a un Señor que estaba por encima de emperadores o reyes. Los relatos sugieren que los mártires contaban con el apoyo popular local y, de hecho, el norte de África era un importante centro del cristianismo. A los cristianos de Cartago no se les permitía poseer tierras en la ciudad, pero habían establecido un cementerio cristiano fuera de los límites, y la iglesia cartaginesa era líder en la vida y el pensamiento cristianos. El Padre de la Iglesia africano Tertuliano (c. 160–225) creció en Cartago y se unió a la iglesia tras su conversión del paganismo. Tertuliano, que escribía en latín en lugar del griego tradicional, era un maestro de la comunicación que dirigía sus escritos a un público romano sofisticado.

 EL CANON MURATORIANO

Llamado así por el hombre que descubrió el manuscrito en 1740, el «Fragmento muratoriano» es la lista y resumen más antiguo que se conoce de los libros canónicos del Nuevo Testamento. El original se escribió probablemente en Roma entre los años 180 y 200. El documento, incompleto, describe veintidós de los veintisiete libros del Nuevo Testamento y es una fuente inestimable para los historiadores del canon bíblico. Ofrece una visión de los escritos utilizados y no utilizados por la Iglesia primitiva.

ALEJANDRÍA

En la metrópoli egipcia de Alejandría, el cristianismo parece haber surgido de la fuerte comunidad judía, tal vez por instigación de Marcos el evangelista. Alejandría era conocida por ser un centro de fermento religioso, y muchos cultos se disputaban la atención. Gran parte de la cultura cristiana alejandrina estaba fuertemente influida por el gnosticismo, y es probable que los textos gnósticos *Epístola de Bernabé*, *Evangelio de los egipcios* y *Evangelio a los hebreos* surgieran aquí. El cristianismo ortodoxo también estuvo presente, representado sobre todo por Clemente de Alejandría (c. 150–c. 215).

EL PRIMER TEÓLOGO

Clemente, originario de Atenas, se convirtió en 190 en director de la escuela catequética de la ciudad. La escuela enseñaba el cristianismo como la verdadera filosofía a los eruditos avanzados, pero también formaba a los nuevos conversos (*catecúmenos*) como preparación para su plena aceptación en la iglesia. La trilogía de textos elaborados por Clemente durante su etapa como director de la escuela da una idea de su formación. La *Exhortación a los griegos* (*Protreptikos*), *El instructor* (*Paidagogos*) y *Misceláneas* (*Stromateis*) abordan, por un lado, la filosofía griega pagana y, por el otro, el pensamiento gnóstico cristiano. Los libros no se limitan a la teoría y a menudo hacen hincapié en la disciplina moral y los deberes que se derivan de las afirmaciones cristianas. Por este motivo, a veces se considera a Clemente como el primer teólogo y eticista consciente de sí mismo.

Clemente se vio obligado a huir de su escuela, junto con muchos otros cristianos de Alejandría y Cartago, a causa de una serie de campañas locales de discriminación que florecieron bajo el nuevo emperador Septimio Severo, nacido en África, un período de persecución que comenzó a finales de siglo, en 199.

▲ Patio de una villa romana, barrio de Odeón, Cartago, Túnez. *Wikimedia Commons*

▲ Tertuliano, el principal teólogo norafricano, es considerado como el padre del cristianismo latino.

 PADRES DE LA IGLESIA

La Apología de Tertuliano (c. 197) marca el punto culminante de la escritura del siglo II y se considera como la fuente de la tradición literaria cristiana latina. Cipriano llamaba a Tertuliano su «maestro», al igual que Agustín. Juntos, estos tres norafricanos son considerados como los padres de las iglesias occidentales.

 PASCUA

La Iglesia primitiva se enfrentó a un problema. ¿Debía celebrarse la Pascua según la fecha de la Pascua judía en el calendario lunar judío, o era más apropiado el calendario solar gentil «juliano»? Las tradiciones más antiguas de Asia Menor celebraban la pascha cristiana según la fecha judía de la Pascua (llamada Quartodeciman porque caía el decimocuarto día después de la luna llena de primavera). Los cristianos romanos gentiles se aferraban a celebrar la Pascua el domingo siguiente al equinoccio de primavera. El conflicto era importante porque afectaba a la centralidad de la resurrección de Jesús para la creencia cristiana. Por otra parte, además de representar la división que había existido entre cristianos judíos y gentiles desde los primeros tiempos del cristianismo (véase, por ejemplo, Gálatas 2:1-21), el conflicto puso de relieve las diferencias emergentes entre Oriente y Occidente. Presintiendo un desafío a la autoridad romana, el papa africano Víctor I (presidió entre 189 y 198) amenazó con excomulgar a los cuartodecimanos, medida a la que se opuso Ireneo de Lyon. La búsqueda de un método uniforme para establecer la fecha calendárica de la Pascua se retomó en el I Concilio de Nicea, en 325, pero aún hoy la fecha de la Pascua varía entre las tradiciones orientales y occidentales.

3 MÁRTIRES Y HEREJES: 200-300

Las persecuciones continuaron a lo largo del siglo III, dando lugar a la creación tanto de mártires como de apóstatas y a la cuestión de sus respectivos lugares en la jerarquía de la vida eclesiástica. Otros problemas de orden y autoridad se agudizaron con el surgimiento de importantes movimientos heréticos que moldearían el pensamiento cristiano durante siglos. A pesar de estos problemas, el cristianismo del siglo III fue testigo de la actividad de algunos de sus padres eclesiásticos más destacados y se expandió por los desiertos y ciudades del Imperio romano y más allá.

 MONTANISMO

Fundado por Montano (fechas desconocidas, c. 170), el movimiento profético que tomó su nombre floreció a principios del siglo III. Los montanistas eran famosos por su estricto ascetismo y por afirmar que recibían revelaciones directas de Dios. Las mujeres ocupaban puestos de liderazgo destacados, siendo las más famosas las profetisas Maximila y Priscila (fechas desconocidas). Los montanistas no parecen haber sido herejes doctrinales, pero chocaron con el cristianismo católico por la creencia montanista de que el éxtasis espiritual anulaba la propia mente racional del profeta. Tertuliano se hizo montanista en el año 208.

AUTORIDAD DE LOS MÁRTIRES

En un renovado esfuerzo por consolidar el poder en todo su imperio, parte de la campaña del emperador Septimio Severo consistió en prohibir la conversión al judaísmo y al cristianismo. Atrapados en la ola de nuevas persecuciones, en 203 se hallaba un grupo de ca-

tecúmenos en Cartago. La *Pasión de las santas Perpetua y Felicidad* describe el martirio de dos mujeres de este grupo, la noble Perpetua y la esclava Felicidad. El documento es importante porque ofrece relatos de primera mano sobre la existencia en la cárcel y también permite conocer la vida de las mujeres cristianas

▲ Perpetua, noble, líder eclesiástica y mártir cristiana. *Wikimedia Commons*

▲ El Arco de Septimio Severo se alza a la entrada de la ciudadela romana de Leptis Magna, en la actual Libia. Severo nació aquí en 146. *Jan Hazevoet/Wikimedia Commons, CC BY 3.0*

del siglo III, que, como Perpetua, a menudo asumían funciones de liderazgo en las comunidades eclesiásticas domésticas.

La *Pasión* también arroja luz sobre los conflictos internos de la iglesia de la época. Las cuestiones de autoridad oficial, así como el debate sobre el papel que desempeñaban los nuevos mártires en la formación de las creencias cristianas, son evidentes en el texto; en una escena, la mártir Perpetua aparece resolviendo una disputa entre un presbítero y su obispo. El desconocido editor era montanista, y el libro sostiene que, a través de mártires como estos, la obra del Espíritu Santo continuaba en formas tan significativas como las relatadas en las Escrituras.

EL ORDEN EN LA IGLESIA PRIMITIVA

Los distintos grupos de cristianos variaban en el grado de autoridad que concedían a los mártires, las mujeres y los profetas errantes, por no hablar de los diáconos, los presbíteros y los obispos. Un ejemplo de los primeros intentos de conservar el orden y la estructura de la iglesia lo encontramos en el obispo griego Hipólito (¿?–c. 236) y su *Tradición apostólica* (c. 220). A pesar de enfrentarse a un gran número de conversos, Hipólito se opuso a relajar el sistema penitencial, por el que los nuevos catecúmenos solo podían participar en la Comunión tras un riguroso tiempo de enseñanza, confesión y disciplina. La *Tradición* también revela la estricta jerarquía de los ordenantes y otros ministros, y detalla los ritos típicos del bautismo, la eucaristía y otras prácticas litúrgicas prevalentes en la iglesia romana del siglo III.

ORÍGENES

En este contexto eclesiástico de pensamiento especulativo y estructuras rígidas vivió y trabajó Orígenes (c. 185–251). Su padre, un cristiano egipcio llamado Leónidas, fue ejecutado bajo las persecuciones de Septimio Severo en 201. Orígenes iba a morir junto a él hasta que fue salvado por su madre. Siguiendo a su antiguo maestro Cle-

mente, Orígenes fue director de la Escuela catequística de Alejandría durante veintiocho años. Padre de la Iglesia griego, fue quizá el escritor más prolífico de la Antigüedad; algunos informes le atribuyen entre 800 y 2000 obras. Entre ellas figuran las primeras obras de comentario textual bíblico serio, como la *Hexapla* (c. 230), una traducción paralela del Antiguo Testamento escrita en seis lenguas. Otra obra esencial es *De Principiis*, una de las primeras teologías sistemáticas de la historia cristiana.

 MANIQUEÍSMO

Probablemente, el más persistente de los movimientos gnósticos heréticos, el maniqueísmo, se manifestó en China en el siglo X, y su influencia continuó en las épocas medieval y moderna. Las enseñanzas de Mani de Persia (c. 216–276) se centraban en la creencia en un conflicto primigenio entre la Luz y la Oscuridad. Se suponía que Satanás había atrapado partículas de luz dentro de cada cuerpo humano, y el propósito de la religión era liberar el espíritu puro de su materia corrupta. Jesús, Buda, los profetas y Mani eran ayudantes en esta tarea.

LA PERSECUCIÓN DE DECIO

Orígenes murió en 251 tras sufrir encarcelamiento y tortura como una de las últimas víctimas de la persecución de Decio. Cuando el emperador Decio llegó al poder en 249 había adoptado intencionadamente el nombre de «Trajano Decio» emulando el éxito de su sucesor en la defensa de la Roma pagana contra los ateos. La campaña de Decio fue la primera persecución en todo el imperio y la más sangrienta para los cristianos. Cuando Decio fue abatido en combate en 251, muchos cristianos lo tomaron como un juicio de Dios y se alegraron. La campaña de persecución duró poco, pero sus consecuencias fueron de gran alcance, ya que si bien la persecución de Decio produjo muchos mártires, creó muchos más apóstatas.

◀ Orígenes, maestro y teólogo, fue el autor más prolífico de la Antigüedad. *Wikimedia Commons*

 DENIS

El mártir francés Denis (Dionisio) fue el primer obispo de París y es el patrón de Francia. Murió en Montmartre (París) en la segunda mitad del siglo III.

▲ Martirio de San Denis, patrón de Francia. A la izquierda, se ve a Denis recibiendo su última comunión y, a la derecha, decapitado. *Wikimedia Commons*

▶ Basílica del Sagrado Corazón, construida en el siglo XIX, Montmartre, París. Señala el lugar del martirio de Denis (Dionisio), primer obispo de París, ejecutado aquí hacia 250.
Petr Kovalenkov/123RF.com

CRISTIANOS LAPSOS

Tras el período de intensa persecución, en 251 la sede del papa había estado vacante durante catorce meses. Cornelio fue elegido papa y ejerció el cargo durante dos años antes de su muerte en 253. Cornelio se enfrentó al problema de qué hacer con todos los miembros de su rebaño que habían cedido a la persecución. Por un lado, no estaba claro qué se consideraba un lapso. ¿Constituye apostasía entregar las Escrituras cristianas y las cartas a las autoridades? ¿Y los que renunciaban públicamente a Cristo, pero seguían adorando en privado? ¿Eran tan culpables los que huían de la persecución como los que se retractaban de su fe bajo pena de tortura? Ante tales difi-cultades, el obispo Cornelio adoptó una postura indulgente con los apóstatas, acogiéndo-los de nuevo en la iglesia.

NOVACIANO

A Cornelio se opuso el presbítero y teólogo Novaciano (c. 200–258), que mantenía una postura mucho más rigorista. Novaciano no permitía que se hicieran concesiones a los cristianos lapsos. Consagrado obispo como rival directo de Cornelio, Novaciano estableció una iglesia separada para aquellos que se negaban a permitir que los apóstatas volvieran al redil. Él mismo fue martirizado en 258 tras la renovada campaña del emperador Valeriano.

NOVACIANOS

El movimiento cismático fundado por Novaciano continuó hasta bien entrado el siglo V. Riguroso en su denuncia de los cristianos transigentes, el grupo era doctrinalmente orto-doxo, aunque permaneció excomulgado de la Iglesia romana.

SOBRE LA UNIDAD DE LA IGLESIA CATÓLICA

Escrito por Cipriano en 251, *Sobre la unidad de la iglesia católica (De Catholicae Ecclesiae Unitate)*, una serie de tratados pastorales y cartas, constituye un recurso de gran importancia para los historiadores interesados en la vida y la estructura de la Iglesia primitiva. El libro tiene una orientación práctica y se ocupa más de cuestiones administrativas y pastorales que de teología innovadora. Afirma el sistema de sucesión apostólica de los obispos sobre y contra las iglesias cismáticas no auténticas.

LIBELLI PACIS

Algunos cristianos obtenían certificados *Libelli Pacis* («Cartas de paz») para evitar la persecución. Los documentos declaraban que el portador había realizado los sacrificios necesarios a los dioses; en realidad, a menudo no se había efectuado ningún sacrificio y los documentos se habían comprado a las autoridades civiles.

 PESTE EN CARTAGO

En 252, una grave plaga asoló la ciudad de Cartago. El brote suscitó un sentimiento anticristiano generalizado, lo que llevó a los líderes eclesiásticos a argumentar públicamente que el cristianismo no es la causa de las catástrofes naturales. Al mismo tiempo, Cipriano escribió una serie de cartas pastorales en las que exhortaba a sus compañeros cristianos a seguir ayudando a los moribundos y a socorrer a los afectados por el desastre.

CIPRIANO

Los efectos de la apostasía también se dejaban sentir en el norte de África. Cipriano (¿?–258) había sido filósofo pagano antes de convertirse al cristianismo hacia 246 y fue nombrado obispo de Cartago dos años más tarde. Huyó de la persecución de Decio en 249 y solo regresó a su puesto tras la muerte del emperador en 251, lo que fue visto con recelo por sus oponentes, muchos de los cuales se habían quedado para hacer frente a la persecución.

EL PROBLEMA DEL REBAUTISMO

Cipriano se oponía a tratar con indulgencia a los lapsos o los que habían comprado su salida de la persecución, pero les permitía volver a la iglesia tras un periodo de penitencia. Al mismo tiempo, la excomunión de los novacianos había dado lugar a otro problema relacionado: ¿eran válidos los bautismos realizados por cismáticos? Cipriano pensó que no, y en 255 exigió que cualquiera bautizado por un cismático o hereje fuera rebautizado para poder disfrutar de la plena comunión con la verdadera iglesia. A su vez, esto provocó las críticas de Esteban I (¿?–257), que había sido nombrado papa de Roma en 254. Esteban sostenía que, dado que los sacramentos recibían su validación de Dios, su valor no dependía de la posición del sacerdote que los administraba. Siguieron una serie de cartas significativas entre los dos obispos, pero el debate se interrumpió cuando Esteban murió en 257; Cipriano, por su parte, fue martirizado durante la persecución de Valeriano un año después.

LA PRIMERA TOLERANCIA

Emperador de Roma de 253 a 260, Valeriano gobernó un imperio asolado por la guerra civil y las amenazas de Persia en el este y de las tribus bárbaras en el norte. Para aplacar a los dioses romanos, Valeriano promulgó edictos en 257 y 258 que proscribían y ejecutaban al clero cristiano, purgaban a los creyentes de las clases altas de la sociedad y prohibían las asambleas cristianas.

Para ayudar a gestionar su difícil imperio, Valeriano nombró a su hijo Galieno su coemperador, encargándole la responsabilidad en Occidente. Cuando Valeriano fue capturado por las fuerzas persas en 260, Galieno asumió el control de todo el imperio. Ese mismo año revirtió la política de persecución de su padre y promulgó el primer Edicto de tolerancia del cristianismo. El edicto restituyó a los obispos a sus iglesias, permitió el entierro en cementerios cristianos y puso fin a la práctica de obligar a los cristianos a adorar públicamente a las divinidades cívicas romanas. Los cristianos interpretaron la derrota de Valeriano y las acciones de Galieno como un acto de protección de Dios para sus seguidores. Aunque la tolerancia fue un alivio bienvenido, el edicto de Galieno no se debió a una conversión por su parte. Más bien, fue una decisión pragmática tomada para detener la fracasada política de su padre en todo el imperio. Las persecuciones locales continuaron.

 OCCIDENTE Y ORIENTE

La innovación de Valeriano de dividir el Imperio romano en jurisdicciones occidentales y orientales sentó un precedente que tendría consecuencias duraderas para la historia del cristianismo, con el eventual establecimiento de la iglesia de Roma en Occidente y la iglesia de Constantinopla en Oriente.

 DIONISIO (¿?–268)

Dionisio se convirtió en papa en Roma en el año 260. Uno de los obispos más importantes de esta época, Dionisio contribuyó a restablecer el orden eclesiástico tras los estragos de la persecución de Valeriano. Sus cartas revelan una preocupación pastoral por los obispos a su cargo.

 SYNAXARIUM

El sinasario (Synaxarium) es una lista de santos y sus fechas de muerte utilizada por las iglesias ortodoxas orientales. El gran número de mártires dioclecianos conmemorados en esta lista atestigua la severidad de las persecuciones contra la Iglesia copta, una época conocida como la Era de los mártires.

▼ Los ermitaños del desierto vivían en estructuras similares a estas habitaciones excavadas en los acantilados rocosos de Bilad el-Rum, en el oasis de Siwa (Egipto).
Nicholas J. Saunders/Shutterstock

ERMITAÑOS DEL DESIERTO

Alrededor del año 269, en Egipto, un acaudalado copto se desprendió de todas sus posesiones y se retiró a vivir al desierto. El longevo Antonio (c. 251–356) no fue el primer ermitaño que siguió una vida de soledad religiosa, pero sí uno de los primeros en hacerlo por motivos cristianos. Antonio, una de las principales figuras del monasticismo egipcio primitivo, escribió poco y solo hablaba copto. Sin embargo, su vida sencilla y su reputada sabiduría atrajeron a muchos seguidores. En 285, Antonio se alejó aún más de la sociedad, pero fue encontrado de nuevo por otros que deseaban vivir como ermitaños. Estas comunidades anacoretas florecieron en los desiertos de Egipto y Siria, establecieron el monasticismo como una opción cristiana viable y ayudaron a sentar las bases de la futura Iglesia copta de los siglos IV y V.

En años posteriores, la Iglesia copta dataría su era a partir del 284, año en que el emperador Diocleciano subió al poder. Instigador de la Gran Persecución, Diocleciano desencadenaría en 303 la campaña más organizada y extensa contra los cristianos que se haya visto en la civilización romana.

VALENTÍN

Hay varios mártires llamados Valentín, pero poco se sabe de por qué sus vidas deben relacionarse con la romántica celebración actual que lleva el mismo nombre. Valentín de Roma fue un sacerdote, apaleado, decapitado y enterrado en la Vía Flaminia (la carretera más importante hacia el norte de Roma) en el año 269 aproximadamente. También fue enterrado en la misma vía el obispo Valentín de Terni, martirizado a principios de siglo.

4 ESTABLECIMIENTO Y RESISTENCIA: 300-400

Después del siglo I, el siglo IV es sin duda el más influyente en la historia del cristianismo. Fue entonces cuando el cristianismo se convirtió en la religión oficial del Imperio romano, cuando se formularon los credos fundacionales, se finalizó el canon bíblico, se establecieron los principales movimientos monásticos y se configuraron las principales corrientes de la iglesia cristiana. Los cuatro doctores de la iglesia también estuvieron activos en esta época.

LA ERA DE LOS MÁRTIRES

En 303 y 304, el emperador Diocleciano ordenó derribar todas las iglesias, quemar Biblias y torturar al clero. Diocleciano abdicó en 305, pero las persecuciones continuaron hasta 312.

EL MOVIMIENTO DONATISTA

En 311, Ceciliano (¿?–c. 345) fue nombrado obispo de Cartago. La Gran Persecución había golpeado duramente el norte de África, con muchos cristianos exiliados o asesinados, y muchos más *traditores* («los que entregaban») obligados a entregar sus escritos y textos sagrados para que fueran quemados por las autoridades.

Uno de estos *traditores* era quien había consagrado a Ceciliano. Como resultado, el partido eclesiástico rigorista afirmó que el cargo de Ceciliano era inválido. Finalmente, un obispo llamado Donato Magno (¿?–355) asumió la sede rival, dando nombre al grupo cismático.

El debate no era nuevo para el cristianismo. Lo que hizo singular a la controversia donatista es que fue la primera que atrajo la intervención del nuevo emperador.

▲ El emperador Diocleciano está representado junto con otros tres gobernantes: Maximiano, Galerio y Constancio. Obra sirio-romana del siglo IV, la estatua adorna actualmente la Basílica de San Marcos de Venecia. *anshar/Shutterstock*

EL EMPERADOR CONSTANTINO

Hijo de Constancio Cloro y Helena, Constantino (c. 273–337) fue proclamado emperador durante una campaña en York en 306. Sin embargo, no fue hasta 312 y la batalla del Puente Milvio cuando Constantino pudo asegurarse el trono junto con su coemperador Licinio.

Se dice que, antes de entrar en combate, Constantino tuvo una visión de la cruz de Cristo guiando a sus soldados en la batalla, por lo que adoptó el lábaro como estandarte militar. La victoria de Constantino pronto condujo a la tolerancia de la iglesia, lo que a su vez llevaría a favorecer el cristianismo como religión preeminente de Roma.

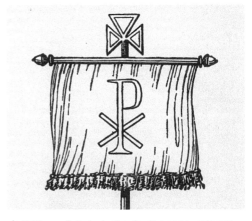

▲ El lábaro: símbolo de Constantino compuesto por un monograma cristiano que incorpora las letras griegas X y P, las dos primeras letras de «Cristo» en griego (ΧΡΙΣΤΟΣ). *Dominio público*

ALBANO
(FECHAS DESCONOCIDAS)

Albano, el primer mártir británico conocido, murió según la tradición hacia el año 303 durante la Gran Persecución. Fue un pagano que se convirtió al cristianismo cuando ofreció cobijo a un misionero; Albano se ofreció voluntariamente para morir en lugar del sacerdote.

CATALINA DE ALEJANDRÍA
(C. 285–C. 305)

Según la tradición, Catalina fue una erudita y virgen martirizada en Alejandría hacia 305. Célebre en Oriente y Occidente, Catalina fue objeto de devoción popular en la Edad Media. Su símbolo es una rueda con pinchos, el instrumento de tortura sobre el que fue asesinada.

 Catalina de Alejandría de Caravaggio. Planet Art

HISTORIA DE LA IGLESIA

El obispo Eusebio de Cesarea (c. 265–339) completó la primera gran obra de historia cristiana en el año 325. Su *Historia* tiene un valor incalculable, ya que conserva documentos e historias que no se encuentran en ningún otro sitio.

EL EDICTO DE MILÁN

En el año 313, Licinio y Constantino se reunieron en Milán y acordaron una serie de medidas que desde entonces se conocen como el Edicto de Milán. Esta política otorgó personalidad jurídica a las iglesias cristianas, concediendo la tolerancia a todas las religiones del imperio y poniendo fin a la Gran Persecución.

Aunque en esta época la tolerancia no otorgaba oficialmente al cristianismo un estatus privilegiado, está claro que Constantino se interesó mucho por la religión cristiana. La estrategia de consolidación política de Constantino se reflejó en su acercamiento al cristianismo, y en su intento de vincular la Iglesia con el Estado.

HELENA (C. 255–C. 330)

Madre del emperador Constantino, Helena ocupó un destacado puesto de autoridad en el Imperio romano. Fue una apasionada defensora del cristianismo y dirigió una importante excursión a Tierra Santa en 326, donde fundó importantes iglesias en el Monte de los Olivos y en Belén. Helena también es conocida por coleccionar reliquias y se cuenta que adquirió trozos de la cruz.

© *Historia esencial del cristianismo CLIE*

▼ El emperador Constantino está representado junto a su célebre madre, Helena.
Wikimedia Commons

📍 PROYECTOS DE CONSTRUCCIÓN DE CONSTANTINO

313 Comienza la construcción de la Iglesia de San Juan de Letrán en Roma. Construida en propiedad imperial, señaló la actitud de Constantino hacia el cristianismo.

320 Comienza la construcción de la primera Iglesia de San Pedro, la basílica más grande de Roma.

325 Fundación de la Iglesia de la Natividad en Belén.

326 Comienza la construcción de la Iglesia del Santo Sepulcro de Jerusalén. El edificio influiría notablemente en la arquitectura eclesiástica posterior.

328 Bizancio recibe el nuevo nombre de *Constantinopla* y se convierte en capital del imperio. Se inicia una serie de obras públicas cristianas.

▶ Iglesia del Santo Sepulcro.
Nickolay Vinokurov/Shutterstock

CONCILIO DE ARLÉS

La primera oportunidad de Constantino llegó cuando los donatistas lo invitaron a arbitrar en su disputa con el papa Milcíades (¿?–314) en 313. Al año siguiente, en colaboración con el papa Silvestre (¿?–335), el emperador convocó el Concilio de Arlés para tratar el problema. En 316, Constantino se opuso a los donatistas. Una campaña de coacción contra ellos duró hasta el 321, y así, por primera vez en la historia, la Iglesia y el Estado colaboraron en la supresión de la herejía.

ARRIUS ERSTKETTER TOT ALEXANDRIA.

▲ Las ideas heréticas de Arrio provocaron la intervención de Constantino y condujeron a la formulación del Credo niceno.
Wikimedia Commons

ARRIANISMO: CRISTO NO ES DIOS

El donatismo giraba en torno a la cuestión de los líderes que no habían alcanzado el ideal cristiano y planteaba preguntas sobre la naturaleza de la iglesia. Mientras se desarrollaba esta controversia, también estaba en pleno apogeo un debate sobre la persona de Cristo y la naturaleza de Dios. Significativamente, el problema del arrianismo también atraería la intervención constantiniana.

El sacerdote alejandrino Arrio (c. 250–336) predicaba que Cristo (siguiendo a Juan 1:3) no era Dios, sino que fue hecho por Dios para ser el instrumento a través del cual se creó el mundo. La enseñanza tuvo consecuencias para las doctrinas cristianas de la Trinidad, la creación y el papel de Jesús en la redención, y fue condenada por la iglesia en 320. No obstante, Arrio siguió atrayendo seguidores, lo que provocó disensiones en el seno de la comunidad cristiana

📍 ARMENIA

En el año 314, el rey Tiridates III fue convertido por Gregorio el Iluminador, lo que hizo que Armenia fuera el primer reino en adoptar oficialmente el cristianismo como religión nacional. Gregorio (c. 240–328) era armenio de nacimiento y regresó de Cesarea a su patria natal como misionero. Tras la conversión de Tiridates, Gregorio formó la Iglesia armenia, instituyendo un sistema de jerarquía religiosa siguiendo el modelo de la Iglesia griega. Armenia se convertiría en la base de las misiones a los reinos vecinos de Georgia y Albania.

ATANASIO (C. 296–373)

El más destacado defensor de la ortodoxia frente al arrianismo, Atanasio se convirtió en obispo de Alejandría en 328. Debido a su sólida afirmación de la encarnación y la Trinidad, el «Credo atanasiano» del siglo V, utilizado por anglicanos, católicos y protestantes, comparte su nombre: «Adoramos a un solo Dios en Trinidad, y a la Trinidad en unidad; sin confundir las personas ni dividir la sustancia».

▲ El Concilio de Nicea en la catedral de Santa Sofía.
Wikimedia Commons

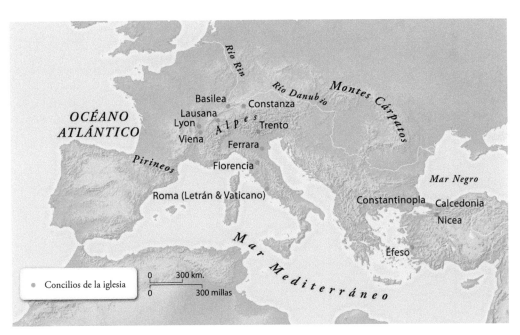

▲ Los principales teólogos y líderes cristianos se reunían a intervalos regulares en los primeros siglos de la era cristiana para intentar expresar las enseñanzas del Nuevo Testamento de forma sistemática y no contradictoria. Estas reuniones se conocen como «concilios eclesiásticos», los más importantes de los cuales sucedieron en Nicea y Calcedonia en 325 y 451 respectivamente.

33

CREDO NICENO

En un esfuerzo por aplacar los disturbios, Constantino convocó en 325 el Concilio de Nicea (actual Isnik, en Persia). Asistieron más de 300 obispos (en su mayoría orientales) y el concilio acordó una formulación de la ortodoxia. Este primer Credo de Nicea afirmaba la encarnación corporal y subrayaba que el Hijo fue «engendrado, no hecho». Por consejo de sus obispos, Constantino introdujo también el término crucial *homoousios* para describir la relación entre el Hijo y el Padre. Se trata de una frase técnica griega que significa «la misma sustancia» y que marca un avance significativo en el pensamiento cristiano.

MONJES DEL DESIERTO

Mientras en el centro de la cristiandad se desarrollaban complejos debates, en sus márgenes florecía una vida de sencillez cristiana.

Existen testimonios de un monacato temprano en Siria y Oriente. Sin embargo, fue la *Vida de San Antonio* (escrita por Atanasio hacia 357) la que más influyó en los movimientos monásticos cristianos. En Egipto y el norte de África, entre las comunidades anacoretas del desierto se encontraban Cellia, Uadi Natrun y Skete (todavía hoy sede de monasterios coptos). En estas tres comunidades se conservaron los «Dichos de los padres del desierto». Uno de ellos, Pacomio (292–346), creó la regla cenobítica (o «comunal») que se convertiría en el modelo predominante de la mayoría de los movimientos monásticos. Otra figura preeminente del cristianismo copto fue Shenute (334–450), cenobítico estricto, teólogo conciliar y escritor.

MONJES ORIENTALES

Basilio «el Grande» nació en Ponto hacia el año 329 y murió en Cesarea en 379. Había vivido durante un tiempo como monje en Siria y Egipto, y pudo poner en práctica lo que aprendió allí cuando fundó una nueva orden monástica griega. Escrita entre 358 y 364, la regla monástica de Basilio hacía hincapié en el *koinobios* (vivir en comunidad) frente a la vida solitaria del anacoreta. Esta forma de vida comunitaria rechazaba el duro ascetismo en favor de una vida de oración, liturgia, caridad y trabajo útil. Se convirtió en el modelo de las posteriores órdenes monásticas eslavas y griegas, y Basilio es considerado doctor de la iglesia.

MONJES OCCIDENTALES

El padre del monasticismo en Galia, Martín de Tours (c. 335–400), fundó el primer monasterio en Legugé, cerca de Poitiers, en 361. Martín no escribió ninguna regla, pero su vida sencilla atrajo a mucha gente a la comunidad. Cuando Martín se convirtió a regañadientes en obispo de Tours en 327, el monasterio se trasladó a Marmoutier.

 OBISPO GODO

El obispo Ulfilas (c. 311–383) viajó a las tribus teutonas en 341. Muchos se convirtieron al cristianismo bajo su influencia, y Ulfilas tradujo toda la Biblia al gótico. Ulfilas era seguidor de Arrio, y el arrianismo seguiría siendo un factor molesto en las relaciones de los godos con el imperio de Occidente hasta la conversión católica de Clodoveo, rey de los francos, en 496.

 LOS PADRES CAPADOCIOS

Basilio «el Grande» (c. 329–379), su hermano Gregorio de Nisa (332–395) y Gregorio Nacianceno (329–389) fueron eclesiásticos vinculados a Capadocia (en la actual Turquía). Juntos expusieron la teología trinitaria, la cristología (teología de Cristo) y la pneumatología (teología del Espíritu Santo). En sus escritos utilizaron ampliamente la definición trinitaria, derivada de Tertuliano, de que «Dios es una sustancia en tres personas». Es su teología la que sustenta en gran medida la forma final del Credo niceno, confirmado en el Primer Concilio de Constantinopla en 381.

 INDIA

Existen muchas leyendas, pero pocas pruebas escritas de la actividad cristiana en la India primitiva. Tradicionalmente, la introducción del cristianismo en la India se atribuye a los esfuerzos misioneros en el siglo I del apóstol Tomás. La Crónica de Siirt informa que el obispo David de Basora instituyó una misión en la India hacia el año 300. Un obispo persa «de la India» asistió al Concilio de Nicea en 325. Informes controvertidos afirman que el comerciante Tomás de Caná y José, obispo de Edesa, viajaron a Malabar hacia 345 en ayuda de la iglesia nativa. Por la misma época, el emperador Constancio envió a un misionero llamado Teófilo. Las primeras pruebas documentales de los cristianos de Malabar (también llamados cristianos sirios o de Santo Tomás) sugieren una influencia nestoriana a partir del siglo VI.

También fue importante Jerónimo (c. 342–420). Tras formarse en el desierto de Antioquía, se dirigió a su Italia natal como defensor del monasticismo. Las mujeres se sintieron especialmente atraídas por su mensaje de disciplina ascética, que ofrecía un modo alternativo de vivir fielmente, al margen de los papeles que normalmente correspondían a hijas, esposas y madres. Hacia 386, Jerónimo se estableció en un monasterio de Belén, una de las cuatro instituciones fundadas por la matrona Paula (347–404) y su hija Eustoquio.

EL CANON BÍBLICO

Doctor de la iglesia, Jerónimo es conocido sobre todo por su labor como biblista. Jerónimo defendía que la iglesia debía seguir el canon hebreo y excluir los apócrifos.

La elaboración del canon cristiano de las Escrituras fue un proceso largo. Hacia el año 130, las comunidades cristianas se habían puesto de acuerdo sobre los textos fundamentales de las Escrituras hebreas y hacia el 220 consideraban los cuatro Evangelios y las trece epístolas paulinas como su Nuevo Testamento, junto con el Antiguo. Sin embargo, la cuestión no estaba zanjada.

La primera prueba clara del canon completo del Nuevo Testamento, y de hecho la primera mención del término «canonizado» *(kanonizomena)*, procede de la lista de Atanasio de los veintisiete libros del N. T. en su *Carta «Pascual»* o *«Festal»* de 367. El papa Damasco de Roma (c. 304–384) instituyó un concilio (c. 382) que proporcionó la lista completa de libros del Antiguo y Nuevo Testamento conocida en la época actual. El secretario de Damasco durante este concilio fue Jerónimo, y fue aquí donde se le encargó la revisión de los textos bíblicos, tarea que comenzó en 386. A lo largo de su vida, Jerónimo traduciría la mayor parte de la Biblia al latín, textos que con el tiempo se reunirían en la Vulgata, que se convertiría en la Biblia más leída de la cristiandad occidental.

 AGUSTÍN (354–430)

Aurelio Agustín está considerado como el más grande de los doctores de la iglesia y el pensador más influyente de la historia del cristianismo occidental. Nacido en el seno de una familia cristiana norafricana, Agustín vivió una vida disoluta hasta que se unió a los maniqueos en 373. La influencia de su madre Mónica (¿?–387) y la predicación del obispo Ambrosio de Milán (c. 340–397)

lo hicieron volver al cristianismo en 386. Por aclamación popular, Agustín fue nombrado obispo de Hipona (actual Annaba, Argelia) en 395. Sus obras más famosas son la autobiografía *Confesiones* (387), *La Trinidad* (399–419) y *Ciudad de Dios* (413–424).

 ## PECADO ORIGINAL

En respuesta al monje británico Pelagio (activo en Roma c. 383–410), Agustín refinó su concepción del «pecado original». El pelagianismo predicaba la posibilidad de la impecabilidad y la perfección espiritual mediante la acción del libre albedrío humano. En contra de esto, Agustín desarrolló la idea de la culpa heredada y enseñó que, para obedecer a Dios, la humanidad necesita la gracia divina.

EL ESTABLECIMIENTO DE LA CRISTIANDAD

Juliano fue emperador de Roma de 361 a 363. Pagano, Juliano intentó restaurar los antiguos templos y rituales, exilió al clero cristiano y cerró iglesias. Con su muerte, se convirtió en el último de los emperadores romanos no cristianos.

El último emperador de un Imperio romano indiviso fue Teodosio I (c. 346–395), que llegó al poder en 379. Teodosio fue un firme defensor del cristianismo ortodoxo, que hasta entonces había sido la religión privilegiada —pero no establecida— del Imperio romano. En 380, Teodosio promulgó un edicto que oficializaba el cristianismo e ilegalizaba las desviaciones de Nicea. En 381, convocó el primer Concilio de Constantinopla, que situó al obispo de Constantinopla como segundo en honor tras el papa, ilegalizó las congregaciones arrianas y confiscó las propiedades de los grupos heréticos. Muchos templos paganos fueron destruidos o convertidos a la fuerza en iglesias.

DENTRO, NO POR ENCIMA

En el año 390, Teodosio mató a más de 7000 ciudadanos de Tesalónica en represalia por una revuelta sediciosa. Un indignado obispo Ambrosio castigó al emperador por su dureza. Teodosio reconoció públicamente su culpa y se sometió a la penitencia. Era la primera vez en la historia que un poder imperial se sometía a la autoridad de la iglesia, lo que demostraba la fuerza de la famosa máxima de Ambrosio: «El emperador está dentro de la iglesia, no por encima de ella».

 ## JUAN CRISÓSTOMO (C. 344–407)

Célebre predicador, el epíteto *Crisóstomo* de Juan significa «boca de oro». Juan fue nombrado patriarca de Constantinopla en 398, pero su celo por la reforma eclesiástica pronto lo enfrentó a la emperatriz Eudoxia y a los clérigos leales a ella. En el Sínodo del Roble de 403, Juan fue condenado por cargos falsos y desterrado. Incluso en el exilio, Juan siguió siendo muy popular entre las iglesias orientales y occidentales.

 ## AMBROSIO (C. 339–397)

Uno de los cuatro doctores de la iglesia occidental fue Ambrosio. Originario de la Galia, fue nombrado obispo de Milán en 374. Escribió *Sobre los deberes del clero*, un compendio de enseñanzas éticas para los sacerdotes. La insistencia de Ambrosio en emular a la Virgen María lo convierte en uno de los primeros defensores de la devoción mariana.

ORIENTE Y OCCIDENTE

Teodosio fue el último emperador que gobernó un imperio unido. A su muerte en 395,
su hijo mayor, Arcadio, se convirtió en emperador de Oriente, mientras que su otro
hijo, Honorio, se hizo cargo de Occidente. El
mundo romano nunca volvería a estar unido,
y Occidente pronto se dividiría aún más bajo
la presión bárbara.

▼ San Juan Crisóstomo y la emperatriz
Eudoxia por Jean-Paul Laurens.
Wikimedia Commons

5 ORIENTE Y OCCIDENTE: 400-500

La historia del cristianismo en el siglo V ve el comienzo de la larga división histórica entre Constantinopla y Roma. Las diferencias teológicas entre Oriente y Occidente se ven exacerbadas por la distinta suerte política de ambos imperios, ya que Roma cae ante los invasores bárbaros y Constantinopla disfruta de una relativa estabilidad. En esta época, la investigación sobre la naturaleza de la Trinidad y las implicaciones de la encarnación da lugar a importantes declaraciones de doctrina ortodoxa, a la creación de influyentes grupos heréticos y al inicio de importantes tradiciones eclesiásticas que perduran hasta nuestros días.

IGLESIAS ORIENTALES Y OCCIDENTALES

En el año 395, el Imperio romano se había dividido en Oriente y Occidente, con capitales, familias gobernantes e incluso lenguas distintas. Al iniciarse el siglo V, la iglesia seguía estando nominalmente unida, pero existía una marcada divergencia entre las tradiciones orientales y occidentales.

Oriente, gobernado desde la ciudad de Constantinopla, gozaba de relativa unidad y estabilidad. En Occidente, el imperio pronto se dividiría en pequeños fragmentos gobernados por tribus germánicas del norte. Roma era cada vez más insostenible como capital política, y en el año 404 la residencia imperial se trasladó a Rávena.

 LITERATURA ARMENIA

En torno al año 400, el monje Mesrob Mashtots (o Maštoc', c. 361–440) inventó el alfabeto armenio y continuó la labor misionera de Gregorio el Iluminador. Pronto siguieron las traducciones de libros litúrgicos, textos teológicos y la Biblia completa, así como obras originales autóctonas.

 INVENCIÓN DE LO SECULAR

Con motivo de la ocupación de Roma por Alarico, Agustín escribió *Ciudad de Dios* (comenzada en 412 y terminada en 426): una defensa del cristianismo frente al paganismo, por un lado, y al triunfalismo cristiano, por el otro. *Ciudad de Dios* sostiene que el éxito de la ciudad celestial es independiente de la suerte de la ciudad terrenal. La obra magistral abarca la historia, la política, la ética, la teología y la filosofía del espacio y del tiempo. A menudo se considera que ocupa el segundo lugar, después de la Biblia, en cuanto a influencia en el desarrollo de la civilización cristiana. Su idea de que todas las instituciones humanas (incluida la iglesia) ocupan la esfera «secular» y que solo Dios puede determinar la pertenencia a lo «sagrado» ha sido tan influyente como malinterpretada en la historia de las relaciones entre Iglesia y Estado.

▲ En el siglo V, la ciudad de Constantinopla se convirtió en el centro del cristianismo y la política de gran parte del mundo.
Wikimedia Common

EL DECLIVE DE ROMA

El papa era ahora el funcionario más importante que quedaba en la ciudad, y la importancia de la iglesia creció en estatura. La centralidad de la Roma cristiana quedó asegurada bajo el liderazgo de papas como Inocencio I (¿?–417), Celestino I (¿?–c. 432) y, sobre todo, León Magno (¿?–461), a quien el emperador Valentiniano concedió autoridad sobre toda la iglesia de Occidente.

A principios del siglo V, las hordas del rey visigodo Alarico asolaban Grecia y los Balcanes. Alarico avanzó por primera vez sobre Italia en 401. En 410 saqueó y ocupó Roma durante tres días. El suceso conmocionó tanto a paganos como a cristianos y provocó reproches y recriminaciones por todas partes. Aunque Roma siguió siendo un centro de la cristiandad, su estatus económico y político cayó aún más cuando fue saqueada de nuevo por los vándalos en 455.

◀ Alarico I, rey de los visigodos, fue el primer gobernante teutón que invadió Roma con éxito. *Wikimedia Commons*

◀ Atila, el rey de los hunos, amenazaba con invadir el imperio oriental. *Wikimedia Commons*

EL ASCENSO DE CONSTANTINOPLA

Aparte de las continuas guerras a pequeña escala con el Imperio persa zoroástrico, el Imperio de Oriente era comparativamente estable. Constantinopla florecía y el gobierno imperial se mantenía fuerte. Aunque también era acosada por los invasores germánicos, Constanti-

nopla estaba mejor que Roma, y el emperador Teodosio II (408–450) pudo apaciguar a los invasores hunos de Atila con pagos de oro.

El patriarca más importante de esta época fue Cirilo de Alejandría (¿?–444). Comisionado en 412, Cirilo tenía fama de razonador preciso y de estilo inflexible, y presidió varias controversias y acontecimientos clave en el desarrollo del cristianismo.

MARÍA, LA PARIDORA DE DIOS

Del griego *theos* (Dios) y *tikto* (parir), el término *Theotokos* era un término popular para designar a la Virgen María, madre de Jesús y «paridora de Dios».

Formulación preferida de la escuela alejandrina a partir de Orígenes, el término fue fundamental para preservar la cristología que enfatizaba la naturaleza eterna y divina del «Verbo hecho carne». Cirilo de Alejandría fue un entusiasta defensor del término, y *Theotokos* era un rasgo central de la piedad popular alejandrina.

MARÍA, LA PARIDORA DE HOMBRE

Nestorio (c. 381–¿?) fue nombrado patriarca de Constantinopla en 428. Cuando era monje en Antioquía, Nestorio había ganado fama por su estilo vehemente, y poco después de su consagración causó ofensa cuando predicó contra el título de *Theotokos*. En lugar de «paridora de Dios», Nestorio recomendó que María fuera llamada *anthropotokos* (paridora de hombre), o mejor, *Christotokos* (paridora de Cristo). La gran controversia resultante tuvo consecuencias que perduran en la época actual.

Nestorio procedía de la escuela teológica antioquena, que estaba en tensión con la tradición alejandrina. La cristología antioquena subrayaba la humanidad de Jesús y hacía hincapié en que la vida de Cristo implicaba crecimiento, tentación, sufrimiento y amor. Estas cosas se consideraban imposibles frente a la cristología alejandrina, que supuestamente (en su forma extrema) hacía demasiado hincapié en la naturaleza divina de Jesucristo a expensas de la humana.

CONCILIO DE ÉFESO

Así pues, la controversia que siguió tuvo tanto que ver con la política eclesiástica como con la doctrina. Cuando Cirilo de Alejandría defendió a la *Theotokos* en su carta pascual de 429, también estaba defendiendo a la iglesia alejandrina frente a las infracciones de Antioquía. Cirilo obtuvo el apoyo del papa Celestino en Roma en 430, y en 431 el emperador Teodosio II convocó el Concilio de Éfeso para resolver el asunto.

Cirilo inauguró el concilio antes de que llegaran los obispos sirios o los representantes de Roma. El concilio se pronunció rápidamente en contra de la teología nestoriana y Nestorio fue excomulgado (murió en el exilio poco

◀ Cirilo de Alejandría fue uno de los patriarcas más importantes de la Iglesia primitiva. Entre otras doctrinas, promovió la idea de que María, como madre de Jesús, era la *Theotokos* o «paridora de Dios». *Wikimedia Commons*

después del 436). El resultado fue un cisma entre el partido de Cirilo (principalmente Alejandría y Roma) y las iglesias siria y mesopotámica. Finalmente, en 433 se llegó a un acuerdo entre Cirilo y Juan de Antioquía (líder de las iglesias sirias de 429 a 441), pero la división nestoriana era cada vez mayor.

▲ Iglesia de Santa María en Éfeso. *Wikimedia Commons*

 **MELANIA LA JOVEN**
(C. 383–C. 439)

Debido a las incursiones visigodas en Italia, Melania huyó de Roma en 408 y vivió la vida monástica en varios lugares antes de establecerse finalmente en Jerusalén. Hacia 431, fundó un convento de monjas en el Monte de los Olivos. Amiga de Agustín y Jerónimo e influyente en el conflicto contra el nestorianismo, Melania fue venerada tempranamente por la Iglesia griega, pero fue relativamente desconocida en Occidente hasta el siglo XX.

 NESTORIANISMO

La iglesia nestoriana se formó gradualmente a partir de los obispos orientales que se negaron a aceptar el Concilio de Éfeso y el compromiso de 433. Su centro patriarcal estaba en Persia, en Seleucia-Ctesifonte, con importantes escuelas de teología nestoriana en Edesa y Nísibis. En los siglos siguientes, los nestorianos serían una activa iglesia misionera, con una crucial presencia en la India, China y Arabia. Durante la dominación persa-árabe, la sede patriarcal se trasladó a Bagdad. La iglesia nestoriana fue arrasada bajo el dominio mongol en el siglo XIV, pero hoy sobreviven grupos remanentes.

▼ El Concilio de Éfeso. Mural mosaico ejecutado por los talleres Martín de París. Basílica de Notre-Dame de Fourvire. Lyon.
Danita Delimont / Alamy Stock Photo

ESCOCIA

El primer misionero entre los pictos escoceses fue Ninian (c. 360–432). Poco se sabe de la misión de Ninian, salvo que fue consagrado en Roma en 394 y se estableció en Whithorn, Galloway, donde fundó una iglesia conocida como Candida Casa («Casa blanca»).

DEMASIADO HUMANO O DEMASIADO DIVINO

El enfrentamiento entre Cirilo y Nestorio había abierto un debate mucho más profundo en la iglesia sobre la naturaleza de Dios, Cristo y la encarnación. El nestorianismo daba a entender que existía una clara división entre las naturalezas humana y divina de Cristo, hasta el punto de que sus críticos lo acusaban de eliminar por completo la naturaleza divina. La implicación percibida de la teología nestoriana era que Jesús era «demasiado humano» para permitir la reconciliación con lo divino, tan importante para el pensamiento y la práctica cristianos. A su vez, esto llevó a algunos teólogos a reaccionar en sentido contrario. Como corrección al nestorianismo, en 448 Eutiques (c. 378–454) formuló un punto de vista en el que solo había una naturaleza divina, con la implicación de que la vida de Cristo era «demasiado divina» para tener mucha relevancia moral o espiritual para los humanos normales.

IRLANDA

La introducción más temprana del cristianismo en Irlanda es oscura, pero probablemente ocurrió en el siglo IV. Hacia el año 431, el papa Celestino I envió a Paladio como primer obispo de Irlanda. Pocos años después se le unió Patricio, sacerdote británico y antiguo esclavo irlandés. Patricio (probablemente entre 390 y 460) fundó

iglesias en Meath, Ulster, Connaught y otros lugares, y es celebrado como santo patrón de Irlanda.

▲ San Patricio.
Florida Center for Instructional Technology

CONCILIO DE CALCEDONIA

Ambos puntos de vista tenían implicaciones para las cuestiones filosóficas de la identidad humana y divina, así como para las doctrinas cristianas de la creación y la redención. En 451, el emperador Marciano convocó el Concilio de Calcedonia para tratar estas cuestiones. La mayoría de los obispos asistentes procedían de Oriente, pero tras un retraso de dos años, la Iglesia occidental aceptó la mayoría de sus decisiones, incluida su definición de la fe.

El concilio rechazó formalmente las formulaciones tanto de Nestorio como de Eutiques, negando que la humanidad de Cristo pudiera estar separada de su persona divina y también que las dos naturalezas estuvieran fundidas en una. La Definición, o Credo, de Calcedonia estableció la existencia de una persona en dos naturalezas y también afirmó la *Theotokos*.

 Teatro de Éfeso (Turquía), construido en el siglo III a. C. y reconstruido en época romana para albergar a 24 000 espectadores.
© 2012 por Zondervan

📖 MONOFISITAS

El movimiento conocido como monofisismo surgió como resultado directo de la doctrina diafisita («de dos naturalezas») de Calcedonia. Entre las iglesias regionales, independientes y a menudo aisladas del resto de la cristiandad que se fundaron sobre principios contrarios a Calcedonia, se encuentran la Iglesia ortodoxa siria (también llamada jacobita), la Iglesia copta egipcia y la Iglesia etíope (o abisinia).

LA CAÍDA DE OCCIDENTE

En Occidente, el imperio, gobernado desde Rávena, se vio asolado por constantes revoluciones e intrigas imperiales. En 475, el joven Rómulo Augusto fue nombrado emperador títere. En 476, aprovechando la confusión, el general mercenario germano Odoacro se amotinó y fue proclamado rey de Italia. Este acontecimiento marcó el fin del Imperio romano de Occidente.

PUEBLOS GERMÁNICOS

Las tribus godas se dividían en ostrogodos (godos orientales) y visigodos (godos occidentales). Otras tribus eran los vándalos, lombardos, alanos y burgundios. Muchas de estas tribus seguían el cristianismo arriano, fuente de nuevos conflictos a medida que los pueblos germánicos se afianzaban en el imperio católico.

EL PRIMER CISMA

En esta época también se produjeron algunos disturbios políticos en Oriente, que contribuyeron al primer cisma importante entre las iglesias occidental y oriental.

En el año 475, el usurpador Basilisco obligó al emperador oriental Zenón a huir de Constantinopla. Basilisco era partidario del monofisismo, un movimiento con tintes nacionalistas y antiimperiales que acompañaba a su teología. Cuando Zenón recuperó el trono veinte meses después, se encontró con un imperio dividido por motivos regionales y religiosos.

En colaboración con Acacio (¿?–489), patriarca de Constantinopla, Zenón redactó un documento de unión entre monofisitas y ortodoxos. El *Henotikon* de Acacio y Zenón de 482 afirmaba el Credo niceno y condenaba a Nestorio y a Eutiques. Sin embargo, como concesión a los monofisitas, deliberadamente no mencionaba la Definición de Calcedonia. El compromiso del *Henotikon* fue aceptado por la mayoría de los obispos de Oriente, pero fue completamente rechazado por Roma. En 482, el papa Félix III (¿?–492) excomulgó a Acacio y fue a su vez anatematizado. El cisma entre Roma y Constantinopla duraría hasta 518.

 PAPA GELASIO I (¿?–496)

Gelasio se convirtió en papa en 492 y fue el primero en asumir el título de «Vicario de Cristo». Es uno de los grandes artífices de la primacía papal: «Hay dos poderes por los cuales este mundo es principalmente gobernado... De ellos, el de los sacerdotes es el de mayor peso».

▼ La invasión del imperio occidental por pueblos germánicos durante el siglo V.

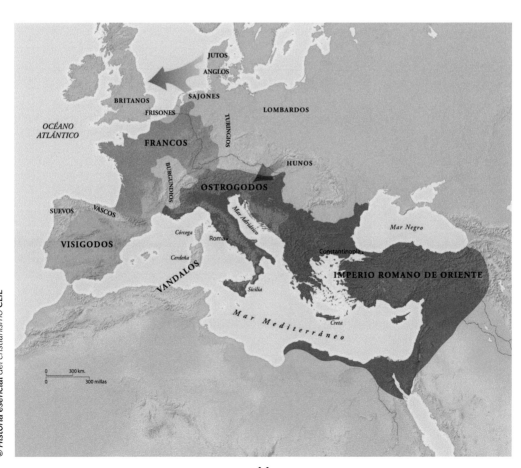

CENTROS Y LÍMITES: 500-600

El primer cisma entre Oriente y Occidente se cura temporalmente a principios de siglo, pero los intentos de recrear el imperio cristiano unido conducen a divisiones más profundas cuando Roma se opone a que el emperador se inmiscuya en asuntos teológicos. En el siglo VI crece también la importancia política del papa en Occidente y del patriarca ecuménico en Oriente. Pero el florecimiento de la iglesia en esta época no se limita a estos grandes centros de poder, ya que el cristianismo se extiende a la India, Sri Lanka y Escocia y prospera en Etiopía, Armenia e Irlanda. Ajenos a las guerras bárbaras de la Europa continental, los cristianos celtas del siglo VI son capaces de preservar tradiciones literarias, artísticas y monásticas que alterarán irrevocablemente el futuro desarrollo de la cristiandad.

LA PRIMERA CURACIÓN

El primer cisma importante entre las iglesias de Oriente y Occidente no se resolvió hasta la llegada del emperador Justino a Constantinopla en 518. Justino revocó el compromiso del *Henoticon* y negoció la paz entre las iglesias. Para ello contó con el asesoramiento de su sobrino Justiniano (482–565), que se interesó por las cuestiones teológicas. Cuando Justiniano sucedió a su tío en 527, intentó revivir el imperio cristiano universal de antaño.

▼ El sol se eleva sobre Santa Sofía en Estambul (Constantinopla). La estructura se alza sobre los cimientos de una iglesia construida por Justiniano en 538. Convertida en mezquita por los otomanos en 1453, desde 1934 funciona como museo. [N. del E.: desde 2020, ha sido nuevamente convertida en mezquita] *givaga/123RF.com*

▼ El mundo cristiano primitivo, siglo VI.

Mapa: Europa, Asia, África con ciudades Londres, Roma, Constantinopla, Jerusalén, Alejandría, Beijing. Mares: Mar del Norte, Mar de Aral, Mar Negro, Mar Caspio, Mar Mediterráneo, Mar Rojo, Mar Arábigo, Golfo de Bengala, Golfo Pérsico, Mar de la China Meridional, Océano Atlántico, Océano Índico.

Leyenda:
- Zonas de influencia cristiana
- Pequeñas comunidades cristianas
- Rutas comerciales utilizadas por los misioneros cristianos

0   1000 km.
0   1000 millas

BOECIO (C. 480–524)

Boecio, educado en Grecia, sirvió a la corte ostrogoda de Rávena. Como no estaba de acuerdo con el arrianismo, fue acusado de traición y encarcelado en 522. Allí escribió *Las consolaciones de la filosofía*, una reflexión sobre la identidad, Dios y la moral que se convertiría en uno de los textos más influyentes de la Europa medieval. Fue ejecutado en 524.

grandes obras, incluida la iglesia más famosa de Constantinopla, Santa Sofía («Iglesia de la Santa Sabiduría», iniciada en 532 y terminada en 538). Sin embargo, fueron los continuos esfuerzos de Justiniano por resolver el problema del monofisismo los que finalmente sirvieron para exacerbar, en lugar de calmar, las tensiones en el seno de la iglesia.

▼ El emperador Justiniano representado en un mosaico de la Emilia-Romaña, Italia.
The Met Museum, Fletcher Fund, 1925

EMPERADOR JUSTINIANO

El emperador Justiniano I tuvo mucho éxito en sus esfuerzos por restaurar el cristianismo. En 529 cerró las escuelas filosóficas paganas de Atenas y emprendió una campaña contra los montanistas, el grupo herético que aún perduraba desde el siglo II. También en 529, Justiniano actualizó y revisó los estatutos imperiales, elaborando un nuevo código que se convertiría en la base del derecho civil y eclesiástico. Justiniano encargó una serie de

TEODORA (C. 500–C. 547)

Coronada coemperatriz en 527, Teodora se mostró tan activa e interesada en la teología cristiana como su marido, Justiniano. Teodora simpatizaba con el monofisismo y patrocinó un monasterio monofisita en 531. También gracias a su patrocinio, los monofisitas sirios se establecieron como iglesia separada bajo el obispo Jacobo Baradeo (¿?–578). Teodora, conocida reformadora moral, utilizó su influencia para elevar a Vigilio a su puesto de papa de Roma, aunque más tarde se sentiría decepcionada cuando su apoyo resultó inconstante.

▲ Mosaico retrato de Teodora en la iglesia de San Vital de Rávena. *seraficus/iStock*

LOS TRES CAPÍTULOS

En 543 Justiniano se inmiscuyó en los asuntos eclesiásticos cuando, en un intento de aplacar al poderoso grupo monofisita, promulgó un edicto que condenaba los escritos (o capítulos) del siglo V de Teodoro de Mopsuestia (c. 350–428), Ibas de Edesa (¿?–457) y el obispo sirio de Ciro, Teodoreto (c. 393–c. 457), todos los cuales mantenían posturas nestorianas o cristológicas opuestas al monofisismo. Los patriarcas orientales aceptaron el edicto, pero el papa en Roma se negó, declarando que el edicto de los Tres Capítulos iba en contra del Concilio de Calcedonia.

CONCILIO DE CONSTANTINOPLA

El papa Vigilio (¿?–555) fue llevado a la fuerza a Constantinopla y aceptó a regañadientes mantener los Tres Capítulos en 548. La reacción de la Iglesia occidental fue feroz y Vigilio volvió a su rechazo original de las medidas conciliadoras de Justiniano. En el Segundo Concilio de Constantinopla de 553, Vigilio volvió a vacilar, permitiendo esta vez que el concilio confirmara el edicto y se opusiera a los obispos occidentales. Importantes sectores de la Iglesia occidental, encabezados por el clero del norte de Italia, se negaron a someterse a Vigilio, provocando un cisma con Roma, una iglesia que a su vez mantenía relaciones inciertas con Constantinopla.

El concilio de 553 demostró claramente la naturaleza distintiva de la primitiva Iglesia bizantina de Oriente en contraste con la Iglesia romana de Occidente. Además de acercarse a la posición monofisita, el concilio añadió otro título a María. Junto con *Theotokos* (paridora de Dios), la iglesia también le otorgó *Aeiparthenos* («Siempre Virgen»), fijando así el dogma de la virginidad perpetua de María.

EL PRIMER PATRIARCA ECUMÉNICO

La relación entre Oriente y Occidente se vio aún más perturbada cuando el patriarca de Constantinopla Juan el Ayunador (¿?–595) asumió el título de «patriarca ecuménico» en 588. Desde entonces, este título ha sido utilizado por sus sucesores en la tradición oriental. Esta pretensión de primacía eclesiástica universal fue cuestionada por el papa Pelagio II (¿?–590) y luego por el papa Gregorio I (c. 540–604).

 RECAREDO (¿?–601)

Recaredo era rey de los visigodos en España. En 586, Recaredo renunció a su credo arriano y se hizo católico. Suprimió el arrianismo entre los visigodos, y en 589 el Concilio de Toledo proclamó el cristianismo católico como religión oficial del reino español.

 El papa Gregorio hizo mucho por expandir la autoridad papal en religión y política, ganándose el apelativo de «el Grande». *Museo Metropolitano, donación de J. Pierpont Morgan, 1917*

FILIOQUE

En latín «y del Hijo», Filioque se asocia con la doctrina trinitaria de la «doble procesión del Espíritu Santo», la creencia en que el Espíritu procede del Padre y del Hijo. La cláusula Filioque se utilizaba con regularidad (sobre todo en Occidente) desde la época de los primeros Padres de la Iglesia, pero no se interpoló oficialmente en el Credo de Nicea hasta el Concilio de Toledo de 589. En aquel momento, la inserción

pasó sin controversia, pero el Patriarca Focio (c. 820–893) haría del Filioque la base del ataque oriental contra la Iglesia de Roma en 864.

GREGORIO EL GRANDE

Gregorio (c. 540–604) se convirtió en papa en 590. Sus objeciones a Juan el Católico se basaban en la convicción de que Roma era la sede original de Pedro y, como tal, a ella se le había confiado el cuidado de la iglesia universal. Como papa, Gregorio amplió las responsabilidades del papado más que ninguno de sus predecesores. En 592, envió tropas papales contra los lombardos en un esfuerzo por evitar su inminente invasión de Roma, consiguiendo un respiro temporal. Cuando los lombardos invadieron Roma en 598, fue Gregorio, y no las autoridades civiles, quien gestionó los acuerdos de paz con los bárbaros. Esta acción allanó el camino para la eventual creación de los Estados Pontificios y el establecimiento del papa como poder temporal.

Gregorio también consolidó el poder papal en los asuntos eclesiásticos. Su *Regla pastoral* fue un influyente libro que detallaba los deberes de los obispos y otros clérigos. Gracias a sus esfuerzos, la iglesia franca independiente se incorporó a Roma. Gregorio acogió con satisfacción la conversión de los visigodos arrianos españoles y colaboró estrechamente con Leandro, obispo de Sevilla (c. 534–600). Gregorio también intentó alinear la Iglesia celta con Roma, y estableció una importante misión en Inglaterra, instituyendo a Agustín (¿?–c. 609) como primer arzobispo de Canterbury en 596.

 ADALBERTO (¿?–616)

Adalberto (o Etelberto) llegó a ser rey de Kent hacia 560 y fue convertido por Agustín de Canterbury en 597. Berta, la esposa de Adalberto, era cristiana franca, y gracias a su influencia se acogió al grupo de misioneros romanos. Adalberto y Berta fueron entusiastas partidarios de la causa cristiana romana en Inglaterra, aunque no consiguieron llegar a un acuerdo con la Iglesia celta británica.

HIMYARITAS

En el siglo VI, los cristianos himyaritas vivían en Zafar y Naŷrán, en el sur de la península arábiga (actual Yemen). El rey persa y judío converso Dhū Nuwās persiguió duramente a los himyaritas, aniquilando la población. Hacia 523, el rey Kaleb envió soldados en su ayuda a petición del emperador de Constantinopla. La difícil situación de los himyaritas y el éxito de Kaleb están bien atestiguados en la literatura siríaca temprana.

COSMAS INDICOPLEUSTES (MEDIADOS DEL SIGLO VI)

Cosmas fue comerciante, geógrafo y cartógrafo. Su *Topografía cristiana* contiene muchos detalles fantásticos, pero también proporciona información útil sobre la expansión del cristianismo por Sri Lanka, el sur de la India y el norte de África.

▼ Mapa de Cosmas.
Kharbine-Tapabor/Shutterstock

ETIOPÍA

La cultura cristiana autóctona floreció en otras regiones relativamente independientes de Constantinopla o Roma. Tras el Concilio de Calcedonia en 451, el cristianismo en Etiopía se identificó firmemente con el monofisismo bajo la influencia de los refugiados misioneros sirios y egipcios. A principios del siglo VI, el explorador Cosmas Indicopleustes podía describir Etiopía como un «país completamente cristiano». Entre 514 y 542, el cristianismo prosperó bajo el reinado del rey Kaleb (¿?–c. 540) en el reino septentrional etíope de Axum. En esta época, se tradujo la Biblia al ge'ez (etíope) y se conservaron varios escritos patrísticos (sobre todo el *Pastor de Hermas* y los textos atribuidos a Cirilo de Alejandría, llamados *Qerellos*).

ARMENIA

El arte y la literatura armenios cristianos autóctonos crecieron tras las innovaciones eruditas del misionero Mesrob en el siglo anterior. En 555, la Iglesia gregoriana armenia repudió formalmente el Concilio de Calcedonia, alineándose con el movimiento monofisita, si no con el monofisismo teológico pleno. El cisma (que sigue vigente) se produjo en gran medida por motivos nacionales, culturales y políticos, en un esfuerzo por evitar el dominio de Constantinopla.

IRLANDA

Los cristianos irlandeses escribían en latín y adoptaban formas latinas de comentario bíblico y hagiografía. Sin embargo, el cristianismo de la franja celta en el siglo VI era distinto del de Europa. Siguiendo la fuerte influencia de Patricio, el cristianismo irlandés era una religión de poderosos monasterios rurales más que de la cultura eclesiástica urbana de Roma o Constantinopla. De esta tradición monástica y rural surgen los grandes nombres del cristianismo irlandés, como Finnian

▼ La cruz celta es un símbolo distintivo del antiguo cristianismo escocés e irlandés.
stroop/123RF.com

de Clonard (¿?–549), Brígida de Kildare (fechas oscuras), Brendán, el célebre navegante y abad de Clonfert (484–c. 580) y Comgall, abad de Bangor (¿?–c. 600), cuya habilidad como fundador de iglesias monásticas era conocida en Europa.

Los monasterios irlandeses, al margen de las invasiones bárbaras germánicas que asolaban el Imperio de Occidente, gozaban de libertad para fomentar el aprendizaje y el estudio, así como para conservar textos importantes. Fue en Irlanda donde se recuperaron las primeras formas de la Biblia latina, así como los escritos de Pelagio, Gregorio Magno y otros teólogos latinos. Desde esta base, los monjes y eruditos irlandeses emprendieron numerosos viajes misioneros, evangelizando Escocia y el norte de Inglaterra, y reintroduciendo o revitalizando el cristianismo en Francia e Italia.

 IONA

El monje y erudito Columba (521–597) fundó iglesias y monasterios en su Irlanda natal antes de abandonar el país en 563. Columba emprendió el peligroso viaje a Escocia, donde fundó la comunidad monástica de Iona, que pronto se convirtió en el catalizador de la actividad misionera hacia las tribus pictas del norte y el pueblo de Northumbria. Centro crucial del cristianismo celta, la orden de los columbanos sobrevivió hasta la Reforma. En el siglo XX resurgió una nueva comunidad.

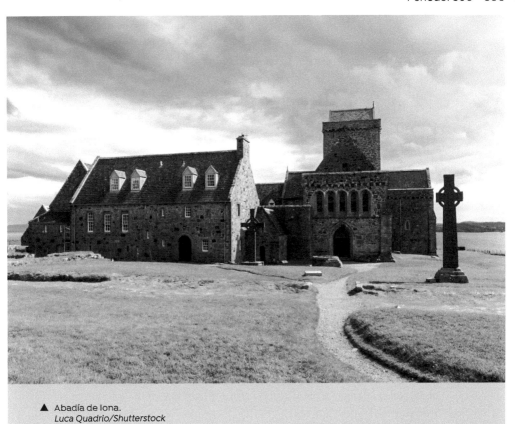

▲ Abadía de Iona.
Luca Quadrio/Shutterstock

📍 *LA REGLA DE BENITO*

Redactada hacia 540, la *Regla* reformó las reglas monásticas anteriores y proporcionó directrices para la dirección espiritual y administrativa de la vida monástica. Se convirtió en el modelo para prácticamente todas las comunidades monásticas masculinas y femeninas de la cristiandad occidental.

▶ Benito de Nursia.
Nancy Bauer/Shutterstock

EL AUGE DE LAS ÓRDENES MONÁSTICAS

El siglo VI fue testigo de la formulación de reglas monásticas y de la creación de relevantes órdenes monásticas. Durante el caos que siguió al colapso del Imperio romano de Occidente, estas comunidades desempeñarían un papel crucial en la preservación de la erudición, la organización social, el arte, la liturgia y la teología cristiana.

BENITO

Benito de Nursia (c. 480–550) y su hermana Escolástica (¿?–c. 543) fueron figuras fundacionales del monacato occidental. Alrededor del año 500, Benito se retiró de Roma, una ciudad que, en su opinión, se había vuelto hedonista y corrupta. Aunque no estaba ordenado, Benito se convirtió en el punto de convergencia de otros ascetas de ideas afines, y bajo su supervisión prosperó una comunidad monástica. En algún momento, entre 525 y 529, la comunidad se trasladó a Montecasino y se convirtió en el monasterio principal de lo que se convertiría en la Orden Benedictina (Benito no fundó una orden en vida). Por esa época, Escolástica también fundó el convento de monjas benedictinas de la cercana Piumarola, en Italia. Tras los ataques de los lombardos hacia 570, el monasterio de Montecasino se vio obligado a trasladarse a Roma.

COLUMBANO

En la Edad Media, la *Regla* de Benito acabaría sustituyendo a la de Columbano, aunque durante mucho tiempo también fue popular la regla más extrema del irlandés. Columbano (c. 543–615) viajó a Borgoña hacia 590, donde fundó un monasterio en Luxeuil. Pronto le siguieron monasterios en Gall, Würzburg, Salzburg y otros. La regla del monasterio era estricta y rigurosa, y los monjes eran conocidos por su adhesión al cristianismo irlandés y sus ataques abiertos a la laxitud del clero local y las autoridades gobernantes. Como consecuencia, Columbano fue expulsado de Borgoña en el año 610, tras lo cual fundó un notable monasterio en Bobbio, Italia.

7 SOLDADOS Y MISIONEROS: 600–700

El cristianismo del siglo VII es testigo de la profundización de las divisiones culturales entre Oriente y Occidente. Es aquí donde el Imperio de Oriente se convierte en un Imperio griego y bizantino, acompañado por el florecimiento de Constantinopla como centro principal de la actividad eclesiástica. En Persia, la guerra constante entre zoroástricos y cristianos, así como luchas internas entre los propios grupos cristianos, preparan el camino para el dominio de la nueva y vigorosa religión del profeta Mahoma. En otros lugares, como China y Asia Central, el cristianismo asirio se arraiga. En el norte de Europa y Gran Bretaña, la Iglesia romana se ve desafiada y vigorizada por la infusión del cristianismo celta.

▼ Basílica de San Columbano en Bobbio.
milla74/123RF.com

EL MONASTERIO DE BOBBIO

El abad irlandés Columbano se estableció en la pequeña ciudad de Bobbio, en el norte de Italia, en 612. El monasterio pronto se haría famoso como centro de erudición, por su colección de manuscritos y producción de obras como el *Penitencial* de Columbano y la influyente *Regla monástica*. Sin embargo, como modelo de vida monástica y de ordenación de las abadías, esta severa regla acabaría siendo sustituida por la más indulgente e inclusiva de Benito de Nursia.

CRISTIANISMO CELTA

El cristianismo francamente riguroso predicado por Columbano, que resultó tan desagradable para gran parte de Europa, era producto de la franja celta. El cristianismo británico, córnico, irlandés, escocés y galés no estaba unido bajo un liderazgo eclesiástico; sin embargo, tendía a compartir características comunes que podían contrastarse con otras tradiciones continentales. Las diferencias eran más culturales que doctrinales. Desde la retirada del Imperio romano en el siglo V, los pueblos celtas habían funcionado independientemente del control extranjero. Una de las consecuencias para el cristianismo celta fue que su energía se gastó sobre todo en la creación de monasterios autónomos, más que en la conformidad con la estructura y la autoridad de una iglesia central. Los celtas seguían su propio calendario y celebraban la Pascua en un día distinto al del resto de la cristiandad. (El papa Honorio I [¿?–c. 638] instó a la Iglesia irlandesa del sur a conformarse con la Pascua hacia 638; las iglesias del norte, incluida Iona, resistieron hasta c. 768). Los celtas imponían distintas exigencias a sus monjes, por ejemplo, la práctica de la tonsura. Además, el cristianismo celta era más rural que urbano. La poesía cristiana vernácula hace hincapié en el mundo natural, y los santos celtas suelen ser representados en comunión con animales y otros representantes de la naturaleza.

CRISTIANISMO ANGLOSAJÓN

Los anglosajones de la Inglaterra del siglo VII operaban bajo la influencia de dos tradiciones cristianas.

En el sur, Agustín y el rey Abelardo fundaron monasterios romanos e iglesias en Canterbury y York en 597. En el año 601, el papa Gregorio Magno envió a Paulino (¿?–c. 644) para ayudar en la misión de Agustín. En 625, Paulino había convertido al rey Edwin de Northumbria y se había convertido en el primer obispo de la catedral de York. En 604, el sacerdote Justo (¿?–c. 627) fue nombrado obispo de Rochester, y Melito (¿?–624), primer obispo de Londres. Una sucesión de reyes sajones paganos hostiles al cristianismo obligó a Melito y Justo a huir a la Galia hacia 617, pero pronto fueron invitados a regresar por el rey de Kent.

▲ El monasterio irlandés de Lindisfarne fue una base temprana e importante para la difusión del cristianismo entre los celtas.
DouglasMcGilviray/iStock

▲ La isla de Wight, la última región pagana de Inglaterra, aceptó el cristianismo en algún momento entre 681 y 686.
laurencebaker/iStock

LA COMUNIDAD DE LINDISFARNE

En las regiones septentrionales, el misionero irlandés Aidan (¿?–651) estableció un monasterio en Lindisfarne y fue consagrado obispo allí en 635. Con Lindisfarne como base, Aidan y su sucesor Finan (¿?–661) establecieron iglesias cristianas celtas por la actual Escocia y el norte de Inglaterra. En 664, muchos de los monjes celtas de Lindisfarne se trasladaron al monasterio de Iona. Su traslado se debió a la creciente romanización del cristianismo y a su disgusto por verse obligados a someterse a la disciplina romana en el Sínodo de Whitby.

LA PRIMERA ENCICLOPEDIA

Isidoro (c. 560–636) se convirtió en obispo de Sevilla hacia el año 600, donde supervisó el bautismo forzoso de judíos en España y trabajó para fortalecer las relaciones entre los gobernantes visigodos españoles y la iglesia. Célebre erudito, Isidoro escribió la *Etymologiae* en veinte volúmenes, el primer compendio sobre la historia del conocimiento, que le valió el título de «maestro de escuela de la Edad Media».

SÍNODO DE WHITBY: REGRESO A ROMA

En el año 663, el problema de las dos vertientes del cristianismo llegó a un punto crítico cuando Oswy, el rey de Northumbria, se dio cuenta de que, como cristiano celta, celebraría la Pascua en una fecha diferente a la de su esposa, la reina Eanfleda, que seguía el rito romano. Oswy convocó un sínodo en la abadía de Hilda, en Whitby. Representantes de ambas tradiciones expusieron sus argumentos y el rey finalmente falló a favor de la parte romana. La decisión de volverse a Roma fue impopular entre algunos miembros del partido celta, pero sirvió para alinear el cristianismo anglosajón con la cristiandad dominante y marcó un punto de inflexión en la historia del cristianismo en Inglaterra. La decisión preparó el camino para importantes reformas estructurales bajo la dirección de Teodoro de Tarso (602–690), quien, como arzobispo de Canterbury, introdujo una fuerte jerarquía eclesiástica y el sistema parroquial romano.

EVANGELIOS DE LINDISFARNE

El manuscrito ilustrado que hoy se conoce como los *Evangelios de Lindisfarne* fue creado en el monasterio homónimo entre 696 y 698. El libro es un importante indicio de la conservación de traducciones bíblicas en toda la cristiandad.

▽ Reproducción de la portada del Evangelio de Juan de los Evangelios de Lindisfarne. *Wikimedia Commons*

HILDA (614–680)

Hilda fue una princesa de Northumbria bautizada por Paulino en 627. En 659 fundó un monasterio doble para hombres y mujeres, situado en los acantilados de Streanshalch (actual Whitby, Yorkshire). Como abadesa, Hilda defendió las costumbres celtas, pero aceptó la decisión del Sínodo de Whitby en 664. Bajo su cuidado, la abadía se convirtió en un célebre centro de erudición, literatura y teología.

CRISTIANISMO CHINO

Según la leyenda, el apóstol Tomás viajó tanto a China como a la India. La primera prueba histórica de la presencia del cristianismo en China procede de la Piedra de Sian-Fu (o Hsi-An-Fu). El monumento se erigió en 781 y relata la llegada en 635 de un misionero llamado Alopen (A-lo-pên en caracteres chinos, que posiblemente sea una versión del nombre Abraham [fechas desconocidas]). Alopen procedía de la Iglesia de Oriente (o Iglesia asiria)

 Texto completo de la estela de Siganfú o «Estela nestoriana» en su lado frontal.
Jingjing/Adam/dominio público

y se instaló en la capital de la dinastía T'ang, donde fue bien acogido y obtuvo cierto éxito misionero. Hubo una reacción budista contra la misión hacia 698, pero el cristianismo chino asirio se mantendría de alguna forma hasta el siglo X (algunos relatos sugieren que posiblemente hasta el siglo XIV). Sin embargo, como la Iglesia china no tenía Biblia ni contacto con la comunión más amplia, la religión no floreció y el sincretismo con el budismo fue inevitable.

CRISTIANISMO BIZANTINO

Mientras Roma y las regiones occidentales luchaban por alinear su cristianismo, Constantinopla, en el Este, se convertía en una potencia eclesiástica consolidada, incluso mientras sufría múltiples ataques de los visigodos en el oeste y de persas y musulmanes en el sur.

 IGLESIA DEL ESTE

La Iglesia asiria no sigue las enseñanzas de Nestorio, aunque se opone a la Definición de Calcedonia. Originalmente centrada en Mesopotamia (actual Irak), la «Iglesia oriental» funcionaba en gran medida con independencia de los grandes concilios de Roma y Constantinopla. Enfatizaba la vida monástica y la actividad misionera y actuaba en toda Asia central y oriental y en la India. Perseguidos durante mucho tiempo por los persas zoroástricos, los cristianos recibieron mejor trato de los árabes musulmanes tras las conquistas de 651.

CROACIA

A mediados de siglo, el duque croata Porga solicitó al emperador Heraclio que le enviara maestros cristianos. Heraclio pidió ayuda al papa Juan IV de Roma (¿?-642), ya que el propio Juan era de origen croata. La misión de cristianización de los croatas comenzó en 641.

EMPERADOR HERACLIO

Heraclio (575–641) se convirtió en emperador en 610 y gobernó hasta su muerte. Aunque el imperio sufrió el acoso de numerosos ejércitos invasores durante su época, el reinado de Heraclio marca una era de resurgimiento para la Iglesia de Oriente, en la que la cultura pasó a ser claramente griega y bizantina.

Durante el periodo 620–629, los visigodos se hicieron con el control total de España, desalojando a los ejércitos de Heraclio. Al mismo tiempo, el ejército bizantino fue ganando terreno perdido anteriormente ante

los persas, que habían logrado avances exitosos en 611. En 627, Heraclio recuperó Nínive, y Egipto quedó bajo dominio bizantino en 629, el mismo año en que Heraclio recuperó el control de Jerusalén y expulsó a los judíos que vivían allí.

 ## INVENCIÓN DEL SER HUMANO

Las discusiones históricas sobre los matices de la definición de los credos suelen parecer desconcertantes e irrelevantes para los lectores modernos. Sin embargo, fue el alto nivel de debate sobre lo que podría significar que Dios se hiciera humano lo que condujo al examen más profundo de lo que significa ser humano en absoluto. Los teólogos que lucharon con estas ideas no pasaron por alto las implicaciones de largo alcance para la moral, la psicología, la política y la religión.

▼ Detalle de Caballeros en combate de la Batalla de Heraclio contra Josrow II, de Piero della Francesca. *Wikimedia Commons*

LA ACTIVIDAD ÚNICA DE CRISTO

En sus escaramuzas territoriales con el Imperio de Oriente, los persas se vieron muy favorecidos por el hecho de que las poblaciones cristianas de las regiones disputadas no estaban unidas.

A partir de 624, en un esfuerzo por unir a los monofisitas con la Iglesia ortodoxa calcedoniana de Constantinopla, Heraclio intentó crear una fórmula cristológica aceptable para ambas partes. En 633, junto con Sergio, patriarca de Constantinopla (¿?–638), Heraclio promovió la enseñanza matizada llamada *monoenergismo*, a saber, que Cristo tenía dos naturalezas, pero un solo modo de «actividad»: el del Verbo Divino. Esta solución fue rechazada como herética por muchos eclesiásticos, entre ellos Sofronio de Jerusalén (c. 560–638).

LA VOLUNTAD ÚNICA DE CRISTO

En el año 634, Sergio escribió al papa Honorio I en Roma solicitando ayuda para defender el monotelismo. La sugerencia de Honorio dio lugar a la *Ecthesis*, una declaración de fe redactada por Sergio que sustituía la mención de la «actividad» de Cristo por su única «voluntad». Aunque la *Ecthesis* fue aceptada inicialmente por los concilios de la Iglesia oriental en 638 y 639, fue condenada repetidamente por los sucesores del papa Honorio en Occidente, incluido el papa Martín I, que fue exiliado a Crimea por su negativa a adoptar el monotelismo. Cuando Martín murió en 655, se convirtió en el último papa venerado como mártir.

DOS NATURALEZAS

La solución monotelita tuvo el efecto contrario al deseado: fomentar las buenas relaciones entre las tradiciones. Para mantener la paz, el emperador Heraclio repudió la enseñanza, que finalmente fue declarada herejía en el Concilio de Constantinopla de 681, convirtiendo las dos naturalezas y las dos voluntades en Cristo en una cuestión de fe ortodoxa.

 JUAN CLÍMACO (C. 570–649)

Ermitaño y abad del monasterio del monte Sinaí, Juan «el Escalador» escribió la mística *Escalera del paraíso*, muy leída por los monjes cristianos ortodoxos.

EL AVANCE MUSULMÁN

Al mismo tiempo que se libraban batallas doctrinales en las iglesias de las ciudades, la guerra fronteriza de Bizancio con el Imperio persa había debilitado a ambas partes, abriendo el camino a la rápida expansión del nuevo ejército árabe musulmán. En 636, los árabes obtuvieron una importante victoria sobre el ejército bizantino en Yarmuk. En 638, Jerusalén estaba bajo control musulmán y se permitió el regreso de algunas familias judías. Con el avance de los árabes, Constantinopla perdió Antioquía (638), Edesa (641) y Alejandría (643), lo que supuso el fin del dominio bizantino en Egipto. En 653, los árabes musulmanes conquistaron Armenia, y entre 673 y 678, Constantinopla se vio obligada a rechazar un asedio musulmán por tierra y mar. Este acontecimiento marcó el punto álgido de la amenaza árabe sobre la capital.

EL CONCILIO QUINISEXTO: LEJOS DE ROMA

Puede que las conquistas árabes debilitaran el imperio, pero la pérdida de Alejandría, Antioquía y otras ciudades a manos de los musulmanes significó que la Iglesia de Constantinopla creció en estatura e importancia. En 692, los obispos orientales se reunieron en sínodo para completar el trabajo de los Concilios generales quinto (553) y sexto (680). El Concilio Quinisexto («Quinto-Sexto») se reunió en el palacio del emperador Justiniano II, y sus conclusiones fueron muy favorables a Constantinopla. Muchos de los 102 cánones elaborados en él iban dirigidos contra la Iglesia romana, incluida la práctica occidental del celibato clerical. Ni el papa ni ningún representante occidental estuvieron presentes en el concilio, y no aprobaron sus conclusiones.

▼ La expansión del islam.

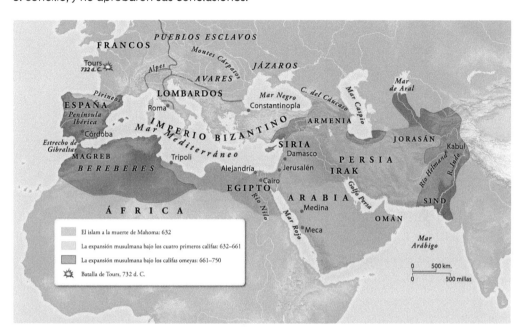

El islam a la muerte de Mahoma: 632

La expansión musulmana bajo los cuatro primeros califas: 632–661

La expansión musulmana bajo los califas omeyas: 661–750

Batalla de Tours, 732 d. C.

MÁXIMO «EL CONFESOR»
(C. 580–662)

Máximo fue un teólogo griego que se opuso el monotelismo y acabó siendo desterrado en 653 al no aceptar el acuerdo. Sus prolíficos escritos e influyentes enseñanzas se centraron en el origen del mal por la irracional sensualidad del hombre, y en la derrota de ese mal mediante la encarnación.

▶ El teólogo griego Máximo «el Confesor» aparece predicando fuera de las murallas de la ciudad.
Universal History Archive/Universal Images Group/ Shutterstock

EL FIN DE BIZANCIO

En 697 y 698, Cartago estaba bajo control árabe musulmán. El éxodo masivo de las poblaciones griega y romana de la ciudad marcó el fin del dominio de Bizancio en el norte de África.

8 MONJES Y EMPERADORES: 700-800

En el siglo VIII, la controversia iconoclasta sobre las imágenes y la autoridad sacude Oriente durante la mayor parte del siglo y posteriormente, sentando las bases para el cisma final entre Constantinopla y Roma en el proceso. Mientras los cristianos del norte de África y Oriente Próximo, culturalmente dominantes hasta entonces, se adaptan a la nueva vida bajo el dominio musulmán, la Iglesia de Roma afirma su poder político con la formación de los Estados Pontificios. En la frontera occidental, los cristianos celtas se ven amenazados por los invasores vikingos, mientras prosigue la dramática conversión de las tribus paganas germánicas. El siglo también es testigo del ascenso del rey franco Carlomagno y de su renacimiento cultural católico, un movimiento que acabará dando paso a un nuevo Sacro Imperio Romano Germánico.

▲ Icono del siglo VIII del Monasterio de Santa Catalina del Sinaí, Egipto.
Kharbine-Tapabor/Shutterstock

Iconos

Las religiones judía y musulmana prohibían terminantemente el uso de imágenes en el culto a Dios. El maniqueísmo sostenía que toda la materia era mala. Los monofisitas enfatizaban la naturaleza divina de Cristo a expensas de su naturaleza humana. Frente a otras religiones y herejías hostiles a las imágenes y los objetos, gran parte del cristianismo de esta época hizo hincapié en la veneración de los iconos.

La práctica popular de la veneración fue desafiada por el emperador León III (c. 675–741). León se convirtió en emperador en 717 y se ganó su reputación por romper el asedio musulmán de Constantinopla en 718. Además de darse cuenta del culto a menudo excesivo que se había creado en torno a algunos iconos, León también pensaba que los iconos constituían el principal obstáculo para la conversión de judíos y musulmanes, y contribuían a la hostilidad dirigida contra la cristiandad. En 726, León promulgó un edicto en el que declaraba que la veneración de los iconos era idolátrica y ordenó destruir todas las imágenes en una purga iconoclasta.

Iconoclasmo

El edicto no fue bien acogido por muchos, y los monjes se convirtieron en el principal grupo defensor de los iconos. La fuerza motriz de la resistencia al movimiento iconoclasta fue el patriarca Germano (c. 640–733), aunque contó con la ayuda de muchos teólogos griegos, como Juan de Damasco (c. 655–750), que escribió tres influyentes discursos a favor de los iconos. Después de que León depusiera a Germano en 730, se produjo un movimiento sistemático de persecución, confiscación y destrucción en todo el Imperio de Oriente.

La cultura de los iconos no era fuerte en el cristianismo romano, pero los papas estaban alarmados por la tendencia del emperador a pronunciarse sobre cuestiones de teología. También ellos se opusieron a León a partir de 727. Cuando el Sínodo de Roma, dirigido por el papa Gregorio III, denunció a los iconoclastas en 731, León tomó represalias, eliminando la jurisdicción papal de sus territorios en el sur de Italia y apoderándose de otros territorios italianos pertenecientes al papado.

Sínodo de Hieria

Cuando el hijo de León, Constantino V, se convirtió en emperador en 741, tuvo que sofocar una rebelión a favor de los iconos antes de asegurar su poder. En 754, instituyó el Sínodo de Hieria, que ratificó los edictos de León de que la veneración de iconos era herética e idólatra. Muchos clérigos ortodoxos aceptaron la sentencia, pero muchos monjes se negaron y fueron martirizados al resistirse a la supresión de sus monasterios. Como el sínodo no contaba con representación de Antioquía, Alejandría, Jerusalén o Roma, sus decretos no se consideraron representativos de la iglesia en general.

Emperatriz Irene

El iconoclasmo remitió un poco cuando el hijo de Constantino, León IV, fue emperador entre 775 y 780. Tras la muerte de León, su esposa, la emperatriz Irene (c. 752–803), intentó revertir totalmente la política iconoclasta de sus predecesores. Irene fue la primera mujer que gobernó el Imperio de Oriente y se esforzó por acabar con los opositores a su reinado, incluido su propio hijo. El apoyo de Irene a los iconos también suscitó una violenta oposición, ya que el ejército estaba gobernado por fuerzas contrarias a los iconos.

Para la cristiandad, el reinado de Irene marca una época de conciliación entre los miembros orientales a favor de los iconos del Sínodo de Hieria y la iglesia en general. En colaboración con Tarasio, patriarca de Constantinopla (¿?–806), y el papa Adriano I (¿?–795), Irene convocó el II Concilio de Nicea en 787.

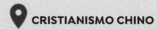

CRISTIANISMO CHINO

Monumento a la actividad misionera asiria en China, la Piedra de Sian-Fu registra el apogeo de la iglesia en la dinastía T'ang entre 750 y 780.

▼ La emperatriz Irene fue la primera mujer que gobernó el imperio oriental. Se interesaba mucho por las cuestiones teológicas.
Wikimedia Commons

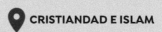

CRISTIANDAD E ISLAM

c. 700 El control árabe de Túnez pone fin al dominio cristiano en el norte de África.

711 Comienzo de la época árabe en España.

725–831 La Iglesia copta había sobre-

© *Historia esencial del cristianismo CLIE*

vivido a la dominación musulmana de Egipto y el norte de África iniciada un siglo antes (c. 650). A partir de mediados del siglo VIII, los disturbios y las divisiones internas del cristianismo copto contribuyeron a la consolidación del islam en la región.

732 El avance musulmán en Francia se detiene en la batalla de Poitiers.

782 Los ejércitos musulmanes avanzan sobre el Bósforo. La paz es comprada por un fuerte tributo de Constantinopla.

Segundo Concilio de Nicea

En el concilio se reunieron más de 300 obispos, entre ellos representantes de todas las partes anteriormente ausentes en Hieria. Su primer intento de reunión fue bloqueado por el ejército iconoclasta, pero cuando el concilio se reunió por segunda vez revocó los decretos de Hieria. La veneración de los iconos se definió como una cuestión de respeto y admiración que no era en sí misma idolátrica. La adoración absoluta, en cambio, estaba reservada solo a Dios.

Nicea también es importante porque aprobó una serie de medidas disciplinarias destinadas a reformar la iglesia. Se condenó la simonía, así como la práctica de que los sacerdotes vivieran fuera de su diócesis sin permiso. Se animó a los clérigos a llevar una vida sencilla. Se prohibió la fundación de nuevos monasterios dobles (en los que hombres y mujeres vivieran juntos en el mismo recinto) para preservar el decoro.

Antagonismo continuado

Aunque los iconos se restauraron oficialmente en todo el imperio, los sentimientos iconoclastas no desaparecieron y siguieron siendo especialmente fuertes en el ejército. En 790, el ejército imperial se rebeló y estableció a Constantino VI como emperador. Su reinado hasta 797 fue impopular y efímero, pero allanó el camino para la llegada del emperador León V, «el Armenio» (775–820), y la Segunda Gran Controversia Iconoclasta del siglo siguiente.

OCCIDENTE

Estados Pontificios

La confiscación de tierras papales por León III en la década de 730 pone de relieve el origen de gran parte del poder de la Iglesia occidental en esta época. En el siglo VIII, el papado controlaba tierras en toda Italia, así como en Sicilia, Galia, Iliria, Córcega y Cerdeña.

El surgimiento de la Iglesia de Occidente como potencia temporal la puso en conflicto con otras potencias que buscaban beneficios políticos y económicos. En 754, Roma fue asediada por el rey Aistulfo. En un principio, el papa Esteban II (¿?–757) buscó la protección de Bizancio, pero no la obtuvo. Esteban pidió ayuda al rey franco Pipino III (714–768). En 756, tras derrotar a los lombardos, Pipino donó al papa importantes regiones de Venecia e Istria y sometió firmemente Rávena y Roma a la autoridad eclesiástica. La acumulación de tierras seguras y libres de la autoridad del emperador en Oriente marca la creación de los Estados Pontificios.

 DONACIÓN DE CONSTANTINO

Redactada a finales del siglo VIII, la *Donación* pretende dejar constancia de la cesión de tierras y autoridad del emperador Constantino I al papa y sus sucesores. Aunque se sospechó de la autenticidad del documento desde el principio de su circulación, en la Edad Media fue influyente como apoyo a las pretensiones de primacía papal. En el siglo XVI se demostró de forma concluyente que la *Donación* era una falsificación.

EL ROBLE DE THOR

Bonifacio cortó el árbol sagrado de Geismar (actual Fritzlar, Alemania) en 723 ante una multitud hostil. Al ver que Bonifacio no había sido alcanzado por un rayo, la multitud se convirtió al cristianismo y se construyó una capilla en el lugar. El acontecimiento representa un punto de inflexión clave en la aceptación del cristianismo en la Alemania pagana.

▲ El roble de Thor.
Historia/Shutterstock

Conversión de Alemania

Mientras tanto, en el siglo VIII también estaban en marcha proyectos misioneros concertados para convertir a las tribus germánicas paganas. La mayor figura de esta época fue Bonifacio, el «Apóstol de Alemania».

Bonifacio (originalmente llamado Wynfrith, 675–754) nació en Wessex, Inglaterra. Tras formarse como erudito y monje, hizo su primer viaje a los frisones en 716. La misión no prosperó y Bonifacio regresó a Roma. En 719, el papa Gregorio II instituyó una nueva misión, devolviendo a Bonifacio a Renania para trabajar con los paganos frisones y hesios. En 722, Bonifacio fue nombrado obispo de Alemania. No tenía una sede fija, pero se le encomendó el ministerio en toda la frontera

germánica. Bajo su influencia se fundaron parroquias y monasterios, como los de Salzburgo, Ratisbona, Fritzlar, Kitzingen y Fulda.

Carlos Martel

Los francos fueron el pueblo germánico cristianizado más poderoso. Carlos Martel (c. 690–741) fue un gobernante franco desde 714 y contó con el apoyo de obispos y otros influyentes líderes cristianos. Bajo el reinado de Martel, el cristianismo siguió avanzando con sus campañas contra bávaros, sajones y frisones. El crecimiento del cristianismo quedó asegurado cuando Martel repelió a los invasores musulmanes en Poitiers en 732.

Martel se consideraba a sí mismo un defensor del cristianismo; sin embargo, su apoyo era a menudo más oportunista que constructivo, y bajo su reinado la Iglesia franca cayó un tanto en desgracia. Los altos cargos eclesiásticos se vendían a menudo al mejor postor o se otorgaban a los favoritos de la corte con fines políticos. Muchos sacerdotes ocupaban más de un cargo, lo que les impedía dedicar toda su atención a una sola parroquia. Hacía más de ochenta años que no se celebraba un sínodo o concilio eclesiástico franco, y gran parte del clero carecía de formación y disciplina.

Restauración teutónica

Martel había dado a Bonifacio protección y apoyo. Tras la muerte de Martel en 741, Bonifacio tuvo más libertad para actuar como creía conveniente para la misión de restaurar la iglesia. Rápidamente se sucedieron una serie de reformas. Los sínodos de Germanicum (742) y Soissons (743), así como un concilio del clero franco en 747, contribuyeron en gran medida a combatir los errores y abusos de la Iglesia teutónica.

En 746, Bonifacio fue nombrado primer arzobispo de Maguncia. En 754, fue martirizado en Frisia, donde la violencia pagana continuó hasta una revuelta final en 784. El cuerpo de Bonifacio fue devuelto a la abadía que había ayudado a fundar en Fulda. El lugar en Hesse Nassau pronto se convirtió en un popular destino de peregrinación, aumentando la estatura y reputación de la iglesia en Alemania. En el siglo siguiente, Fulda se convertiría en uno de los centros de cristianismo, cultura y aprendizaje más importantes de toda Europa.

▼ Carlos Martel, rey de los francos. Bajo su reinado, el cristianismo se extendió por todos los pueblos germánicos; sin embargo, su liderazgo también desorganizó la iglesia.
f.86v Carlos Martel se ocupa del castigo y destierro de dos hombres, de las Grandes Crónicas de Francia, 1375-79, French School/ Bibliotheque Municipale, Castres, France/The Picture Art Collection / Alamy Stock Photo

Rey Carlomagno

Carlomagno («Carlos el Grande», 742–814) heredó el poderoso reino franco de su padre Pipino y su abuelo Martel. Cuando se convirtió en el único rey en 771, se dedicó a expandir el imperio sobre otros pueblos teutones, incorporando violentamente a los sajones bajo el dominio franco en 772 y derrotando a los lombardos en 774. Carlomagno luchó contra los moros españoles en el suroeste de su reino y también se expandió hacia el este, derrotando a las tribus asiáticas de los ávaros y a otros grupos eslavos paganos.

Renacimiento carolingio

Junto con la expansión militar, Carlomagno trató de restablecer una cultura común a Occidente. Su renacimiento del saber, la lengua, la administración y la teología se conoció como Renacimiento carolingio. La campaña en sí se derrumbaría tras las invasiones nórdicas del siglo IX, pero, aun así, ayudó a preservar el conocimiento y allanó el camino para posteriores renacimientos medievales.

Carlomagno reunió en su corte a historiadores y gramáticos italianos, poetas españoles y teólogos irlandeses. Fundó academias en los monasterios de Tours y Fulda, entre otros. Siguiendo el sistema educativo de Boecio, las escuelas de Carlomagno enseñaban las siete artes liberales: aritmética, astronomía, geometría, gramática, lógica, música y retórica.

▼ Carlomagno recibe al erudito Alcuino, con quien planea una «nueva Atenas» de la civilización cristiana. Fresco de Jean-Victor Schnetz (1787–1870). *Alfredo Dagli Orti/Shutterstock*

TECLA (¿?– C. 790)

En 749, Bonifacio envió a Inglaterra una petición de mujeres anglosajonas para que fueran enviadas en ayuda de la misión a los teutones. Una de ellas, Tecla, se convirtió en abadesa de los conventos benedictinos de Ochsenfurt y, más tarde, de Kitzingen. Las cartas que Bonifacio le envió revelan hasta qué punto contaba con ella como compañera de trabajo, especialmente en la educación y conversión de las hostiles mujeres teutonas y sus hijos. Tecla fue martirizada hacia 790.

 HISTORIA ECLESIÁSTICA DEL PUEBLO INGLÉS

Beda (c. 673–735) era un célebre erudito y monje de Jarrow cuando escribió su libro (terminado en 731). Fue la primera obra sobre la historia nacional y eclesiástica de Inglaterra.

 VIKINGOS

A partir del año 789, los constantes ataques de los vikingos nórdicos llevaron el caos a las regiones costeras de Inglaterra y Escocia. Saquearon monasterios e iglesias por su riqueza (como Lindisfarne en 793 y Jarrow en 794) y desplazaron a mucha gente. Los nórdicos dominarían el norte de Europa en el siglo siguiente.

▼ Los vikingos eran considerados «reyes del mar», como en este grabado francés *Les rois de la mer en expédition*, de Albert Sebille (1874–1953). *Gianni Dagli Orti/Shutterstock*

◀ Pintura que representa la coronación del emperador Carlomagno por el papa León III en San Pedro de Roma. *Wikimedia Commons*

▲ Retrato del emperador Carlomagno por Albrecht Durer. *Wikimedia Commons*

Alcuino y la Nueva Atenas

Para su campaña, Carlomagno siguió intencionadamente el ejemplo de la antigua civilización grecorromana, aunque esta vez se centró sobre todo en crear un clero cristiano instruido y alfabetizado. Para ello contó con la ayuda del erudito Alcuino (c. 735–804), que le escribió una carta: «Puede que surja una nueva Atenas en Francia, y una Atenas más justa que la de antaño, pues nuestra Atenas, ennoblecida por las enseñanzas de Cristo, superará la sabiduría de la Academia».

En 782, Alcuino fue invitado desde York a dirigir la escuela palatina carolingia de Aix-la-Chapelle. Allí organizó los aspectos literarios y educativos del renacimiento y asistió a las intervenciones de Carlomagno en asuntos de disciplina y doctrina eclesiástica. Alcuino escribió comentarios bíblicos y dirigió la revisión erudita de la Biblia Vulgata, corrigiendo muchas corrupciones de traducción que se habían deslizado. En 794, Alcuino participó en el Sínodo de Frankfort, que contribuyó en gran

medida a alinear al clero español con la Iglesia romana. En 796 fue nombrado abad de la abadía de San Martín de Tours.

Emperador Carlomagno

En Roma, el día de Navidad del año 800, el papa León III (¿?–816) coronó emperador a Carlomagno. La afirmación, que consolidaba el deseo de Carlomagno de restaurar el Imperio de Occidente, causó consternación en el Oriente bizantino. La acción también tendría ramificaciones para la unidad eclesiástica en Oriente y Occidente, y acabaría conduciendo a la creación del Sacro Imperio Romano Germánico de la Europa medieval.

 MAYÚSCULAS Y MINÚSCULAS

En un esfuerzo por facilitar la lectura, Alcuino ayudó a desarrollar el «minúsculo carolingio»: el actual sistema de escritura que utiliza mayúsculas romanas con minúsculas.

▼ Página de texto (folio 160v) de un libro carolingio del Evangelio (Biblioteca Británica, MS Add. 11848), escrito en minúscula carolingia. *Wikimedia Commons*

9 CONVERSIÓN Y CULTURA: 800-900

En el siglo IX continúan los viejos conflictos, pero la época también es testigo de un renacimiento de la misión y la conversión entre los nuevos pueblos. En Oriente, el advenimiento del segundo movimiento iconoclasta, aunque inicialmente sangriento, dará lugar a una renovada confianza en la Iglesia ortodoxa. El rejuvenecimiento de Constantinopla se extiende a las naciones de las fronteras orientales y conduce a la conversión de los eslavos y otros pueblos paganos. En Occidente, el renacimiento de Carlomagno flaquea ante la embestida bárbara nórdica que afecta a todo el norte de Europa. Sin embargo, el potencial de resurgimiento permanece en Occidente. A medida que los conquistadores vikingos se asientan en tierras cristianas, también ellos comienzan a adoptar el cristianismo para sí, y en esta época se inician las misiones a las tribus escandinavas.

▲ Estambul (Constantinopla).
Berkomaster/Shutterstock

ORIENTE

Teodoro de Studion

Entre 797 y 799, la amenaza de las incursiones musulmanas llevó al abad bizantino Teodoro (759-826) a trasladar su monasterio de Saccudion, en Bitinia, al emplazamiento de Studion (*Studium* en latín), en Constantinopla. Bajo el enérgico mandato de Teodoro, los monjes estuditas prosperaron y el monasterio se convirtió en el principal centro de vida monástica de Oriente. Teodoro fue prolífico, escribió muchas obras influyentes y más de 600 cartas en defensa de una iglesia fuerte e independiente.

La austeridad y el idealismo cristiano de Teodoro lo llevaron a menudo a entrar en conflicto con emperadores moralmente laxos y con los sacerdotes que los apoyaban; en ocasiones fue enviado al exilio, lo que motivó varios llamamientos al papado y a las autoridades bizantinas.

Segundo iconoclasmo

Tras un golpe militar en 813, León V asumió el trono como emperador e inmediatamente se dispuso a reactivar las políticas iconoclastas de su predecesor Constantino V. Como principal opositor a la iconoclasia, Teodoro fue desterrado de nuevo en 815. El patriarca Nicéforo (758–828) fue depuesto, y muchos otros monjes fueron encarcelados o asesinados cuando se opusieron a la retirada de los iconos de sus iglesias y edificios.

León fue asesinado en 820. Su sucesor, Miguel II, continuó con una iconoclasia más suave, prohibiendo solo el culto a las imágenes en la capital. En 829, su hijo y sucesor, Teófilo, volvió a oponerse violentamente a los iconos, una persecución que solo terminó con la muerte de Teófilo en 842.

▲ A la emperatriz Teodora se le atribuye la restauración de los iconos en la Ortodoxia. Mosaico de la basílica de San Vitale, Rávena, Italia.
mountainpix/Shutterstock

© *Historia esencial del cristianismo CLIE*

La viuda de Teófilo, Teodora (¿?–c. 867), anunció el fin de la iconoclasia y ordenó la restauración de los iconos. Apoyó la elección del monje Metodio (¿?–847) como patriarca en 843, y una gran fiesta se celebró en honor del acontecimiento.

📍 FIESTA DE LA ORTODOXIA

La fiesta establecida para celebrar la derrota de la iconoclasia es un punto importante en el calendario ortodoxo. El primer domingo de Cuaresma, durante la procesión de los iconos, se cantan himnos compuestos por mártires y se lee en letanía una lista de herejes, santos y emperadores devotos (llamada el *Synodicon*).

▶ Icono de finales del siglo XIV o principios del XV que ilustra el «Triunfo de la Ortodoxia» sobre la iconoclasia bajo la emperatriz bizantina Teodora. Sean Sprague / Alamy Stock Photo

◀ Fiesta moderna de la Ortodoxia en Rusia. *Fotosearch RM/age fotostock*

Rejuvenecimiento de la Ortodoxia

Las controversias iconoclastas sentaron las bases del cisma final entre las iglesias oriental y occidental. Las implicaciones teológicas de las imágenes despertaron menos interés en Occidente que la preocupante tendencia de los emperadores orientales a ejercer un control político sobre la iglesia, una tendencia que el clero bizantino acogió con satisfacción y a la que, en principio, no se opuso. Además, el cristianismo romano y el bizantino habitaban contextos muy diferentes. A la creciente vitalidad de los Estados Pontificios en Roma y de la cultura cristiana de la Europa franca en Occidente se unía una Iglesia ortodoxa segura de sí misma y firmemente entrelazada con el Imperio de Oriente y la cultura griega.

CONFLICTO ENTRE MUSULMANES, JUDÍOS Y CRISTIANOS

837 Cristianos y judíos se rebelan bajo el dominio árabe en Toledo.

846 La basílica de San Pedro de Roma saqueada por asaltantes musulmanes.

847 El papa León IV erige murallas alrededor de Roma para defenderse de nuevas incursiones.

871–879 Continúa la guerra con los ejércitos musulmanes en Oriente. El Imperio oriental también está en guerra con los paulicianos cristianos, que ayudan a los sarracenos.

878 Persecución periódica de cristianos y judíos bajo el dominio musulmán egipcio de Jerusalén.

Focio y Nicolás

Las intrigas de la corte bizantina en 858 llevaron al emperador Miguel III a destituir a Ignacio como patriarca de Constantinopla e instalar en su lugar al laico Focio (c. 820–893). Constantinopla recurrió a Roma para que confirmara la investidura y, bajo la presión del emperador, los legados papales aprobaron el nombramiento de Focio. El papa Nicolás I (¿?–867) rechazó la decisión que se había tomado en su nombre, y en 863 confirmó a Ignacio como patriarca e intentó deponer a Focio y a todos sus partidarios.

La intervención occidental causó gran ofensa en Oriente. Las desavenencias se agravaron con los debates sobre si la misión en Bulgaria debía realizarse bajo los auspicios de Roma o de Constantinopla. En 867, Focio —que, apoyado por el emperador Miguel, había permanecido como patriarca a pesar de las objeciones de Nicolás— denunció la presencia de misioneros romanos en Bulgaria y se

opuso oficialmente a prácticas latinas como la cláusula *Filioque* del Credo Niceno. Además, Focio emitió una excomunión contra el papa Nicolás. La paz provisional entre Oriente y Occidente se establecería, se rompería y se volvería a establecer, pero la controversia fociana marca un hito importante en el camino hacia el cisma permanente.

▲ Focio.
Historia/Shutterstock

📖 PAULICIANOS

Esta secta bizantina debe su nombre al obispo herético del siglo III Pablo de Samosata. Rechazaban el Antiguo Testamento y profesaban la creencia dualista en un Dios Bueno y espiritual y un Dios Maligno creador de las cosas materiales. Perseguidos entre 842 y 857, muchos paulicianos ayudaron a los musulmanes contra los ejércitos bizantinos. El paulicianismo, popular y generalizado, se convirtió en las herejías bogomila, cátara y albigense de la época medieval.

CARTA ENCÍCLICA DE SAN FOCIO

La encíclica de Focio de 867 contra la cláusula *Filioque* y otros aspectos de la teología católica romana es la primera de una serie de importantes declaraciones de doctrina ortodoxa que se conocerían como los Libros Simbólicos. La última declaración se redactó en 1952.

Misiones eslavas

En el siglo IX, las misiones a los pueblos paganos búlgaros, croatas, serbios y checos fueron dirigidas en gran parte por las iglesias orientales. Sin embargo, la influencia occidental siempre estaba presente, y los reyes locales a menudo prevaricaban entre Constantinopla y Roma.

Croatas

El príncipe Viseslav reinó en la ciudad portuaria croata de Nin hacia el año 800. Viseslav, que era cristiano, estaba en el poder cuando se estableció un obispado franco hacia 803 y los croatas se convirtieron oficialmente en un pueblo cristiano. Inspiradas por el papa Juan VIII (¿?–882), entre 879 y 892 se organizaron misiones para establecer el clero croata y la Iglesia croata.

Checos y moravos

El cristianismo era evidente entre los pueblos checos desde principios de siglo. En 845, catorce príncipes checos se presentaron ante el príncipe alemán Luis en Ratisbona, exigiendo ser bautizados. La iniciativa, aunque probablemente motivada por razones políticas y militares, habría introducido cambios considerables en el tejido social checo, ya que los príncipes representaban la mayor parte del poder checo de la época. Sin embargo, fue la misión de Cirilo y Metodio a la Gran Moravia en 863 la que afianzaría plenamente el cristianismo entre el pueblo eslavo.

«Apóstoles de los eslavos»

Estos hermanos griegos de Tesalónica fueron los misioneros más célebres de la época. Antes de hacerse monje, Metodio (c. 815–885) fue gobernador de una provincia eslava del Imperio bizantino. Teólogo, lingüista y ministro, Cirilo (826–869) se llamaba originalmente «Constantino», pero cambió su nombre al hacerse monje poco antes de su muerte.

▼ Metodio, obispo de Moravia y «Apóstol de los eslavos». Fresco del siglo XIV del Monasterio de San Marcos, Skopje, Macedonia. *Adam Jan Figel/Shutterstock*

Su primera misión fue a los jázaros en 860. En 862, el emperador Miguel III y el patriarca Focio reclutaron a los hermanos para dirigir la misión entre los eslavos de Bohemia y Moravia. Cirilo y Metodio tuvieron un gran éxito predicando en eslavo, traduciendo la liturgia y organizando los servicios religiosos según la lengua local. La misión ortodoxa también obtuvo el apoyo de Roma y actuó bajo la plena autoridad papal, aunque los eclesiásticos germánicos a veces resentían su influencia.

Tras la muerte de Cirilo en un monasterio romano en 868, Metodio fue consagrado obispo de los eslavos por el papa Adriano II (792-872). A su regreso a Moravia, Metodio se encontró con la oposición de los obispos alemanes que ya estaban allí y fue encarcelado por el príncipe eslavo local Sviatopolco. El papa Juan VIII consiguió su liberación y Metodio pasó a trabajar en Panonia y Velehrad (actual República Checa), donde murió en 885.

Serbios

Bajo la influencia de Cirilo y Metodio, el príncipe serbio Mutimir (reinó hacia 860-891) se convirtió al cristianismo y se bautizó. A partir de ese momento, los serbios se convirtieron oficialmente al cristianismo, pero la transición no siempre fue fácil. En 866, por orden del emperador Basilio I, los serbios que vivían en el valle del Narenta fueron bautizados a la fuerza. La cristianización serbia continuó entre 867 y 874, con la oscilación del país entre la lealtad a Constantinopla y a Roma.

Búlgaros

Los misioneros cristianos tuvieron cierto éxito en Bulgaria desde el siglo VII. Más tarde, los esfuerzos misioneros concertados llevaron a Boris (¿?-907), el kan (o rey) de Bulgaria, a bautizarse en 864. Como los misioneros cristianos griegos y alemanes ya ejercían su influencia en Bulgaria, Boris también osciló entre Roma y Constantinopla. Era partidario de una Iglesia búlgara independiente, por lo que chocó tanto con el patriarca como con el papa. Finalmente, Boris se unió a Constantinopla hacia 870. En 885, la Iglesia búlgara recibió una liturgia autóctona bajo los auspicios de Clemente de Ochrid (¿?-916), discípulo de Cirilo y Metodio, y fundador de la primera universidad eslava que enseñaba lengua y teología. La reacción pagana búlgara contra los bautismos forzados desembocó en violentos conflictos en 889-893. Sin embargo, la rebelión duró poco y, bajo el gobierno del kan cristiano Simeón (893-927), Bulgaria disfrutó de una época dorada a nivel literario y cultural. Fue también bajo el reinado de Simeón cuando la Iglesia búlgara se convirtió en autocéfala («autodirigida» o autónoma), a principios del siglo siguiente.

▼ Fortaleza de Tsarevets, Veliko Tarnovo, Bulgaria.
nstanev/iStock

 EL ALFABETO CÍCLICO

La tradición atribuye a Cirilo la invención del alfabeto utilizado por los pueblos eslavos. La obra en lengua vernácula de Cirilo y Metodio abrió el camino a la rica tradición de la literatura, la liturgia y las traducciones de las Escrituras eslavas.

▲ Escritura cíclica
Wikimedia Commons

OCCIDENTE

La persistencia de las incursiones escandinavas desestabilizó sin duda a gran parte de la sociedad de Occidente; sin embargo, las iglesias inglesa y franca conservaron una fuerte influencia en la religión, la administración, la educación y la cultura de los pueblos europeos.

Luis el Pío

Carlomagno murió en 814. Luis, su tercer y más joven hijo, asumió el imperio ese mismo año. Luis (778–840) se interesó mucho por las misiones y la reforma monástica. En 815, construyó una abadía modelo en Aquisgrán y entregó su gobierno a Benito de Aniane (c. 750–821). Como fundador de un monasterio en Languedoc, que daba más importancia al trabajo manual que al estudio, Benito ya se había ganado la reputación de estricto cumplidor de la Regla benedictina. Mediante concilios regulares celebrados en la comunidad de Aquisgrán en 816, 817 y 818, Benito impuso la conformidad de los monasterios circundantes. Benito murió antes de que el plan de reforma pudiera arraigar plenamente, y el intento de Luis de lograr la unidad monástica se vio aún más perturbado por las constantes incursiones vikingas.

Misiones escandinavas

Luis no permitió que la amenaza escandinava frustrara sus intentos de expansión cristiana. Una visita real a Dinamarca condujo a la conversión y bautismo del jefe danés Harald. Luis prosiguió este esfuerzo misionero inicial con la creación del arzobispado de Hamburgo y Bremen, y el envío de Anskar (801–865), un monje franco, para establecer una iglesia y una escuela en Hedeby (actual Schleswig) hacia 826. Aunque tuvo poco éxito durante su carrera misionera, Anskar llegaría a ser conocido como el «Apóstol del Norte» y se le consideraría la influencia fundacional del cristianismo escandinavo.

La oposición pagana obligó a Anskar a regresar a la corte de Luis en 829 para ser enviado de nuevo a Suecia a petición de Björn, un jefe local. Anskar fundó la primera iglesia de Suecia en Birka en 830. En 854, Anskar regresó a Dinamarca, donde ejerció una influencia cristiana sobre Erik (u Horik), rey de la tierra de Jut, y se opuso al comercio de esclavos vikingos. Anskar se enfrentó continuamente a duros desafíos por parte de la población local y los caudillos. Tras su muerte, el cristianismo escandinavo volvió a caer en el paganismo y no resurgió hasta un siglo después.

CONTINUOS ATAQUES VIKINGOS

800 En Bretaña, los vikingos atacan el santuario de la tumba de San Andrés.

807 Monasterio de Iona abandonado a causa de las incursiones vikingas.

840 Irlanda se convierte en el centro del comercio nórdico con Europa. Los vikingos asentados comienzan a adoptar el cristianismo.

866 Los vikingos destruyen la Gran Biblioteca de York.

870 Asaltantes daneses destruyen el monasterio de Ely.

PEREGRINACIÓN

La peregrinación a Santiago de Compostela comenzó en 899 tras el supuesto descubrimiento de las reliquias del apóstol Santiago en el noroeste de España. El Santuario de Santiago sigue siendo un importante destino de peregrinación para viajeros de todo el mundo.

▲ La concha de vieira es el símbolo del apóstol Santiago. Aquí está en el inicio del famoso Camino de Santiago en Bilbao, España.
Train_Arrival/iStock

Alfredo el Grande

Para el cristianismo, la última mitad del siglo IX en Inglaterra fue una época de cultura y aprendizaje con el telón de fondo de las devastadoras incursiones vikingas. Alfredo «el Grande» (849–899) se convirtió en rey de Wessex en 871. Sus planes para la reforma del sistema parroquial y el renacimiento del monacato se vieron frustrados por el agobiante coste de la defensa contra los daneses. En su lugar, Alfredo recurrió a la alfabetización como forma de mantener los vínculos con la cristiandad y la civilización en general, que los invasores paganos amenazaban con cortar. Se emprendió una gran labor de difusión y conservación de textos cristianos latinos fundamentales. El propio Alfredo realizó muchas de las traducciones, al igual que el equipo de eruditos internacionales que reunió para tal fin.

Alfredo marcó las pautas de la realeza cristiana e instituyó un alto nivel de educación para clérigos y nobles. También inició la tarea de cristianizar a los invasores daneses. A pesar de la amenaza de disolución a manos de los bárbaros, ayudó al cristianismo en las islas occidentales a prosperar, dejándolo en buena salud a su muerte a finales de siglo, en 899.

 REY GUTHRUM (¿?–890)

En 878, el caudillo danés Guthrum invadió Wessex en un ataque sorpresa contra las fuerzas de Alfredo. El exitoso contraataque de Alfredo llevó a Guthrum a un acuerdo conocido como la Paz de Wedmore. Guthrum aceptó la conversión y fue bautizado con el nombre de «Aethelstan». En 880 se retiró a Anglia Oriental y gobernó como rey cristiano.

◀ El rey Alfredo encargó
copias de la «Joya
de Alfredo» para
acompañar los textos
que enviaba por todo el
país. Probablemente se
utilizaba como puntero
para facilitar la lectura.
Solamente se conserva
una joya en el Museo
Ashmolean de Oxford.
*Universal History
Archive/Universal
Images Group/
Shutterstock*

10 BROTE VERDES, RAMAS MUERTAS 900-1000

En el último siglo antes del nuevo milenio, la Iglesia de Occidente soporta una serie de papas nefastos. Sin embargo, aunque el centro de la cristiandad occidental sufre, la fe se mantiene viva en los márgenes. Los monjes preservan los ideales y la cultura del cristianismo, mientras que la jerarquía oficial se preocupa en gran medida de su propio poder temporal. En Oriente también se producen importantes avances gracias a un floreciente monacato, que ejerce su influencia sobre los gobernantes ortodoxos y lidera la cristianización de los pueblos eslavos. Bulgaria se beneficia especialmente de la adopción del cristianismo ortodoxo. Es también el siglo de la cristianización de Rusia, un acontecimiento de gran importancia para la Iglesia de Oriente. Mientras tanto, prosiguen las guerras territoriales entre cristianos y musulmanes, que preparan el terreno para las Cruzadas del siglo siguiente y posteriores.

▲ Cúpulas de la Basílica de San Marcos en la Piazza San Marco o Plaza de San Marcos, Venecia, Italia.
bpperry/iStock

OCCIDENTE

Papas desastrosos

El año 900 fue testigo de otra tenue renovación de las relaciones entre Roma y Constantinopla. Sin embargo, la reconciliación se vio obstaculizada por la reputación de la jerarquía de la Iglesia occidental, que sufría bajo una serie de papas corruptos, mundanos o simplemente incompetentes.

A medida que los Estados Pontificios crecían en influencia temporal y económica, se afianzaban en los juegos de poder político de la época. El papado se había convertido en una adquisición deseable para las familias aristocráticas italianas rivales, que luchaban por colocar a sus propios familiares en el cargo. La tendencia se inició en el siglo anterior con papas públicamente corruptos como Sergio II (en el cargo entre 844 y 847) y Juan VIII, que ocupó el cargo durante diez años antes de convertirse en el primer papa asesinado en 882. Siguieron otros papas locos o malos, como Esteban VI (estrangulado en 897 tras presidir un infame sínodo que condenó el cadáver exhumado de su predecesor, el papa Formoso), León V (papa durante treinta días antes de ser asesinado en 903), y su sucesor (y verdugo) Sergio III (presidió 904–911). Otros papas ineficaces o políticos fueron Juan X (914–928), Esteban VII (c. 929–931) y Esteban VIII (939–942).

Papa Juan XII

La reputación del papado alcanzó uno de sus muchos puntos más bajos con la carrera del papa Juan XII. Octavio (¿?–964) era el hijo aristocrático de Alberico, el gobernante de Roma. Como parte de su consolidación en el poder, Alberico dispuso que su hijo fuera nombrado papa en 955. Octavio tenía dieciocho años cuando tomó el nombre de Juan XII.

El pontificado de Juan XII estuvo marcado por la mundanidad y las intrigas políticas con las que comenzó su reinado. En 962 Juan consiguió la ayuda del príncipe germánico Otón I contra el rey rival Berengario del norte de Italia. Juan coronó a Otón emperador romano y, a cambio, ofreció su lealtad al nuevo emperador. El *Privilegium Ottonianum*, documento legal que detalla el tratado, se basó en parte en la espuria *Donación de Constantino*. Ofreció a Otón el control efectivo sobre los Estados Pontificios, sometiendo la autoridad del papa al emperador. Juan renegó de su acuerdo y pidió ayuda a Berengario y a los bizantinos contra las tropas de Otón. La ayuda no llegó y Juan fue depuesto por «inmoralidad» en 963. Regresó a Roma un año después, pero murió repentinamente en circunstancias misteriosas en 964.

▲ Octavio se convirtió en el papa Juan XII cuando tenía dieciocho años. Su mandato marca un punto bajo en la historia del papado.
Zvonimir Atletic/123RF.com

Subordinación del papado

El caso de Juan es significativo porque puso en el poder a Otón y a sus sucesores. Esta dinastía instaló a varios papas inadecuados, entre ellos Benedicto VI (reinó 973–974), Juan XIV (983–984), Juan XV (985–996) y Gregorio V (996–999), sin consultar al clero ni pensar en la iglesia.

Es importante destacar esta época de descrédito general del papado, ya que actuó como catalizador de la renovación y la reforma en Occidente. Estos movimientos fueron liderados a menudo por eclesiásticos o gobernantes seculares que operaban fuera de Roma.

 ANTIFONARIO DE SAINT-BÉNIGNE

El manuscrito, escrito probablemente hacia 980, registra el canto llano gregoriano y es una de las piezas musicales escritas más antiguas que se conservan. Su oscuro método de notación es anterior a la invención del pentagrama musical en el siglo XI.

▲ Un ejemplo del método oscuro de notación.
Wikimedia Commons

Reforma monástica

Papas corruptos, invasiones constantes y la complacencia que suele acompañar al éxito material habían contribuido a la desorganización de muchas casas monásticas de Europa occidental. En este contexto, Guillermo, duque de Aquitania, fundó el monasterio de Cluny en Borgoña en 909–910.

Abadía de Cluny

La importancia de Cluny se debe en gran parte a la estricta observancia de la regla benedictina. El modelo cluniacense valoraba la educación y el aprendizaje, enfatizaba el cultivo de una vida espiritual pura en los individuos y hacía hincapié en la buena administración y organización. Los monasterios vecinos adoptaron rápidamente los elevados estándares de los cluniacenses. Bajo su segundo abad, Odo (927–942), muchas de las casas del sur de Francia se aliaron con Cluny, y su influencia reformadora se extendió también a los grandes monasterios italianos de Montecasino y Subiaco. Bajo el quinto abad, Odilo (c. 961–1049), el número de monasterios se duplicó hasta alcanzar los sesenta y cinco. Valorado por eclesiásticos, reyes y emperadores, la influencia de Odilo se dejó sentir en toda la cristiandad occidental.

▲ La iglesia de San Pedro y San Pablo forma parte de la abadía de Cluny, en Borgoña (Francia). Otros monasterios no tardaron en seguir el ejemplo moral y espiritual de Cluny.
Wikimedia Commons

Abadía de Glastonbury

Desde el siglo VII existían en Glastonbury (Inglaterra) comunidades cristianas celtas de algún tipo. A principios del siglo X, los ataques de los invasores daneses habían reducido considerablemente el monasterio y, de hecho, el monacato estaba decayendo en todo el país. En 943, Dunstan (c. 909–988) fue nombrado abad de Glastonbury. Dunstan, un estricto asceta, volvió a someter el monasterio a la regla benedictina. Se produjo un renacimiento de la erudición, la piedad y la excelencia organizativa. Glastonbury se convirtió en el principal centro religioso del país, liderando la restauración del monaca-

to regular en Inglaterra. Las leyendas medievales posteriores relacionarían la abadía con José de Arimatea, San Patricio y el rey Arturo, instituyendo Glastonbury como un importante lugar de peregrinación.

 «TREGUA DE DIOS»

El abad Odilo desempeñó un papel decisivo en el establecimiento de la *pax, treuga Dei* entre las facciones beligerantes del sur de Francia e Italia. La tregua de Dios era una suspensión formal de los combates en días o estaciones sagradas. En 1027 se prohibieron los combates entre el sábado por la noche y el lunes por la mañana. Con el tiempo, la iglesia medieval ampliaría la tregua para abarcar el Adviento y la Cuaresma.

 AELFRICO (C. 955–C. 1020)

El abad benedictino Aelfrico es conocido sobre todo por su preocupación por educar al clero inglés en su propia lengua y por la gran calidad de sus escritos, como sus *Vidas de los santos* (c. 998).

Códigos de conducta

Dunstan fue consejero real del príncipe Edgar (c. 943–975). Cuando Edgar se convirtió en rey de toda Inglaterra en 959, ese mismo año nombró a Dunstan arzobispo de Canterbury. Juntos emprendieron un importante programa de reforma de la Iglesia y el Estado. Un producto clave de esta reforma fue la *Regularis Concordia* (c. 973). Además de regular la observancia benedictina en todo el país, el código detallaba el papel del soberano como protector de la vida monástica.

© *Historia esencial del cristianismo CLIE*

CHURCHMAN'S CIGARETTES

THE GLASTONBURY THORN

▲ Espino de Glastonbury. El legendario espino levantino que florece dos veces al año fue cortado por los soldados de Cromwell, pero siguió vivo. *Historia Collection 56/Shutterstock*

ORIENTE

Monte Atos

Península rocosa que se adentra en el mar Egeo frente a la costa de Macedonia, el «Monte Santo» ya albergaba a algunos monjes antes de que Atanasio (c. 920–1003) fundara la comunidad del Gran Lavra en 961. Con el firme apoyo del emperador Nicéforo Focas, Atanasio instituyó un sistema monástico que seguía la regla ascética y cenobítica de Basilio el Grande. En lugar de vivir aislados, los monjes cenobitas se reunían en comunidades solidarias, un sistema que propició el aumento de poder e influencia del Monte Atos.

A la muerte del emperador en 969, Atanasio se vio obligado a exiliarse por considerar que su proyecto de reforma estaba demasiado alineado con el poder imperial. Sin embargo, el nuevo emperador Juan Tzimisces le prestó su apoyo, y Atanasio regresó para convertirse en abad general de todo el monte. Bajo su influencia, Atos crecería hasta eclipsar a Studion como el centro monástico más importante de la Iglesia bizantina. El monte, que no admitía (ni admite) mujeres, albergaba 58 (ahora 20) comunidades ortodoxas semiindependientes y 900 lugares de culto que atendían, en el apogeo de su popularidad, hasta 40 000 monjes.

Búlgaros

Simeón I (c. 864–927) fue el primer gobernante búlgaro que adoptó el título de «zar» en 917. El reinado de Simeón estuvo marcado por una guerra constante con el Imperio bizantino, los serbios y los magiares. Bajo su mandato, Bulgaria se convirtió en una gran potencia de la región. Fue también durante su reinado cuando Constantinopla se vio obligada a reconocer a la Iglesia ortodoxa búlgara como entidad independiente, hacia 924.

En lugar de utilizar el griego, la Iglesia ortodoxa búlgara autocéfala adoptó el eslavo como lengua oficial. Los libros cristianos traducidos del griego al eslavo pronto se difundieron desde Bulgaria a las naciones vecinas. De este modo, los búlgaros desempeñaron un papel clave en la difusión tanto de la Ortodoxia como del alfabeto cirílico entre los serbios y otros pueblos eslavos orientales.

 WENCESLAO (C. 907–C. 935)

El príncipe bohemio se convirtió en rey en 922 y era conocido por su piedad cristiana y su erudición. Favoreció las relaciones con Occidente y estrechó lazos con los príncipes alemanes, algo que no fue aprobado por algunos de sus súbditos paganos. Tras ser asesinado por su hermano Boleslav, Wenceslao fue venerado como mártir y héroe nacional checo. El villancico inglés de J. M. Neale (1818–1866) celebra al «Buen Rey Wenceslao», aunque los acontecimientos de la canción son imaginarios.

▶ La estatua montada de Wenceslao, duque de Bohemia, se alza sobre la plaza de Wenceslao en la ciudad checa de Praga.
Alex Cimbal/Shutterstock

▲ Monasterio de Roussanou en un acantilado, Monte Atos, Meteora, Grecia.
Artsy/iStock

© *Historia esencial del cristianismo CLIE*

📍 CONVERSIONES DE LA REALEZA

El siglo X fue testigo de la conversión de varios gobernantes, lo que condujo a una importante cristianización de las culturas afectadas. El rey danés Harold Bluetooth se convirtió hacia 965, lo que despertó un renovado interés por el cristianismo que había permanecido latente durante un siglo. En 966, el príncipe Mieszko de Polonia adoptó el cristianismo, probablemente bajo la influencia de los misioneros católicos de Moravia. Esteban, primer rey de Hungría, fue bautizado en 985 por el misionero checo y mártir prusiano Adalberto.

Bogomilos

La vigorosa Iglesia ortodoxa búlgara también produjo una herejía igualmente vigorosa. El movimiento maniqueísta parece haber arraigado en los Balcanes a partir de los paulicianos que se habían asentado en Tracia. Los bogomilos, que demonizaban la materia creada y no reconocían la autoridad de la Iglesia ni del Estado, se ganaron fama de inmorales y licenciosos.

El bogomilismo se extendió rápidamente, lo que llevó al zar búlgaro Pedro a pedir ayuda al patriarca Teofilacto de Constantinopla (915–956) en 950. Los esfuerzos resultaron infructuosos y en 972 los bogomilos fueron condenados de nuevo por el sacerdote búlgaro Cosmos. Con el tiempo, la secta se convertiría en la religión dominante en los Balcanes y Asia Menor, extinguida solo por el islam en el siglo XV. Las ideas bogomiles en Italia y Francia también influyeron en los cátaros y albigenses, movimientos heréticos que tendrían un impacto significativo en la Iglesia y el Estado en la Europa medieval.

ADALBERTO DE PRAGA
(956–997)

Adalberto se convirtió en obispo de su Praga natal en 982. Sus intentos de reforma moral suscitaron la oposición de los príncipes locales y fue obligado a abandonar la ciudad en 996. Llevó misiones a Hungría, Pomerania y posiblemente Rusia. Fue martirizado por prusianos paganos en 997, y su sepultura se convirtió en un importante centro de peregrinación.

Rusos

El cristianismo ya se había introducido antes en el pueblo ruso, pero su impacto había sido insignificante. En 955, la princesa Olga de Kiev (890–969) fue bautizada tras una visita a Cons-

▼ La princesa Olga fue una de las primeras en sembrar la semilla del cristianismo en su nación, aunque tuvo poco éxito en vida.
Wikimedia Common

tantinopla. Ni sus súbditos ni su hijo Sviatoslav aceptaron la fe y, de hecho, el periodo que siguió al final del reinado de Olga, en 964, estuvo marcado por un fuerte resurgimiento pagano. La cristianización del país no comenzaría realmente hasta la conversión y regencia del hijo de Sviatoslav, Vladimir (956–1015).

Príncipe Vladimir

El príncipe Vladimir llegó al poder en 980. Según la tradición, el pagano Vladimir investigó otras creencias y tradiciones cristianas antes de adoptar la Ortodoxia oriental en 988. Al año siguiente se casó con Ana, hermana del emperador bizantino Basilio II, y comenzó su campaña de promoción del cristianismo. El éxito de la religión en Rusia puede atribuirse en parte a los amplios proyectos de construcción de iglesias de Vladimir; sin embargo, también impuso los bautismos forzosos. Las clases altas y la nobleza aceptaron el cristianismo, pero el campo seguiría siendo mayoritariamente pagano durante otros 500 años.

11 PAPAS, REYES Y CAMPESINOS: 1000-1100

El primer siglo del nuevo milenio ve cómo el cristianismo se extiende a más rincones del mapa gracias, en parte, a una Iglesia romana restaurada y rejuvenecida. El papado reformado consolida su poder en Roma, lo que provoca conflictos con los gobernantes seculares y una ruptura final con la Iglesia de Constantinopla. Los avances de la arquitectura, la filosofía y la música cristianas logrados en esta época perduran hasta nuestros días. Las conquistas militares de los normandos en el norte y la continua reconquista cristiana ibérica en el sur formarán los contornos de la cristiandad europea y prepararán el terreno para la expansión cristiana hacia el Nuevo Mundo. El conflicto territorial y religioso con los musulmanes en el este también conduce a la primera de las muchas cruzadas en Tierra Santa.

 REY DE TIDAS

El caudillo danés Canuto (c. 994–1035) conquistó Inglaterra en 1016. Tras su conversión al cristianismo, Canuto se ganó la reputación de gobernante sabio y humilde. Cuenta la leyenda que algunos de sus súbditos intentaron alabar a Canuto afirmando que podía mandar incluso al mar y este le obedecería. Para acallar sus halagos, Canuto colocó su trono en el agua y ordenó a la marea que retrocediera. Cuando no fue así, obligó a sus seguidores a admitir que su reinado tenía un límite: «Sepan todos cuán vacío e inútil es el poder de los reyes. Porque no hay otro digno de ese nombre, sino Dios, a quien obedecen el cielo, la tierra y el mar».

ISLANDIA

Islandia había conocido esporádicas actividades misioneras cristianas celtas, vikingas y sajonas desde principios del siglo IX. El primer esfuerzo concertado para instituir el cristianismo como religión oficial en Islandia llegó de la mano del rey noruego Olaf Tryggvason en el año 1000. Isleifur Gizurarson (1006–1080) se convirtió en el primer obispo de Islandia en 1056, y su hijo y sucesor Gissur (1042–1118) presidió como segundo obispo desde 1082 hasta su muerte. Aunque la influencia del cristianismo en la cultura y la moral del pueblo islandés se puede conocer por los relatos y sagas de la época, la iglesia oficial era relativamente débil y a menudo estaba supeditada a los poderes civiles. Además, el país era políticamente inestable y a menudo estaba bajo el dominio de otras potencias escandinavas. Como consecuencia, las actividades monásticas e intelectuales que sustentaban gran parte del cristianismo en la Europa medieval temprana se dejaron de lado en Islandia. No fue hasta la Reforma, en el siglo XVI, cuando la Iglesia islandesa se fortaleció.

HUNGRÍA

Esteban (c. 975–1038) fue nombrado primer rey de Hungría en 1001 con la bendición del papa Silvestre II. Las facciones paganas se opusieron al programa de cristianización de Esteban, quien sofocó una revuelta anticristiana en Transilvania en 1002. Esteban estableció una constitución, creando diez nuevos obispados e instituyendo Gran como sede arzobispal.

RESTAURACIÓN DEL PAPADO

En 1046, el papado había vuelto a caer en desgracia. Tres hombres, apoyados por diferentes facciones y familias nobles, se disputaban el puesto de papa. En busca de un papa legítimo que pudiera coronarlo emperador del Sacro Imperio Romano Germánico, el rey Enrique III convocó un concilio en la ciudad italiana de Sutri para dirimir la disputa entre Benedicto IX (c. 1012–1085), Silvestre III (¿?–1063) y Gregorio VI (¿?–1048).

▼ Salmos e himnos de un manuscrito islandés del siglo XVI.
Biblioteca Británica, Catálogo de manuscritos iluminados, CC0 1.0

Las pretensiones de los tres fueron rápidamente desestimadas, y Suidger, un obispo de la ciudad alemana de Bamberg, aceptó el cargo a regañadientes. Suidger (¿?–1047), que adoptó el nombre de Clemente II, fue el primero de una larga serie de papas alemanes que trajeron la influencia reformadora cluniacense a la Iglesia romana.

OTRAS REFORMAS

El primer gran concilio de Clemente II se reunió en Roma en 1047. Se adoptaron medidas estrictas, como decretos firmes, que apoyaban el celibato clerical y condenaban la simonía, una práctica muy extendida en Occidente en aquella época.

El sucesor de Clemente, León IX (1002–1054), es considerado el hombre que proporcionó un nuevo ideal para el cargo de papa. Viajó mucho, promoviendo el programa de

reformas instituido por su predecesor y colaborando estrechamente con una serie de clérigos de mentalidad rigurosa. Dos de estos hombres (Esteban IX y Gregorio VII) se convertirían en papas reformadores siguiendo el modelo de León.

 PAPA SILVESTRE II (C. 945–1003)

Silvestre se convirtió en papa en 999, siendo el primer francés en ocupar ese cargo. Ávido reformador, Silvestre asumió la responsabilidad de un papado que había estado plagado de años de corrupción. Fomentó la expansión del cristianismo en Polonia y Hungría, y lideró el renacimiento de los estudios filosóficos, científicos y matemáticos en Europa. Se le atribuye la introducción de los números arábigos en Occidente y la invención del reloj de péndulo.

© *Historia esencial del cristianismo* CLIE

▲ El primer papa francés, Silvestre II, hizo mucho por restaurar la dañada reputación del papado y por ayudar al aprendizaje en toda Europa.
Zvonimir Atletic/123RF.com

EL COLEGIO CARDENALICIO

Muchos de los problemas que aquejaban al papado surgieron de la forma en que se nombraba a los nuevos papas. Ante la creciente demanda popular y clerical, 113 obispos se reunieron en el Sínodo de Letrán en 1059 para elaborar un nuevo sistema de elección papal. El sínodo estableció las leyes que regían la elección de un nuevo papa por una congregación de obispos conocida como Colegio Cardenalicio.

Este importante acontecimiento supuso que el nombramiento del papa surgiera principalmente del interior de la iglesia. Esto iba en contra del antiguo sistema, que dependía en gran medida del patrocinio de las familias nobles o de la selección por parte del emperador del Sacro Imperio Romano Germánico.

Uno de los principales arquitectos de Letrán fue el consejero papal Hildebrando (¿?–1085). Las decisiones tomadas aquí sentaron las bases para el gran impulso de Hildebrando a la reordenación de la iglesia. Continuó la política de organización y consolidación del poder cuando se convirtió en papa en 1073.

DISCIPLINA HILDEBRANDIANA

Hildebrando se convirtió en papa por consenso popular, tomando el nombre de Gregorio VII. Hildebrando se había ganado su reputa-

ción como obispo y administrador principal, trabajando para el papa León IX desde 1049. Incluso antes de asumir el papel de papa, ejerció una gran influencia sobre el papado, y el programa de reforma estructural que siguió a su estela se conoce como *hildebrandiano*.

Las reformas hildebrandianas estaban impulsadas por la creencia de que el papado funcionaba como una institución gubernamental, por lo que las estructuras legales y clericales eran de suma importancia. Para imponer la disciplina en la jerarquía, Gregorio controló al alto clero, reforzando los decretos

▲ Un cardenal moderno. Desde la época medieval, los cardenales reunidos en un proceso llamado cónclave se encargan de elegir al nuevo papa.
Paolo_Toffanin/iStock

▼ Cardenales asisten a la misa religiosa «Pro Eligendo Romano Pontifice» en la Basílica de San Pedro del Vaticano, Ciudad del Vaticano, 2013.
Michael Kappeler/Epa/Shutterstock

contra la simonía y el matrimonio clerical en 1074. También fue fundamental en las reformas la prohibición de la *investidura laica*, es decir, el nombramiento de obispos y clérigos por autoridades ajenas a la iglesia. Las reformas sirvieron para disminuir los lazos que un obispo podía tener con su gobernante local y aumentar así su lealtad a Roma.

Las medidas encontraron oposición, a veces violenta. El rey Guillermo I de Inglaterra se opuso a los intentos de Gregorio de concentrar el poder en Roma. Felipe I de Francia y Enrique IV de Alemania también se mostraron especialmente resistentes al régimen hildebrandiano.

LA LUCHA POR LA INVESTIDURA

En 1075, Enrique IV se opuso a la prohibición del papa Gregorio sobre las investiduras, ya que significaba que Enrique no tenía control sobre los poderosos nombramientos oficiales en su imperio. En 1076, Enrique patrocinó dos sínodos en Worms y, más tarde, en Piacenza, en los que el papado de Gregorio fue declarado inválido. Sin embargo, Gregorio gozaba de más apoyo y su posición seguía siendo segura. Ese mismo año, respondió excomulgando al rey. Esto no solo apartó a Enrique de la iglesia y le negó la comunión cristiana, sino que también tuvo el efecto de liberar a otros nobles alemanes y sajones de sus juramentos de fidelidad.

ENRIQUE EL PENITENTE

La amenaza a las pretensiones de Enrique al trono era grave y, ante la inminencia de una rebelión, Enrique viajó a Italia para someterse a un programa de penitencia pública en 1077. El acontecimiento fue históricamente significativo, ya que indicó a los demás gobernantes de Europa Occidental la posición superior de la iglesia en cuestiones de autoridad, así como las consecuencias políticas de la excomunión.

Gregorio reintegró a Enrique en la iglesia, pero la reconciliación duró poco. En 1080, Enrique obligó a Gregorio a exiliarse (donde murió en 1085) y estableció a Clemente III (1050–1100) como papa rival. Las acciones de Enrique fueron desastrosas para la estabilidad de su reinado. El consiguiente malestar en la Iglesia y el Estado provocó constantes revueltas y una inminente guerra civil que solo pudo evitarse con la muerte de Enrique en 1106. La lucha por las investiduras y sus consecuencias contribuyeron al auge del feudalismo y de los feudos principescos en la Edad Media.

CAMINO DEL CISMA

Con la mejora de la fortuna de Roma aumentaron, una vez más, las tensiones con Constantinopla. Las tradiciones occidentales y orientales de la iglesia cristiana habían estado enfrentadas durante mucho tiempo desde el punto de vista político, lingüístico y teológico. Ocasionalmente, estas diferencias habían dado lugar a cismas temporales, pero hasta ahora los conflictos se habían resuelto.

 AMPLIACIÓN NORMANDA

Los normandos eran un pueblo de origen vikingo y franco. Su expansión desde las regiones del norte de Francia hasta Italia (1054), Inglaterra (1066) y Sicilia (1091) tendría un amplio efecto en la cultura y las tradiciones cristianas de Europa occidental.

EL PODER DE CONSTANTINOPLA

El emperador oriental Constantino IX Monómaco (c. 980–1055) buscaba aliados para defenderse de la expansión normanda en el sur de Italia. En negociaciones con el papa León IX, Monómaco accedió a ceder al papa la jurisdicción de las iglesias italianas de la región.

El patriarca Miguel Cerulario (¿?–c. 1059) se opuso al acuerdo y temía el dominio de la influencia papal. Desafiando la simpatía que su emperador percibía hacia Roma, Cerulario promulgó estrictas medidas antioccidentales. Obligó a todas las iglesias de Oriente a utilizar el griego y atacó las prácticas litúrgicas latinas, así como el uso de la cláusula *Filioque*. Las iglesias que se negaron a obedecer fueron clausuradas en 1052.

 ANSELMO

Anselmo fue arzobispo de Canterbury (Inglaterra) desde 1093. Fue un influyente reformador de la iglesia y educador. Como filósofo, Anselmo se basó en la tradición platónica recibida a través de Agustín. Es una figura clave de la escuela del «realismo», y es también la fuente del argumento ontológico a favor de la existencia de Dios.

LA PRIMACÍA DE ROMA

El papado respondió enviando una legación encabezada por el cardenal Humberto (¿?–1061), quien fue un reformador hildebrandiano clave y un defensor de la autoridad centralizada de la Iglesia romana. Se opuso a que Cerulario utilizara el título de «Patriarca Ecuménico» y exigió que Constantinopla reconociera la primacía de Roma. Cerulario se negó. El fracaso de la legación de Humberto dio lugar a declaraciones de excomunión por ambas partes, estableciendo así la ruptura permanente entre Oriente y Occidente en 1054 y formalizando la división de la iglesia en las tradiciones hoy conocidas como «Ortodoxia» y «catolicismo romano».

LA RECONQUISTA DE IBERIA

La Península ibérica (actualmente España y Portugal) estuvo bajo control musulmán desde principios del siglo VIII. Conocida como Al-Andalus por los gobernantes moros, en el siglo XI la región estaba controlada en gran parte por los califas de la dinastía omeya, con sede en la ciudad meridional de Córdoba.

La Reconquista se refiere al largo periodo desde el siglo VIII en que los cristianos (en su mayoría de pequeños reinos del norte) intentaron retomar Al-Andalus. Debido a la constante presión de estos asaltos, los califas árabes reclutaron a los bereberes —mercenarios musulmanes norafricanos— para ayudar en la defensa del reino. A medida que los bereberes crecían en número y fuerza, también empezaron a competir con sus gobernantes árabes. Bajo estas presiones, el califato omeya se derrumbó en 1031, y los dispares ejércitos de la Reconquista (que a menudo luchaban entre sí tanto como con los moros) iniciaron su avance hacia el sur.

AVANCES CRISTIANOS IBÉRICOS

En 1034, la frontera portuguesa cristiana se estableció en el río Mondego. Esto a su vez contribuyó a la creación del Reino de Galicia y Portugal en 1065.

El año 1034 también marcó el apogeo del poder del rey de Navarra, Sancho «el Grande» (c. 970–1035). Además de unir varias regiones ibéricas, Sancho también hizo mucho por revitalizar la iglesia en España, incluido el restablecimiento de la sede de Pamplona, gobernada según los principios cluniacenses.

En 1077, el rey castellano Alfonso VI (c. 1040–1109) se proclamó «Emperador de toda España». En 1085, Alfonso recuperó la ciudad de Toledo de manos de los moros. Allí reafirmó la influyente diócesis de Toledo bajo el arzobispo Bernardo de Sedirac (c. 1050–c. 1125). Bernardo, francés, era un monje cluniacense que también apoyó el programa reformador del papa Gregorio VII e hizo mucho por acercar la Iglesia española a Roma.

DESAFÍO IBERO MUSULMÁN

El éxito de Alfonso y el avance cristiano hacia el sur se vieron frenados por los vigorizados ejércitos bereberes de la dinastía almorávide, que había llegado al poder tras el colapso del califato omeya y que practicaba una forma de islamismo más vigorosa que sus predecesores. Finalmente, los ejércitos combinados de los reinos españoles fueron derrotados contundentemente por los bereberes bajo el mando de Yusuf ibn Tashfin en 1086.

EL JEFE DE LOS MERCENARIOS

Solo bajo la influencia del mercenario Rodrigo Díaz (c. 1040–1099) revivieron las fortunas cristianas. Díaz se había ganado su reputación como soldado de fortuna al frente de ejércitos musulmanes y cristianos, y era conocido popularmente como El Cid («El jefe»). En 1094, los cristianos obtuvieron una importante victo-

▲ Estatua del comandante militar castellano El Cid, Burgos, España. *Carlos Soler Martínez/123RF.com*

ria cuando el Cid conquistó la ciudad árabe de Valencia tras dos años de asedio. El Cid gobernó la ciudad como su propio principado, empleando tanto a cristianos como a musulmanes en su ejército y en la administración de la ciudad hasta su muerte en 1099.

CAMINO A LA CRUZADA

En 1028, el emperador de Oriente Romano III (c. 968–1034) permitió la persecución de los cristianos monofisitas que vivían en Siria. La consiguiente avalancha de refugiados mo-

▲ El emperador bizantino Alejo Comenio. *Kayıhan Bölükbası/123RF.com*

nofisitas que se trasladaron a los territorios musulmanes circundantes provocó disturbios en la región que contribuyeron al posterior ascenso de la dinastía selyúcida. Los selyúcidas se hicieron poderosos y lucharon contra otros musulmanes por el control de Jerusalén en 1070, antes de derrotar a las fuerzas de Constantinopla en la batalla de Manzikert en 1071.

GRANDES EDIFICACIONES

En el siglo XI se fundaron o destruyeron varios edificios y lugares religiosos importantes.

1009 Destrucción sistemática de la iglesia del Santo Sepulcro de Jerusalén por el califa Hákim. La reconstrucción finalizó en 1048.

1037 Construcción de la Catedral de la Santa Sabiduría en Kiev.

c. 1050 Fundación del Pecherska Lavra (Monasterio de las Cuevas) en Kiev.

1065 El rey Eduardo el Confesor consagra la abadía de Westminster en Inglaterra.

1070 Comienza a construirse en España la catedral de la ciudad de peregrinación Santiago de Compostela.

▲ Catedral de Santa Sofía, Kiev, Ucrania. *vvoennyy/123RF.com*

 CANUTO EL SANTO (C. 1043–1086)

Canuto IV se convirtió en rey de Dinamarca en 1080. Fue un ferviente defensor del cristianismo y promulgó leyes para el cuidado de pobres y enfermos. Su abortada invasión de Inglaterra en 1085 marcó una de las últimas veces en la historia en que se reunió un ejército vikingo para invadir otro país europeo. Canuto fue asesinado por rebeldes paganos en 1086 y es considerado mártir y patrón de Dinamarca por la Iglesia católica romana.

PRIMERA CRUZADA

Esta importante victoria allanó el camino para que las fuerzas selyúcidas controlaran Asia Menor y Siria, regiones que hasta entonces habían servido de campo de reclutamiento para el ejército bizantino. Sin recursos y ante la creciente amenaza de las fuerzas musulmanas, el emperador Alejo Comneno (1048–1118) solicitó ayuda a Occidente. A pesar de la brecha existente entre Constantinopla y Roma, el papa Urbano II (c. 1042–1099) respondió a la llamada. Su proclamación de la primera cruzada en 1095 llamó a los soldados cristianos a liberar Jerusalén y proteger la cristiandad contra los invasores musulmanes.

CRUZADA POPULAR

La cruzada fue inmediatamente popular y provocó un renacimiento religioso, especialmente entre los pobres. La promoción de la guerra contra los no cristianos también provocó violentos estallidos contra los judíos europeos, que fueron saqueados para ayudar a pagar la peregrinación armada a Tierra Santa.

Se organizaron muchos grupos de lucha. Un fervoroso predicador, Pedro el Ermitaño (c. 1050–1115), ganó muchos seguidores y en 1096 encabezó una excursión a Oriente Próximo. Compuesta por más de 20 000 campesinos sin formación y mal disciplinados, su «cruzada popular» resultó ser una amenaza y una carga para las mismas regiones que debía proteger. A pesar de que los turcos derrotaron al ejército en Civetot en 1096, Pedro escapó y asistió a la toma de Jerusalén por los cruzados.

CAPTURANDO LAS TIERRAS SANTAS

La fuerza de combate oficial que reunió el papa Urbano estaba compuesta por varios ejércitos de Francia y del sur de Italia. Les fue mejor que a la turba sin entrenamiento de Pedro; la ciudad de Antioquía fue reconquis-

tada en 1098 y Jerusalén fue tomada un año después. La victoria fue acompañada de una matanza masiva de judíos y musulmanes que vivían en la ciudad.

La primera cruzada había logrado sus principales objetivos, pero la ocupación europea de Tierra Santa no había concluido y la presencia musulmana seguía vigente en la región. Se crearon varias ciudades-estado latinas en Antioquía, Trípoli, Edesa y Jerusalén. El duque Godofredo de Bouillón (1058–1100) fue nombrado primer gobernante latino de la Ciudad Santa en 1099, aunque declinó asumir un título real. A la muerte de Godofredo, su hermano Balduino no se mostró tan reacio y fue coronado rey de Jerusalén el día de Navidad del año 1100.

▲ Vista de Jerusalén y el Monte de los Olivos.
Renata Sedmakova/Shutterstock

12 GUERRA Y PAZ: 1100–1200

Una procesión aparentemente incesante de guerras y luchas domina la preocupación cristiana en el siglo XII. Tres cruzadas movilizan a las fuerzas occidentales en un intento de reconquistar Tierra Santa, exacerbando las tensiones con Oriente en el proceso. Se lucha contra los moros en España y el islam sigue amenazando Constantinopla. Los paganos eslavos y los herejes cristianos son objeto de una violenta represión en Oriente. Occidente resiste a los repetidos intentos de los reyes europeos de que el Estado domine a la Iglesia. Sin embargo, la época no se caracteriza totalmente por la violencia. Las tradiciones monásticas abrazan la sencillez, el aprendizaje y el servicio radical a los pobres. Los místicos asesoran a príncipes y reyes en la práctica de la meditación cristiana. Los hospitales y las universidades adquieren importancia. Avanzan la alfabetización y el arte. Los sistemas jurídicos se vuelven más sofisticados. De hecho, junto con la guerra, el siglo XII es testigo de algunos de los mayores avances en actividades pacíficas que se hayan visto en la civilización cristiana.

LOS ESTADOS LATINOS

Los cruzados impusieron un régimen brutal sobre las ciudades-estado recién capturadas, y muchos residentes musulmanes y judíos fueron masacrados. El control sobre los estados latinos resultó difícil de mantener, y los ejércitos musulmanes dirigidos por el sultán Zeuzhi capturaron Edesa en 1144. El temor a que Jerusalén también cayera pronto llevó al papa Eugenio III (¿?–1153) a proclamar una segunda cruzada en 1147.

▼ El poder y la riqueza de la iglesia se manifestaban a través de su arte y arquitectura. Aquí, mosaicos de pan de oro adornan la basílica bizantina de San Marcos, Venecia, Italia. *emicristea/123RF.com*

📍 TEMPLOS Y HOSPITALES

Los caballeros templarios eran una orden religiosa militar fundada por Hughes de Payens (c. 1070–c. 1136) hacia 1118 con el propósito original de proteger a los cruzados y peregrinos que viajaban a Tierra Santa. Los templarios pronto se hicieron poderosos en Tierra Santa y Europa, lo que contribuyó a las tensiones políticas y a su supresión en el siglo XIV.

Los caballeros hospitalarios se fundaron a más tardar hacia 1108 con el propósito original de atender a los peregrinos enfermos, pobres y heridos. Bajo el liderazgo organizativo de Raymond du Puy (1083–1160), la influencia de la orden (compuesta por hombres y mujeres) pronto se extendió por toda la región y Europa Occidental. La Orden del Hospital de San Juan continúa hoy en día como la Orden de Malta o Caballeros Hospitalarios. La orden está detrás de la fundación de muchos hospitales y de la creación del servicio de Ambulancias San Juan de la era moderna.

▲ Palacio del Gran Maestre de los Caballeros de Malta en La Valeta, Malta. Construido entre 1570 y 1580 por Girolmu Cassar.
sergeyp/123RF.com

▼ Representación artística del siglo XIX de los caballeros templarios, que llevan su distintivo tabardo con la cruz de San Jorge.
Historia/Shutterstock

▲ La cruz de Malta de ocho puntas, símbolo de los Caballeros Hospitalarios de San Juan.
Jan Marijs/123RF.com

SEGUNDA CRUZADA

El influyente abad Bernardo de Claraval recibió el encargo de organizar y predicar la segunda cruzada. El ejército, una empresa conjunta de tropas francesas y alemanas dirigidas por el rey francés Luis VII y el rey alemán Conrado III, saqueó el territorio bizantino en su marcha hacia Jerusalén, lo que provocó una mayor desconfianza entre Oriente y Occidente. Además, cuando los cruzados llegaron a su destino, no tuvieron éxito. Conrado fue derrotado en 1147 por los turcos selyúcidas, Luis fue derrotado al año siguiente y los cruzados se vieron obligados a retirarse de Damasco. Edesa se perdió totalmente en 1151. En octubre de 1187, el célebre líder musulmán Saladino capturó Jerusalén y posteriormente expulsó a los cruzados de muchas de sus ciudades fortificadas.

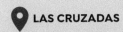

LAS CRUZADAS

El objetivo aparente de los cruzados había sido defender el Imperio bizantino de la amenaza musulmana, pero los conflictos entre la cristiandad occidental y oriental continuaron en Oriente Próximo. Tras una exitosa campaña cruzada, el príncipe normando Bohemundo (c. 1052–1111) tomó el control de Antioquía en lugar de devolverla al emperador Alejo I en Constantinopla. Alejo y Bohemundo se disputaron el territorio entre 1105 y 1107, y Bohemundo incluso obtuvo la bendición papal para su «cruzada» contra el emperador cristiano.

TERCERA CRUZADA

El ascenso de Saladino sembró el pánico en la cristiandad. Ante la perspectiva de perder toda presencia cristiana en Tierra Santa, el papa Gregorio VIII (¿?–1187) se esforzó por unir a los

▼ Rutas de la primera y segunda cruzadas.

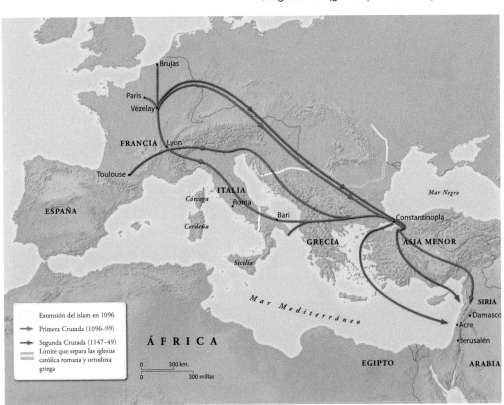

beligerantes reinos europeos en un renovado esfuerzo por tomar Jerusalén. Los esfuerzos de Gregorio condujeron a treguas europeas y a la organización de la tercera cruzada bajo su sucesor, Clemente III (¿?–1191). Esta operación, que se desarrolló entre 1189 y 1192, se conoció como la «Cruzada de los Reyes» debido a la participación del emperador Federico I («Barbarroja»), Felipe II de Francia y Ricardo I de Inglaterra, «Corazón de León».

Cuando el ejército alemán se derrumbó tras la muerte por ahogamiento de Barbarroja en 1190, franceses e ingleses se pelearon, dejando a Ricardo al mando en solitario. Acre fue retomada tras un largo y costoso asedio, pero Jerusalén permaneció bajo control musulmán, y Ricardo y Saladino llegaron a una tregua de tres años en virtud de la cual se permitía la entrada en la ciudad a peregrinos cristianos desarmados. Los fracasos y el malestar que siguieron a la tercera cruzada conducirían a la formación de la cuarta cruzada y al saqueo occidental de Constantinopla en 1204.

CRUZADAS DEL NORTE

Las cruzadas contra el islam fueron acompañadas de aventuras militares contra los paganos del norte de Europa y los países bálticos. El misionero Vicelino (c. 1090–1154) ya había predicado pacíficamente entre las tribus del norte de Alemania, pero sus pequeños éxitos fueron barridos por las cruzadas sajonas y danesas contra los wendos en 1147. Se cree que Eric, rey de Suecia (¿?–1160), dirigió una cruzada contra los finlandeses en la década de 1150. El rey Canuto VI de Dinamarca (c. 1163–1202), con el firme apoyo de su arzobispo Absalón, conquistó a los eslavos pomeranos en 1184. Las regiones bálticas (las actuales Letonia, Lituania y Estonia) también fueron objeto de conversiones forzosas y conquistas militares tras la cruzada de 1193 patrocinada por el papa Celestino III (1106–1198).

CRUZADA IBÉRICA

La cruzada de 1147 también se libró contra la España árabe y Portugal como parte de la Reconquista. Ese año, los cruzados ingleses ayudaron a Alfonso, primer rey de Portugal, en el asedio y conquista de Lisboa. Algunos cruzados continuaron su viaje a Tierra Santa, pero la mayoría se quedó y luchó contra los moros en toda la región. También a partir de 1147, como parte de la cruzada, el conde de Barcelona Ramón Bérenger IV invadió la Valencia musulmana con la ayuda de los franceses y reconquistó Cataluña en 1148.

BERNARDO DE CLARAVAL (1090–1153)

El monje cisterciense francés es una figura destacada del siglo XII y participó en la mayoría de las disputas importantes de la época. Como teólogo, Bernardo es conocido sobre todo por desarrollar el concepto de la iglesia como Esposa de Cristo y por ser precursor del movimiento de la Devoción a la Santísima Virgen María. A diferencia de la mayoría de sus contemporáneos, Bernardo se opuso a la persecución de los judíos.

IGLESIA MARONITA

Esta iglesia sirio-cristiana tiene su sede principal en el Líbano (donde actualmente constituyen el grupo religioso más numeroso), con miembros en todo Oriente Próximo y en América del Norte y del Sur. Los maronitas remontan sus orígenes a la enseñanza de Marón, en el siglo V. En los siglos VII y VIII, los

© *Historia esencial del cristianismo* CLIE

maronitas rechazaron el Tercer Concilio de Constantinopla y se apartaron de la iglesia en general. Tras su ayuda a los cruzados en Siria, los maronitas volvieron a la comunión con Roma en 1182.

▲ El sultán Saladino. Dirigió sus ejércitos contra los cruzados y tomó muchas ciudades, entre ellas Jerusalén.
Alfredo Dagli Orti/Shutterstock

ORIENTE

El efecto de las cruzadas en una Europa oriental ya de por sí díscola significó que tanto el Imperio bizantino como la Iglesia bizantina se enfrentaron a retos considerables en el siglo XII. Enfrentada a las guerras de agresión de los musulmanes en el sur, así como a la amenaza siempre presente de la invasión cruzada desde el oeste, Constantinopla trató de ejercer su dominio sobre sus territorios fronterizos.

El emperador Manuel Comneno dirigió con éxito las campañas contra Serbia (1151–1153) y Hungría (1163–1168), contribuyendo en gran medida a la recuperación de Constantinopla. Sin embargo, su reinado representa el último punto álgido del imperio. Tras su muerte, una sucesión de malos dirigentes contribuiría a la decadencia permanente de Bizancio y al despilfarro de todo lo ganado.

Rebeliones bizantinas

El movimiento herético bogomilo se había extendido rápidamente por los Balcanes y Asia Menor. Entre los búlgaros, bosnios y serbios, la religión bogomila estaba estrechamente relacionada con ideas patrióticas de independencia de Constantinopla. Los sentimientos de rebeldía se exacerbaron con el encarcelamiento y la ejecución de los líderes bogomilos en Constantinopla en 1110 y con la violenta represión en Serbia en 1180.

Ese mismo año, unas subidas de impuestos impopulares y mal administradas provocaron importantes revueltas en Bulgaria y la pérdida del control bizantino sobre la región. Siguieron años de campañas de rebelión que desembocaron en el reconocimiento por parte del Imperio bizantino de la independencia de Bulgaria y Serbia en 1186.

Occidente

También en Occidente, la relación histórica entre Iglesia y Estado está llena de ejemplos de dependencia mutua y antagonismo. Reyes y emperadores necesitaban a la iglesia para legitimar sus pretensiones de gobierno y valoraban los vastos recursos materiales y la autoridad moral que conllevaba una alianza con el papado. Pero, al mismo tiempo, los gobernantes seculares a menudo resentían el poder de la iglesia, que afirmaba, en principio, servir a un amo superior a cualquier gobernante terrenal. Asimismo, la iglesia solía apelar a las arcas del rey cuando necesitaba dinero y a las tropas del emperador cuando necesitaba protección, aunque papas y obispos se resistían a ceder toda su autoridad al Estado.

La lucha por la investidura de Enrique IV no terminó con su muerte en 1106. Varios reyes europeos se vieron envueltos en conflictos con obispos que se negaban a rendir homenaje o a aceptar a sacerdotes que habían sido colocados en su puesto por gobernantes estatales y no por la iglesia.

Obispos contra reyes

En Inglaterra, el arzobispo Anselmo de Canterbury (c. 1033–1109) excomulgó a todo laico que instalara sacerdotes y a todo sacerdote que aceptara el encargo. En contra del sistema feudal que exigía lealtad a cambio de tierras, en 1100 Anselmo se negó a rendir homenaje al rey inglés Enrique I por sus tierras, un acto que socavó gravemente el derecho del rey a gobernar. Se llegó a un compromiso con Enrique en 1107, cuando el rey accedió a renunciar a su pretensión de investidura laica y, a cambio, los sacerdotes le rendirían homenaje antes de ser consagrados. Se produjeron conflictos similares entre el papa y Felipe en Francia y, sobre todo, con el emperador Enrique V en Alemania.

 LALIBELA

En 1189, el miembro gobernante de la dinastía etíope Zagwe, el emperador Gebre Mesqel Lalibela, ordenó la construcción de las iglesias monolíticas de piedra de Roha (actualmente conocida como Lalibela). Las once iglesias fueron excavadas en la roca, y su construcción probablemente no se completó hasta pasados dos siglos.

▼ La iglesia hundida y excavada en la roca de Bet Giyorgis (San Jorge), Lalibela, norte de Etiopía.
Hakan Can Yalcin/123RF.com

El Concordato de Worms

El papa Calixto II (¿?–1124) llegó al trono de Cluny en 1119. Ese año excomulgó a Enrique V y se opuso a Gregorio VIII (1106–1125), el «antipapa» respaldado por el emperador. Con la ayuda de los príncipes alemanes, Enrique y Calixto llegaron finalmente a un acuerdo pacífico, y la lucha por la investidura se resolvió formalmente en una reunión en la ciudad alemana de Worms en 1122. Como resultado del Concordato de Worms, el emperador renunció a su derecho de investidura y concedió a la iglesia la libre elección de obispos. El papa accedió a permitir la presencia del emperador en las consagraciones y formalizó hasta qué punto este podía intervenir en el proceso de selección de los cargos eclesiásticos.

El papa inglés

Nicholas Breakspear (c. 1100–1159) fue nombrado papa Adriano IV en 1154, el único inglés que ha ocupado ese cargo. Antes de convertirse en papa, Adriano había pasado un tiempo como misionero en Escandinavia. Allí organizó y reformó las iglesias de Noruega y Suecia. En 1155, Adriano expulsó y ejecutó al problemático Arnaldo de Brescia. Ese mismo año, ejerció también la autoridad papal sobre el emperador Federico I.

Emperador Barbarroja

Como rey y emperador alemán, Federico Barbarroja reavivó las tensiones entre el Estado y la Iglesia que persistían tras el Concordato de Worms. Fue coronado emperador en 1155 por Adriano, pero pronto se resintió de la afirmación del papa de que la corona era un don de la iglesia. En 1157, Barbarroja distinguió entre el *sacrum imperium* (Sacro Imperio) y la *sancta ecclesia,* la jurisdicción espiritual de la Santa Iglesia. En 1160, tras un debate eclesiástico interno sobre quién debía ser el siguiente papa, Barbarroja apoyó a Víctor IV (¿?–1164) frente al candidato más popular, Alejandro III (c. 1104–1181). El cisma eclesiástico resultante duró diecisiete años y sirvió políticamente para aislar a Alemania frente a lombardos, franceses y an-

glonormandos. Finalmente, Barbarroja se vio obligado a someterse al papa Alejandro con el Tratado de Venecia en 1177.

EL SACERDOTE PROBLEMÁTICO

Arzobispo de Canterbury desde 1162, Tomás Becket (c. 1118–1170) se opuso a los intentos del rey Enrique II de ejercer su autoridad sobre la iglesia inglesa. En 1170, fue asesinado en la catedral de Canterbury por cuatro caballeros celosos, probablemente por un pronunciamiento destemplado de Enrique. El martirio de Tomás provocó indignación en toda Europa, y Enrique se vio obligado a hacer penitencia pública en 1172. El santuario de Becket siguió siendo uno de los principales destinos de peregrinación hasta que Enrique VIII lo disolvió en 1538.

▼ Catedral de Canterbury. El martirio del arzobispo Tomás Becket en este lugar en 1170 conmocionó a toda la cristiandad europea. *Philip Bird/123RF.com*

La vida simple

A medida que la iglesia se enriquecía y se hacía más poderosa, también lo hacían los movimientos reformistas dirigidos por eclesiásticos que intentaban restaurar la pureza y sencillez originales del cristianismo. Algunos de estos movimientos fueron sancionados por la iglesia, mientras que otros suscitaron oposición y, en ocasiones, violentas persecuciones.

Cistercienses

Conocidos como los monjes blancos, la orden cisterciense se fundó en 1098 y adquirió importancia bajo la influencia del monje cisterciense Bernardo de Claraval. A la muerte de Bernardo, en 1153, se habían establecido 345 monasterios y conventos por toda Europa y las regiones orientales leales a Roma. Los cistercienses promovían una regla estricta y prohibían las muestras ostentosas de riqueza o poder. En su lugar, fomentaban la práctica de la sencillez y el trabajo manual; los cistercienses llegaron a ser conocidos por su pericia agrícola. El modo de vida cisterciense y la organización de sus monasterios influyeron profundamente en otros movimientos monásticos de la Edad Media.

Arnaldistas

Arnaldo de Brescia (1100–1155) fue alumno de Pedro Abelardo (1079–1142) y reformador radical de la iglesia. Predicaba la sencillez y la pobreza del clero y rechazaba cualquier pretensión papal de autoridad sobre el territorio o el gobierno. Algunos de los extremos más severos de su predicación y su oposición a la iglesia le valieron la condena de Roma. En 1152, fue capturado por el emperador Barbarroja y condenado a muerte por el papa Adriano. Sus seguidores (conocidos como «arnaldistas») mostraban tendencias donatistas y rechazaban la legitimidad de cualquier sacerdote que no estuviera a la altura de sus estrictos ideales.

Los valdenses

Los orígenes exactos del movimiento valdense son inciertos, y el término describe una serie de grupos similares que operaban en toda Europa. El más destacado de ellos giraba en torno a Pedro Valdo (o Valdès, ¿?–c. 1218), un rico mercader de Lyon que donaba todo su dinero a los pobres y enseñaba una vida de sencillez. En 1179, el papa Alejandro III dio su aprobación a Valdo, con la única condición de que predicara con el permiso del clero. Cuando Valdo y sus seguidores quebrantaron esta prohibición de predicación no oficial, fueron excomulgados y expulsados en 1183. Los valdenses fueron considerados cismáticos y herejes, y pronto se dividieron en diferentes facciones tras la muerte de su líder. En siglos posteriores, muchos de los grupos relacionados con la Reforma protestante reivindicaron su afinidad con el movimiento valdense.

EL AUGE DE LA UNIVERSIDAD

Junto a las guerras y conflictos cristianos de esta época hay que situar el florecimiento de la filosofía, el debate y la razón cristianos. Las grandes universidades, como las de París, Oxford y Bolonia, tuvieron sus comienzos en el siglo XII. Fundadas en un principio como centros de estudios teológicos y de formación del clero, las universidades pronto se convirtieron en focos de controversia académica, y algunos profesores alcanzaron fama o notoriedad más allá de las paredes de la sala de conferencias.

Sí y no

Pedro Abelardo daba conferencias en París hacia 1115. Atraía a grandes audiencias por su estilo dialéctico de enseñanza y las atrevidas conclusiones teológicas a las que llegaba. En 1121, el Concilio de Soissons condenó sus opiniones sobre la Trinidad sin que Abelardo estuviera presente para defenderse, pero siguió trabajando. Su manual de formación teológica más influyente, el *Sic et Non* («Sí y no»), se publicó en 1122. El libro recogía afirmaciones aparentemente contradictorias de la Biblia y de los primeros Padres de la Iglesia y exigía a los estudiantes que las conciliaran, reconociendo al mismo tiempo diferentes expresiones de autoridad. Abelardo fue condenado de nuevo en 1140 por Bernardo de Claraval, pero tras la intervención de algunos de sus partidarios, Abelardo se reconcilió con Bernardo antes de su muerte en un priorato cluniacense en 1142.

ESCOLASTICISMO

Este método de investigación se desarrolló por primera vez en las escuelas medievales creadas por Alcuino (c. 735–804) bajo el reinado de Carlomagno (742–814). Los escolásticos abordaban la teología y la filosofía a través del razonamiento dialéctico, mediante el cual se contrastaban posturas opuestas (o aparentemente opuestas) para llegar a la verdad. El método se basaba en gran medida en Aristóteles y Platón, y en el periodo escolástico se redescubrieron muchas obras filosóficas griegas que se habían perdido en Occidente. Entre las primeras figuras destacan Juan Escoto Erígena (815–877), Anselmo de Canterbury (c. 1033–1109) y Pedro Abelardo (1079–1142). El periodo posterior, o alto, del escolasticismo condujo a la fundación de universidades y al auge de pensadores como Roger Bacon (1214–1292), Tomás de Aquino (1224–1274) y Guillermo de Ockham (c. 1280–1349). La oposición a la escolástica fue un elemento clave de gran parte de los movimientos de renovación, reforma y renacimiento de la Edad Media.

 HILDEGARDA DE BINGEN (1098–1179)

Abadesa benedictina alemana, Hildegarda fue famosa por su teología mística, sus escritos y su amplia erudición, que incluía historia natural, composiciones musicales y medicina. A partir de 1141, Hildegarda experimentó una serie de visiones, o «apariciones», que plasmó en su principal obra, Scivias. Las homilías místicas fueron examinadas de cerca (y aprobadas) por el papa Eugenio III y Bernardo de Claraval en 1147, y de nuevo por el arzobispo de Maguncia hacia 1150.

▼ Esta ilustración medieval representa a Hildegarda de Bingen recibiendo y registrando una de sus visiones de la Divinidad.
Gianni Dagli Orti/Shutterstock

LAS LEYES DE LA IGLESIA

El monje y consejero papal Graciano (¿?–c. 1160) es considerado el «padre del derecho canónico». Al igual que Abelardo, Graciano recogió los pensamientos, en ocasiones contradictorios, de autoridades dispares a lo largo de los tiempos. Sin embargo, mientras Abelardo se interesaba por el debate teológico, Graciano se centraba en cuestiones de disciplina eclesiástica. Su Decreta (escrita no antes de 1139) es una colección de casi 4000 textos y pronunciamientos de los Padres de la Iglesia, papas y concilios, presentados de forma estructurada y armoniosa. La contribución de Graciano consistió en hacer del derecho canónico (la normativa de la Iglesia cristiana) una materia independiente de la doctrina teológica y en proporcionar un marco jurídico para la organización eclesiástica. La Decreta se enseñaba en Oxford y París y era el texto principal de la Universidad de Bolonia, en el norte de Italia, que se convirtió en el centro del derecho canónico y civil de toda Europa.

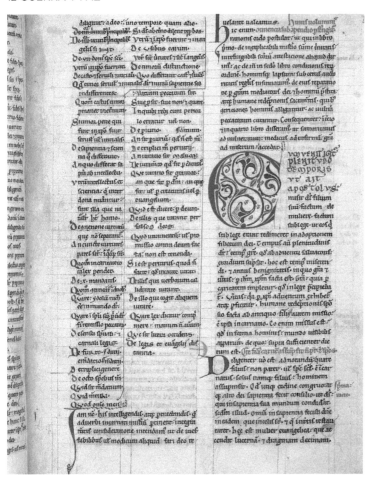

◀ Detalles de una
edición manuscrita
iluminada de las
Sentencias de
Pedro Lombardo.
El libro fue un
texto universitario
estándar durante
500 años.
*Biblioteca Británica,
Catálogo de
Manuscritos
Iluminados, CC0 1.0*

MAESTRO DE LAS SENTENCIAS

El «Maestro de las sentencias», Pedro Lombardo (c. 1095–1160), se formó en Bolonia antes de trasladarse a París, donde fue elegido obispo en 1159. Su *Libro de las sentencias* (terminado hacia 1158) recopiló el pensamiento de escritores cristianos, desde los Padres de la Iglesia hasta contemporáneos cercanos, como Abelardo y Graciano. Las *Sentencias* también dieron a conocer a los lectores occidentales el pensamiento de los padres griegos, como Juan de Damasco. Al aplicar principios objetivos de organización y evitar los extremos, las *Sentencias* proporcionaron un resumen claro del pensamiento y la doctrina cristianos que se convirtió en el libro de texto estándar para la enseñanza universitaria en toda Europa hasta bien entrado el siglo XVII.

👤 HÉLOÏSE
(1101–1164)

Mientras enseñaba en París, Abelardo conoció y se casó en secreto con Héloïse, sobrina de Fulberto, canónigo de Notre Dame. El asunto provocó un escándalo; Héloïse fue enviada a un convento y, como es sabido, Abelardo fue castrado por una banda de hombres contratados por Fulberto. Abelardo se retiró a un monasterio en 1117.

 EL CORÁN LATINO

El abad de Cluny, Pedro el Venerable (c. 1092–1156), fue amigo de Pedro Abelardo y Bernardo de Claraval, y se lo celebró como un reformador educativo. Pedro escribió argumentos teológicos contra el judaísmo y el islam, y fue responsable de la primera traducción del Corán al latín, una obra completada en 1143.

© *Historia esencial del cristianismo CLIE*

13 IMPERIO Y DESIERTO: 1200-1300

El siglo XIII es testigo del reinado de los grandes papas medievales y del nacimiento de las principales órdenes religiosas. En él se desarrollan tecnologías, filosofías y teologías que siguen afectando al pensamiento y la práctica cristianos. A pesar de los intentos de reconciliación, la brecha entre las culturas del cristianismo oriental y occidental resulta demasiado grande para cerrarse, especialmente tras los desastrosos acontecimientos de la cuarta cruzada. Los cristianos de amplias franjas del este y el sur se adaptan a la vida fuera de la cristiandad. Paradójicamente, la Iglesia ortodoxa rusa resurge bajo el dominio del pagano Imperio mongol, mientras que la Iglesia romana lucha contra sus reyes y gobernantes cristianos.

OCCIDENTE

Vicario de Cristo

Giovanni Lotario de' Conti (1160–1216) se convirtió en el papa Inocencio III en 1198. Los historiadores consideran su mandato un punto culminante del papado de la Edad Media. Como cabeza de la cristiandad, Inocencio se veía a sí mismo ocupando un espacio por debajo de Dios, pero por encima de los demás hombres, y fue el primer papa que hizo uso regular del título de «Vicario de Cristo». Inocencio supervisó la reforma y reorganización de la jerarquía y la administración eclesiásticas. Apoyó a Francisco de Asís, ayudó a Domingo a establecer su nueva orden y convocó el influyente IV Concilio de Letrán en 1215.

Letrán

El concilio que se reunió en el Palacio de Letrán, en Roma, marca la cumbre de gran parte del pensamiento y la práctica cristianos de la época. Estableció políticas que darían forma a la agenda de la iglesia en los siglos venideros. Letrán confirmó la doctrina oficial de la eucaristía, utilizando por primera vez el término *transubstanciación*. La confesión anual y la comunión se hicieron obligatorias. Se formularon refutaciones ortodoxas a las herejías albigense, cátara y valdense. Se puso freno al abuso clerical de las indulgencias y se prohibió la participación de la iglesia en juicios por ordalía. Se firmó la nueva orden franciscana, se establecieron disposiciones para el gobierno de los dominicos y se restringió la creación de futuras órdenes en un esfuerzo por fomentar la disciplina y la unidad de la iglesia.

▼ El papa Inocencio III con Domingo y otro fraile (posiblemente Francisco) sosteniendo la basílica de San Juan de Letrán que se derrumba. *Biblioteca Británica, Catálogo de Manuscritos Iluminados, CC0 1.0*

 ISABEL DE HUNGRÍA (1207–1231)

Hija del rey Andrés de Hungría, Isabel se ganó desde muy joven fama de mujer extremadamente ascética y santa. Cuando su marido, Luis IV de Turingia, murió en una cruzada en 1227, Isabel se hizo monja franciscana. Sirvió a los pobres en Marburgo (Alemania) y fue responsable de la construcción de uno de los primeros orfanatos de Europa. La catedral gótica Elisabethkirche se construyó en su honor, y sus restos fueron internados allí en 1236.

▲ Isabel de Hungría.
Wikimedia Commons

Intervención política

Políticamente, Inocencio afirmó el derecho de la Iglesia romana a supervisar los asuntos de reyes, príncipes y gobernantes. Intervino en la coronación del emperador del Sacro Imperio Romano Germánico, apoyando primero a Otón IV (c. 1182–1218) y luego a Federico II (1194–1250) según la fuerza de su lealtad a la iglesia. En asuntos ingleses, Inocencio excomulgó al rey Juan (1167–1216) en 1209, cuando este se negó a aceptar a Esteban Langton (¿?–1228) como arzobispo de Canterbury. Juan se vio obligado

a someterse y Langton fue debidamente instalado en 1213. La considerable influencia de Inocencio se dejó sentir también en Francia, Dinamarca, España, Portugal, Italia, los estados germánicos y bálticos, Chipre y Armenia. Sin embargo, fueron las consecuencias imprevistas de la primera intervención de Inocencio las que tuvieron mayor impacto en la cristiandad.

Cuarta cruzada

Las cruzadas anteriores no habían conseguido asegurar Jerusalén ni detener el avance del islam. En 1202, Inocencio lanzó la cuarta cruzada en un nuevo intento de recuperar Egipto, el norte de África y Tierra Santa. Agotada y cansada por las campañas anteriores, la nobleza europea no acudió a la llamada con entusiasmo, y relativamente pocos caballeros se unieron a la cruzada. Además, se impuso una gran carga a los territorios por los que los cruzados tenían que marchar de camino a Jerusalén, lo que provocó una vez más fricciones e inestabilidad dentro de las fronteras de la cristiandad. Como resultado, el ejército reunido por el papa pronto se desvió de su propósito original.

▲ El coste del transporte de un gran número de tropas fue una de las principales razones del fracaso de la cuarta cruzada. Partida de un barco para las cruzadas, detalle de un manuscrito galaciano en vitela, mediados del siglo XIII.
Fol.53r Partida de un barco para las Cruzadas, escrito en galaciano para Alfonso X (1221–84), Escuela Española/ Biblioteca Monasterio del Escorial, Madrid, España/ Heritage Image Partnership Ltd / Alamy Stock Photo

ÓRDENES PRINCIPALES

En el siglo XIII se crearon tres grandes órdenes religiosas que siguen activas en la actualidad.

Dominicos

Domingo (1170–1221) había predicado activamente contra los albigenses desde 1203. En 1206, con el apoyo del obispo de Toulouse, fundó un convento de enseñanza para mujeres. En 1216, Domingo originó la orden de predicadores (también conocida como frailes negros). Los dominicos y dominicas se hicieron famosos por su gran erudición, y se fundaron muchas universidades bajo sus auspicios. Los dominicos estuvieron al frente de las actividades misioneras en el Nuevo Mundo y en Oriente.

Franciscanos

Francisco de Asís (1182–1226) renunció a las posesiones mundanas tras una peregrinación a Roma en 1205, tras la cual fundó una sociedad de predicación, pobreza y penitencia en 1209. A partir de 1245, los partidarios del ideal original de pobreza se enfrentaron a los moderados que permitían la propiedad corporativa de bienes. En la actualidad, los franciscanos se componen de tres órdenes: los conventuales, los observantes y los capuchinos.

Clarisas

Francisco fundó una segunda orden en colaboración con Clara de Asís (c. 1193–1253). Las comunidades de clarisas, fundadas hacia 1213, se extendieron rápidamente por Italia, Francia y España. La estricta regla de las clarisas incluía el ayuno perpetuo, dormir sobre tablas y el silencio absoluto. Los seguidores de una versión más suave de la regla instituida por el papa Urbano IV (c. 1195–1264) en 1263 pasaron a ser conocidos como urbanistas. Una reforma del siglo XV, dirigida por la abadesa Collete, dio lugar a los coletinos y otra en el siglo XVI produjo los capuchinos. Las tres ramas siguen vigentes en la actualidad. Dedicadas a la oración, el ayuno, la penitencia y el trabajo manual, juntas constituyen la orden femenina más austera de la Iglesia católica romana.

▶ Clara de Asís con la orden de las clarisas.
Historia/Shutterstock

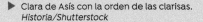

▶ Una monja clarisa en Japón.
Wikimedia Commons

▼ San Francisco y Santa Clara cenando en el convento de San Damián.
Wikimedia Commons

Saqueo de Constantinopla

La ruta hacia Tierra Santa requería la ayuda de barcos venecianos. Cuando los cruzados no pudieron pagar los gastos que se les exigían, su líder, Bonifacio de Montferrat (c. 1150–1207), y el gobernante veneciano Enrico Dandolo (c. 1107–1205) acordaron en su lugar unir fuerzas e invadir Constantinopla. En 1204, en contra de las órdenes expresas del papa y de algunos de los comandantes presentes, los ejércitos del Occidente cristiano saquearon y conquistaron la principal ciudad del Oriente cristiano. El patriarca griego fue destituido y en su lugar se instaló el veneciano Tomás Morosini (de fechas desconocidas).

Con la creación del Imperio latino de Constantinopla, se abandonó el avance de la cuarta cruzada sobre Tierra Santa y se estableció una especie de unión entre las iglesias de Oriente y Occidente bajo Inocencio. Sin embargo, la situación era impopular, inestable y temporal, y los bizantinos intentaron repetidamente recuperar el control. Los acontecimientos del Imperio latino proyectaron una larga

sombra sobre el futuro desarrollo de la Iglesia y el Estado en Occidente y Oriente, afianzando el rencor entre las dos culturas y socavando la capacidad de Bizancio para defenderse de futuras amenazas a su territorio.

▼ Cómo fue atacada y tomada Constantinopla por Loyset Liefet (1420–79).
Kharbine-Tapabor/Shutterstock

© *Historia esencial del cristianismo* CLIE

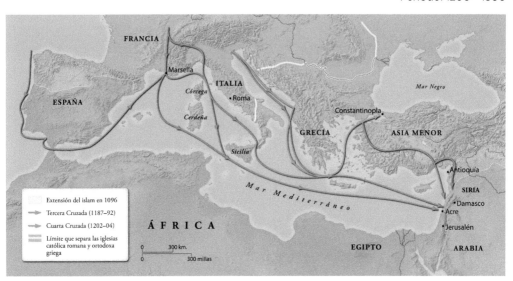

▲ Rutas de la tercera y cuarta cruzadas.

CÁTAROS Y ALBIGENSES

Desde la época de los primeros Padres de la Iglesia, varias sectas heréticas han sido conocidas como *cathari*, término que deriva de la palabra griega «puro». En la época medieval, la etiqueta se aplicaba exclusivamente a quienes seguían una religión dualista maniquea que demonizaba el cuerpo y negaba la encarnación de Cristo. Los cátaros del siglo XII estaban muy influidos por los bogomilos orientales y compartían la naturaleza políticamente subversiva de esa secta búlgara. El movimiento se extendió por Alemania, Italia y Francia; en los documentos eclesiásticos medievales, el término *hereje* es sinónimo de *cathar*. Muchas de las conclusiones del IV Concilio de Letrán de 1215, así como la formación de la Orden de Predicadores dominicos en 1216 y la institución de la Inquisición a partir de 1233 se produjeron en gran parte en oposición a la herejía cátara.

En Francia, a los cátaros se los conocía como albigenses porque vivían en torno a la ciudad de Albi, en la región de Languedoc. En 1208, el papa Inocencio III envió a Pedro de Castelnau a Albi para predicar. Cuando Pedro fue asesinado, se desencadenó una larga y sangrienta guerra. En 1229, la cultura de Languedoc había sido destruida y la región se había incorporado al dominio del norte de Francia. Otras acciones de la Inquisición hicieron que la religión albigense prácticamente desapareciera en 1300.

LAS ÚLTIMAS CRUZADAS

La abortada cuarta cruzada dio lugar a otros movimientos populares, no todos ellos bien acogidos o aprobados por la iglesia. En la espontánea cruzada de los niños de 1212, miles de niños pobres y campesinos marcharon a Jerusalén. El harapiento grupo se disolvió en Génova, y muchos de los participantes regresaron a casa a instancias del papa. A partir de 1219 se levantaron otras tres cruzadas militares en un intento de ganar Egipto, retomar Jerusalén y defender los territorios cristianos de Siria.

La decisiva pérdida del último bastión cristiano en Acre en 1291 puso fin a la era de las cruzadas oficiales, aunque los ideales cruzados siguieron influyendo en los esfuerzos militares y misioneros cristianos hasta bien entrado el siglo XVI y más allá.

ORIENTE

Ortodoxia y unión

En 1261, Miguel VIII Paleólogo (1223–1282) recuperó el control de Constantinopla, poniendo fin al Imperio latino de Oriente. Para protegerse de nuevas amenazas, especialmente de Carlos de Anjou (rey de Nápoles y Sicilia), el emperador Miguel buscó una conveniente alianza con Roma. A cambio de la lealtad de la Iglesia ortodoxa, el papa Gregorio X (1210–1276) accedió a proporcionar apoyo financiero y a frenar las ambiciones de los caudillos latinos que pretendían conquistar Constantinopla.

Unión oficial

En 1274, el papa Gregorio convocó el Segundo Concilio de Lyon, al que asistieron unos 1600 eclesiásticos, entre ellos 500 obispos. También asistieron legados del emperador y representantes de la Iglesia ortodoxa, que aseguraron que estaban dispuestos a someterse a la autoridad de la Iglesia romana. Los eclesiásticos ortodoxos aceptaron las doctrinas romanas del purgatorio, los sacramentos y la primacía del papa. En una misa especial celebrada por el papa Gregorio el 29 de junio, el clero griego recitó el Credo niceno y cantó tres veces la cláusula *Filioque*.

Oposición popular

El emperador bizantino y el papa romano habían logrado su objetivo de cerrar el cisma entre Oriente y Occidente. Sin embargo, la unión por motivos políticos no gozaba de popularidad entre la Ortodoxia en general, y la sumisión a Roma pronto fue repudiada por el clero griego, desafiando los deseos de su emperador.

El patriarca de Constantinopla José I Galesiota (¿?–1283) abdicó en 1275 y fue sustituido por Juan XI Beco (c. 1230–1297), un patriarca leal a la unión. Beco defendió el Concilio de Lyon con argumentos intelectuales y teológicos, mientras que el emperador utilizó el poder militar para imponer su voluntad. En última instancia, esta combinación de argumentos y coacción no consiguió convertir a la mayoría de la Ortodoxia a la causa. Tras la muerte de Miguel en 1282, Beco fue considerado por muchos un traidor a la fe ortodoxa. Se vio obligado a exiliarse, donde murió en 1297.

 INQUISICIÓN

La creciente amenaza de los grupos heréticos dio lugar a la formación del tribunal especializado conocido como la Inquisición, formalizada por el papa Gregorio IX (c. 1170–1241) entre 1231 y 1235. Se invitaba a los sospechosos a confesar voluntariamente. Los que no lo hacían eran sometidos a un interrogatorio, en el que el testimonio de dos testigos se consideraba suficiente para la condena. El papa Inocencio IV (¿?–1254) permitió el uso de la tortura en 1252. La iglesia imponía penas leves, pero los herejes obstinados eran entregados ocasionalmente a las autoridades estatales para su ejecución.

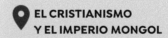 **EL CRISTIANISMO Y EL IMPERIO MONGOL**

El cristianismo nestoriano había estado presente en la cultura mongola desde el siglo VII, pero fue la rápida expansión del Imperio mongol bajo Gengis

Kan (c. 1165–1227) y sus sucesores la que brindó las oportunidades más significativas para el contacto cristiano.

1240 El papa Gregorio IX (c. 1170–1241) envía un grupo misionero de dominicos a la ciudad georgiana de Tiflis, donde se encuentran con la corte mongola.

1245 El papa Inocencio IV (¿?–1254) envía cuatro misiones franciscanas, una de ellas dirigida por Giovanni da Plano Carpini (c. 1180–1252). Se convirtió en uno de los primeros e importantes cronistas occidentales de Asia Central, aunque la misión no fue un éxito.

1253 El franciscano Guillermo de Rubruck (c. 1200–después de 1256) viaja a la capital mongola, Karakorum, y encuentra una cultura religiosamente tolerante con testimonios de las religiones nestoriana, cátara y musulmana.

1271 Kublai Khan (1215–1294) envía una carta al papa Gregorio X (1210–1276) solicitando el envío de maestros cristianos para ayudar a la Iglesia nestoriana ya presente en el imperio chino de Mongolia.

1275 Marco Polo (1245–1324) viaja a la casa de Kublai Khan (cerca de la actual Pekín).

1289 El papa Nicolás IV (1227–1292) envía a China al franciscano Giovanni de Monte Corvino (1246–1328). En su viaje, Giovanni obtiene cierto éxito misionero en la India en 1291. A pesar de la resistencia nestoriana, construye una iglesia católica en Pekín en 1299 y traduce los Salmos y el Nuevo Testamento al mongol. Se dice que, a su muerte, Giovanni había supervisado la conversión de 6000 personas. Con el derro-

camiento de los mongoles y la instauración de la dinastía Ming en 1369, el cristianismo vuelve a la clandestinidad.

1295 Ghazan Khan (1271–1303) declara el islam como religión oficial de la división de Oriente Medio (Iljánida) del Imperio mongol

▼ Pintura mural nestoriana del Domingo de Ramos hallada en Chotscho, Turkestán chino.
China: Sacerdotes nestorianos en procesión el Domingo de Ramos, en una pintura mural del siglo VII u VIII de Gaochang (Khocho),
CPA Media Pte Ltd / Alamy Stock Photo

▶ Genghis Khan.
Universal History Archive/ UIG/Shutterstock

Serbia

Las consecuencias de la influencia latina en Constantinopla se dejaban sentir en otros ámbitos de la Ortodoxia oriental.

En algún momento, entre 1206 y 1208, el monje Sava (c. 1175–1236) abandonó su monasterio del Monte Atos para regresar a su Serbia natal. El país estaba sumido en el caos, debido en parte a las luchas de poder provocadas por la presencia occidental. Como rey de Serbia, el hermano de Sava, Stefan, mantenía estrechos lazos con Roma (había sido coronado por el papa en 1217), pero la situación política era inestable y la nación estaba al borde de la guerra civil. Sava contrarrestó la influencia latina, forjando fuertes lazos con el patriarca de Nicea y organizando una jerarquía eclesiástica serbia independiente, leal a la Ortodoxia oriental. La Iglesia serbia autocéfala se estableció en 1219, y la Iglesia ortodoxa de Bosnia-Herzegovina también remonta sus raíces a este acontecimiento. Sava peregrinó varias veces a Egipto, Palestina y Constantinopla. Murió en Bulgaria cuando regresaba de una peregrinación en 1236 y se lo considera patrón de Serbia.

Rusia

En Rusia, dos factores político-militares determinaron el desarrollo de la Iglesia ortodoxa. Uno fue el avance y dominio mongolés bajo Batu Khan (c. 1205–1255); el otro, las acciones del príncipe Alejandro Nevsky (c. 1220–1263) contra los ejércitos latinos de Occidente.

CABALLEROS TEUTONES

La orden religiosa y militar alemana se fundó inicialmente como orden hospitalaria confirmada por el papa Clemente III en 1199. Los caballeros actuaron en Hungría (1211–1225) y Prusia (desde 1231), convirtiéndose en poderosos gobernantes por derecho propio. El carácter

y la importancia de la orden se vieron decisivamente alterados por la Reforma en el siglo XVI y el avance napoleónico francés en el siglo XIX.

▼ Un caballero teutón.
INTERFOTO / Alamy Stock Photo

IGLESIA CATÓLICA DE RITO ORIENTAL

La división entre cristianismo oriental y occidental no siempre ha sido clara. Algunas iglesias conservaron las estructuras y la liturgia ortodoxas sin dejar de estar bajo la autoridad de Roma. Estos grupos se denominan a veces iglesias uniatas. El desarrollo temprano de la Iglesia católica de rito oriental surgió del acuerdo alcanzado en 1246 entre el papa Inocencio III y Daniel Romanovich (1201–1264), gobernante del territorio que comprendía gran parte de las actuales Ucrania y Polonia. Romanovich buscaba protección frente a los invasores mongoles y aceptó la soberanía del papa a cambio de ayuda. Estos primeros pasos uniatas fructificarían en la Unión de Brest-Litovsk en 1596.

La Horda de Oro

En 1223, los invasores mongoles habían comenzado sus incursiones en territorio ruso. En 1237, la invasión ya estaba en marcha. En 1238, los invasores saquearon e incendiaron Moscú. En 1240, conquistaron la capital, Kiev, y Rusia quedó bajo el dominio de la «Horda de Oro» mongola, dirigida por Batu, nieto de Gengis Kan.

Al principio, el avance del ejército mongol por Rusia causó estragos en la iglesia. Se quemaron y saquearon monasterios y edificios eclesiásticos, y monjes y sacerdotes fueron asesinados o capturados. Sin embargo, la inestabilidad social provocada por los invasores acabó por convertir a la iglesia en el único centro nacional, cultural y político de la vida rusa. Esto fue reconocido por los nuevos gobernantes mongoles, que concedieron a la iglesia privilegios especiales. En 1267, se le concedió una carta de inmunidad (*iarlyk*). En virtud de este decreto, el clero no podía ser obligado a hacer trabajos forzados ni a cumplir el servicio militar, y quedaba exento del pago de impuestos por parte de las autoridades mongolas o rusas.

Alianza mongola

Mientras los mongoles consolidaban su dominio sobre los territorios rusos, el príncipe Alejandro Nevski gobernaba los principados de Nóvgorod (1236–1252), Kiev (1246–1252) y Vladimir (1252–1263). Se alió con Batu Khan, reprimiendo rebeliones y recaudando impuestos para los nuevos gobernantes de Rusia. Gracias a su alianza con los mongoles, Nevski

preservó y unificó gran parte de la cultura rusa, que de otro modo habría sido aniquilada. Recibió el apoyo especial de la Iglesia ortodoxa rusa, que lo considera un santo nacional.

La batalla del hielo

La contribución de Nevski a la Ortodoxia se debe principalmente a su victoria sobre los invasores occidentales, que impidió que Roma dominara la Iglesia rusa. En 1240, el ejército de Nevski impidió a las fuerzas suecas cruzar el río Neva. Al mismo tiempo, el papa Gregorio IX (c. 1170–1241) envió soldados alemanes en una cruzada al Báltico, con la intención de cristianizar a los paganos y ejercer el control romano sobre la región. Los caballeros teutones continuaron su campaña en Rusia. En 1242, Nevski derrotó decisivamente a los soldados a caballo mientras peleaban en suelo helado cerca del lago Peipus, en una lucha conocida como la «Batalla del hielo». Como resultado, la Ortodoxia afirmó su posición como la tradición eclesiástica predominante en Rusia.

De Kiev a Vladimir

El mayor eclesiástico de esta época, Cirilo III (¿?–c. 1282), fue consagrado metropolitano hacia 1245. Con Cirilo, el centro de la Iglesia ortodoxa se trasladó de la devastada ciudad de Kiev a la de Vladimir, poniendo en marcha una serie de traslados que solo terminarían cuando Moscú se convirtió en la sede de la Iglesia rusa en la década de 1320.

Cirilo estaba convencido de que la ocupación mongola era un castigo de Dios a la Iglesia rusa, que se había vuelto laxa e inmoral. Durante su largo servicio, Cirilo trabajó para reorganizar la iglesia, aprovechando su estatus privilegiado y forjando estrechas relaciones con el kan para lograr la restauración.

Concilio de Vladimir

Alrededor de 1270, Cirilo obtuvo una copia del *Nomocanon* de la Iglesia búlgara. Este valioso documento griego recopilaba doctrinas,

▼ Alejandro Nevski es famoso por impedir que los caballeros teutones invadieran Rusia. Fresco de la Catedral del Arcángel, Moscú, Rusia.
Heritage Image Partnership Ltd / Alamy Stock Photo

decretos e interpretaciones ortodoxas del siglo XII. Con el *Nomocanon* como modelo, en 1274 el Concilio de Vladimir promulgó un estricto código que rectificaba errores en la liturgia y la práctica de la iglesia en Rusia. Además, se abordaron prácticas inmorales como la simonía, la esclavitud y el alcoholismo. Bajo el reinado de Cirilo, el cristianismo ortodoxo vivió una época de resurgimiento y la institución eclesiástica creció en riqueza y poder.

OCCIDENTE

Al mismo tiempo, la suerte de la Iglesia romana en Occidente no iba tan bien. En 1277, Giovanni Gaetani Orsini (c. 1216–1280) se convirtió en el papa Nicolás III. Como papa, Nicolás luchó por proteger la independencia de Roma frente a gobernantes ambiciosos como Carlos de Anjou y el rey Rodolfo I de Alemania. Fue el primer papa que hizo del Vaticano su residencia central y amplió los territorios del papado, concediendo la gobernación a miembros de

la familia Orsini. Nicolás se ganó la reputación de nepotista y fue retratado en el *Infierno* de Dante como el principal ejemplo de simonía.

Bonifacio supremo

La continua lucha de poder entre la iglesia y varios reinos europeos llegó a un punto crítico durante el papado de Bonifacio VIII (c. 1234–1303). Cuando se convirtió en papa en 1294, Bonifacio heredó una situación ya inestable debido a conflictos internos y externos. Bonifacio trató de mantener la tradición del poder papal supremo practicada por predecesores como Gregorio VII e Inocencio III, pero el ambiente político hacia la iglesia había cambiado, y no pudo continuar en la misma línea.

 TOMÁS DE AQUINO (1224–1274)

La influencia de este doctor de la iglesia en la filosofía, la teología y la ética occidentales sigue haciéndose sentir. Nacido en Italia, Tomás de Aquino pasó la mayor parte de su vida laboral enseñando en París. Su *Summa contra Gentiles* (1261–1264) es un compendio de apologética cristiana, y su *Summa Theologiae* (1265–1273) sistematiza el pensamiento cristiano siguiendo la filosofía de Aristóteles.

Bonifacio humillado

En 1296, Bonifacio promulgó la bula *Clericis laicos*. El documento iba dirigido principalmente contra los reinos de Inglaterra y Francia. Prohibía a cualquier poder secular exigir impuestos de rentas al clero sin el previo consentimiento papal. Además, cualquier laico que aceptara este dinero era amenazado con la excomunión.

Eduardo I «Piernas Largas» (1239–1307) y Felipe IV «el Hermoso» (1268–1314) se negaron a cumplir. Eduardo ilegalizó a todo el clero al retirar la protección real a la iglesia en Inglaterra. Felipe detuvo la exportación de oro y objetos de valor desde Francia, privando así a la iglesia de sus ingresos procedentes del reino. Ante estos desafíos, Bonifacio se vio obligado a ceder en un humillante y público descenso.

El declive del papado

Bonifacio persistió en hacer reclamaciones para el papado que fueron resistidas por los gobernantes seculares. La lucha con Felipe de Francia continuó cuando Bonifacio emitió la bula *Unam Sanctam* en 1302, proclamando: «Es totalmente necesario para la salvación que toda criatura humana esté sujeta al pontífice romano». Felipe respondió enviando una fuerza para arrestar al papa. Bonifacio fue hecho prisionero brevemente en 1303 y murió pocas semanas después. Su fallecimiento marca el final de la línea de papas medievales que podían esperar disfrutar de una autoridad absoluta; su fracaso se considera un punto de inflexión en la historia del cristianismo en Occidente, que dio lugar a nuevas formas en que los cristianos pensarían sobre su relación con el mundo.

▲ La basílica medieval de Santa María Magdalena de Vézelay, Francia. La iglesia en Francia luchó amargamente contra el rey Felipe IV. *TokioMarineLife/iStock*

14 HUMILDAD Y PODER: 1300-1400

Los cristianos del siglo XIV siguen luchando con las tensiones y contradicciones que surgen cuando una religión de humildad, paz e impotencia asume la responsabilidad de la acumulación de riqueza, la aplicación de la ley y el ejercicio del poder. A medida que la iglesia occidental se aproxima a gobernantes y reyes, Europa asiste a un avance en sus afanes culturales y políticos. Sin embargo, al mismo tiempo, florecen grupos cristianos que hacen hincapié en la reforma, la pobreza y el estudio. Tanto las fuerzas nacionalistas como el debate teológico alimentan el Gran Cisma de Occidente. En Oriente, los últimos pueblos eslavos paganos se convierten al cristianismo, Constantinopla se enfrenta a la perspectiva real de vivir bajo dominio musulmán y la Iglesia ortodoxa rusa disfruta de un renacimiento místico mientras se prepara para deshacerse del yugo mongol.

▽ Cúpula de la iglesia de San Lorenzo, Florencia, Italia.
isogood/123RF.com

© *Historia esencial del cristianismo* CLIE

OCCIDENTE

Felipe y Bonifacio

Los acontecimientos del nuevo siglo no fueron auspiciosos para la Iglesia romana. Bajo el liderazgo del papa Bonifacio VIII, la bula papal *Unam Sanctam* de 1302 no logró ejercer poder sobre los estados seculares de Europa; más bien, dio como resultado una humillante caída para el papado. En 1303, nuevos conflictos con Felipe IV de Francia condujeron a la captura de Bonifacio a manos de los mercenarios Guillermo de Nogaret y Sciarra Colonna. Bonifacio murió poco después y su sucesor, Benedicto XI (1240–1304), ocupó el cargo solo un año, hasta 1304. Después de Benedicto, los cardenales de la iglesia se dividieron y la posición del papado quedó en una situación precaria. La elección en 1305 del papa Clemente V (1264–1314) supuso un nuevo desafío para la integridad de la iglesia.

△ El papa Bonifacio VIII murió tras ser mantenido en cautiverio por hombres que actuaban en nombre de Felipe IV de Francia.
Alfredo Dagli Orti/Shutterstock

Cautiverio de la iglesia

Clemente fundó las universidades de Orleans (1306) y Perugia (1308) para apoyar el estudio de la medicina y las lenguas orientales. Además, su Concilio de Vienne (1312) dispuso el estudio del árabe, el caldeo, el hebreo y el griego en las universidades de París, Oxford, Salamanca, Bolonia y Roma. Sin embargo, Clemente es más conocido no como erudito, sino como el papa responsable de poner a la iglesia bajo la esfera de los intereses franceses y de otros países de Europa occidental. En 1309, el centro de la iglesia se trasladó de Roma a Aviñón, una región francesa que hacía relativamente poco tiempo había quedado libre de albigenses. Aviñón se convertiría en la sede del papado hasta 1377, inaugurando un periodo de setenta años que a menudo se conoce como el «Cautiverio babilónico de la iglesia».

 CAUTIVERIO BABILÓNICO

La frase alude a la captura y deportación del pueblo hebreo bajo el gobierno de Nabucodonosor, tal como se relata en 2 Reyes 24–25. Fue acuñada por primera vez por el poeta Francesco Petrarca en referencia a la situación de la iglesia en Aviñón. Durante la Reforma protestante de 1520, Martín Lutero utilizaría la frase para denunciar diversas doctrinas que, en su opinión, mantenían sometida a la iglesia. La vida de la Iglesia ortodoxa bajo el dominio otomano en el siglo XVI se menciona a veces en términos similares.

Supresión de los templarios

Las riquezas amasadas por los templarios resultaron ser una tentación demasiado grande para Felipe IV. En 1311, el papa Clemente inauguró el Concilio de Vienne, que, además de promover la labor de las universidades, se reunió principalmente para resolver el futuro de la orden militar y religiosa. Al principio, el concilio sostuvo que las acusaciones de inmoralidad y herejía formuladas contra los templarios eran infundadas. Sin embargo, cuando Felipe y su ejército llegaron a Vienne en 1312, el papa Clemente promulgó un decreto por el que suprimía la orden y permitía a Felipe apropiarse de gran parte de sus bienes.

¿Pobreza o riqueza?

La lucha por la propiedad también se convertiría en el punto álgido para el sucesor de Clemente, salvo que en el caso del papa Juan XXII (1249–1334), el propietario en cuestión no era un caudillo o un rey, sino Jesucristo.

Cuando Jacques Duèse se convirtió en el papa Juan en 1316, continuó vinculando la iglesia más estrechamente al reino de Francia. Reforzó la presencia papal en Aviñón, siguiendo la política de que cuando se trataba del corazón de la iglesia, «Roma» era donde vivía el papa. Bajo el reinado de Juan, Aviñón se convirtió en un centro de riqueza, erudición y cultura; allí residieron muchos de los artistas y eruditos que más tarde serían considerados como fundadores del movimiento humanista conocido como Renacimiento. Sin embargo, esta celebración de la riqueza y la cultura de la civilización cristiana condujo de nuevo a un enfrentamiento con quienes pretendían mantener el ideal cristiano original de pobreza y humildad.

 RENACIMIENTO Y HUMANISMO

El Renacimiento europeo comenzó en el siglo XIV. La cultura experimentó un renacimiento del interés por el mundo clásico de la historia, la poesía y la filosofía griegas. Este énfasis en las «humanidades» clásicas también se conoce como humanismo. Los escritores humanistas de este periodo no se oponían necesariamente a la religión. De hecho, las figuras más destacadas del humanismo renacentista eran a menudo clérigos o personas estrechamente vinculadas a movimientos e ideas cristianas. Sin embargo, los humanistas tendían a tratar a la iglesia como una institución secular, y su interés por la cultura pagana los llevó a entrar en tensión con otras escuelas de pensamiento cristianas.

Francesco Petrarca (1304–1374) es considerado el «padre del humanismo». Además de describir el «cautiverio babilónico» de la iglesia, se le atribuye el mérito de ser el primero en calificar el periodo altomedieval como los «años oscuros», por su falta de cultura clásica. El Secretum de Petrarca (1352) describe una conversación imaginaria con Agustín en la que el poeta intenta conciliar su amor por las cosas mundanas con la piedad cristiana.

Dante Alighieri (1265–1321) fue un poeta italiano exiliado de Florencia por oponerse a las ambiciones políticas del papa Bonifacio VIII. Su *Divina comedia* (escrita entre 1308 y 1320) es una obra magistral que describe con imaginación los círculos del infierno, el purgatorio y el cielo en tres volúmenes: *Infierno, Purgatorio y Paraíso*.

▼ Francesco Petrarca, poeta italiano, fue el primero en describir la época altomedieval como «los años oscuros». *Wikimedia Commons*

© *Historia esencial del cristianismo* CLIE

Franciscanos espirituales

Los debates entre los franciscanos sobre la regla exacta y la finalidad de la orden existían desde mediados del siglo anterior. La principal división se produjo entre los *conventuales*, partidarios de una regla moderada, y los *espirituales*, que querían mantener las ideas originales de Francisco de simplicidad y pobreza total. En 1317, el papa Juan disolvió el partido de los espirituales y denunció sus enseñanzas. Estrechamente relacionada con sus ideales estaba la cuestión de si Cristo y sus apóstoles poseían bienes, y si la renuncia completa a las posesiones era necesaria para vivir una vida a imitación de Cristo. En 1322 y 1323, el papa Juan promulgó nuevos decretos, permitiendo la propiedad de bienes y declarando herética la afirmación de que Cristo vivió en la pobreza absoluta.

Desafío bávaro

La decisión no aplacó el debate. Un grupo de franciscanos espirituales huyó a Baviera, aceptando la protección del rey Luis IV (c. 1283–1347). En respuesta, el papa Juan excomulgó a Luis en 1324. En 1328, Luis invadió Roma y se hizo coronar emperador del Sacro Imperio Romano Germánico. Luis nombró papa a un franciscano espiritual llamado Nicolás V (¿?–1333), alegando que, como Juan residía en Aviñón, había abandonado cualquier pretensión de encabezar la Iglesia romana. Luis regresó finalmente a Baviera al no conseguir el apoyo de la población de la ciudad, y Nicolás se sometió a la autoridad del papa Juan en 1330.

La supremacía del Estado

Además de la acción de los soldados, surgió un encarnizado debate literario sobre la cuestión de la supremacía del Estado, en el que tomaron partido importantes teólogos como Juan de Jandún (c. 1286–1328) y Guillermo de Ockham (c. 1280–1349). La guerra de ideas culminó con la publicación de *Defensor pacis* («Defensor de la paz») de Marsiglio de Padua en 1324. El influyente libro adoptaba una línea fuertemente antipapal, sosteniendo que era el

Estado, y no la Iglesia, el elemento unificador de cualquier sociedad. Marsiglio sostenía teológicamente que el papa solo tenía poder espiritual y que cualquier poder terrenal del que gozara era un regalo de reyes, príncipes y emperadores. El libro fue condenado por el papa en 1327, pero se ganó el favor del rey Luis, que nombró a Marsiglio su vicario principal cuando se hizo con el control de Roma. Cuando fracasó el intento de Luis de recrear el Sacro Imperio Romano Germánico, Marsiglio regresó a Baviera y a una relativa oscuridad. Sin embargo, su *Defensor* fue cuidadosamente estudiado por los reformadores del siglo XVI.

▽ Palacio de los papas y Puente San Benezet, Aviñón
alxpin/iStock

Hermanos de la Vida Común

En otros lugares de Europa, la insatisfacción con la opulencia y el poder de la iglesia propició el crecimiento de movimientos que hacían hincapié en los valores cristianos de la sencillez, la caridad y el aprendizaje. En 1374, el teólogo holandés Gerardo Groote (1340–1384) se convirtió bajo la influencia de un monje cartujo que predicaba la contemplación estricta. Aunque Groote nunca llegó a ser sacerdote, empezó a hacer llamamientos al arrepentimiento, hablando en contra de la corrupción y la autoindulgencia clerical. Las facciones hostiles de la iglesia consiguieron que se le prohibiera predicar en 1383, y murió de peste al año siguiente antes de poder apelar. Las personas atraídas por el mensaje de Groote se conocieron más tarde como los Hermanos de la Vida Común. Los Hermanos no exigían votos, y los miembros clérigos y laicos seguían con sus vocaciones originales. No obstante, se convirtieron en una presencia influyente, que pagaba sus actos de caridad copiando manuscritos y fundando escuelas. Más tarde, los Hermanos contarían entre sus miembros a Tomás de Kempis (c. 1380–1471), Nicolás de Cusa (1401–1464) y Erasmo (c. 1466–1536).

📍 PESTE NEGRA

Este nombre se dio a la peste bubónica que arrasó China, India y Europa entre 1347 y 1351. La peste pudo originarse entre los kirgiz de Asia central (actual Kirguizistán); las lápidas nestorianas de 1338 son el primer testimonio de víctimas mortales de la peste. La peste negra dio lugar a algunas respuestas religiosas extremas, como la práctica de la flagelación, por la que grupos de hombres se flagelaban públicamente en penitencia por los pecados de la población. En 1349, el papa Clemente VI pidió a las autoridades eclesiásticas y estatales que reprimieran este movimiento. La peste negra tuvo un efecto cataclísmico en las poblaciones que afectó, ya que algunos centros urbanos de Europa perdieron hasta el 40 % de su población. La iglesia estaba directamente implicada en el cuidado de los enfermos y moribundos, y la peste se cobró un gran número de sacerdotes y eruditos. Como resultado, la calidad de la enseñanza y la práctica cristianas para las generaciones siguientes se vio afectada, ya que la iglesia se vio obligada a contratar a muchos clérigos incompetentes o analfabetos para llenar sus filas.

▼ La enorme magnitud de la peste negra afectó a todas las facetas de la vida europea durante generaciones. Aquí se representa a la Muerte segando a sus víctimas en un manuscrito iluminado de principios del siglo XVI.
Wikimedia Commons

substanciación. Aunque su influencia se dejó sentir en posteriores movimientos reformistas ingleses del siglo XVI, sus escritos tuvieron mayor repercusión en el teólogo checo y héroe nacional Jan Hus (c. 1372–1415) en los primeros años del siglo siguiente.

JULIANA DE NORWICH (C. 1342–DESPUÉS DE 1413)

Mística y anacoreta, Juliana vivía en una celda empotrada en el muro de su iglesia. En 1373, experimentó una serie de «apariciones» o visiones místicas, que fueron escritas como *Revelaciones del amor divino*. En 1393, Juliana elaboró una importante reflexión teológica sobre sus experiencias, estableciendo paralelismos entre la acción divina en el mundo y la maternidad humana.

EL GRAN CISMA DE OCCIDENTE

En un esfuerzo por restaurar el orden entre la población italiana, el papa Gregorio devolvió el papado a Roma en 1377. Su muerte un año después y los acontecimientos que rodearon el nombramiento de su sucesor provocaron una considerable división en el seno de la iglesia occidental: una época conocida como el *Gran Cisma de Occidente*.

Urbano VI

Bajo la presión popular del pueblo de Roma, el italiano Bartolomeo Prignano (c. 1318–1389) fue nombrado papa Urbano VI en 1378. Sin embargo, a los cuatro meses de asumir el cargo, comenzó a sospecharse que Urbano no era mentalmente estable, ya que mostraba frecuentes arrebatos y extravagantes ataques de ira mientras intentaba llevar a cabo sus deseadas reformas eclesiásticas. Los miembros franceses del Sacro Colegio Cardenalicio cuestionaron la validez del papado de Urbano y afirmaron que habían sido obligados a votar por un italiano.

Juan Wiclef

Marsiglio, afincado en Baviera, había desafiado la autoridad de la Iglesia apelando al Estado. Cincuenta años más tarde, en Inglaterra, ideas similares fueron promovidas por el sacerdote y teólogo cristiano Juan Wiclef (c. 1329–1384).

En 1375, Wiclef publicó *De civili dominio* («Sobre el dominio civil»), que distinguía entre los aspectos «invisibles», eternos y verdaderos de la iglesia, y la realidad «material» de la vida cotidiana de sus miembros. Según Wiclef, cuando la iglesia material iba mal, era deber del gobierno civil corregirla castigando a los clérigos inmorales. Las ideas de Wiclef fueron condenadas en 1377 por el papa Gregorio XI (1329–1378). Wiclef llevó su ataque aún más lejos, argumentando en 1378 que la Biblia, y no el papa, era la única autoridad de la doctrina cristiana, y pidiendo de nuevo en 1382 que el rey disolviera las instituciones religiosas y reformara la iglesia en Inglaterra. Wiclef y sus seguidores también tradujeron la Biblia del latín al inglés y atacaron la doctrina de la tran-

© *Historia esencial del cristianismo CLIE*

Clemente VII

Los cardenales regresaron a Francia, donde instalaron a Roberto de Ginebra (c. 1342–1394) como papa Clemente VII en 1378. La Universidad de París reconoció su elección como legítima, el rey de Francia aplaudió la decisión y Clemente volvió a establecer Aviñón como centro de la iglesia. Clemente es considerado hoy como antipapa por la Iglesia católica romana, pero en su momento dividió los lazos leales de la cristiandad occidental, contando con el apoyo de Francia, Nápoles, Escocia, España y Sicilia. Por su parte, el papa Urbano fue reconocido en Roma por alemanes, ingleses, húngaros, escandinavos e italianos.

TRES PAPAS

El Gran Cisma duró décadas, con sucesiones de papas y antipapas de ambas líneas reclamando su legitimidad sobre la otra. En 1409, los intentos de resolver el conflicto condujeron a la creación de una tercera línea de papas con sede en la ciudad de Pisa, que comenzó con Alejandro V (c. 1339–1410). El Cisma no se resolvería hasta el Concilio de Constanza de 1417 y la elección unánime del papa Martín V (1368–1431). Para entonces, una generación o más de laicos, clérigos y teólogos europeos solo habían conocido una cristiandad dividida, con reivindicaciones enfrentadas y lealtades nacionalistas, preparando así el terreno político, espiritual e intelectual para los acontecimientos de la Reforma.

AVANCE OTOMANO SOBRE CONSTANTINOPLA

1321 Los ejércitos turcos otomanos alcanzan el mar de Mármara, amenazando a Bizancio.

1329 Los otomanos controlan Nicea.

1352 El ejército serbio es derrotado por los otomanos en el río Maritza.

1363 El emperador bizantino Juan V Paleólogo reconoce formalmente el dominio otomano sobre los territorios europeos conquistados.

1389 Derrocamiento del Imperio serbio. El príncipe Lazar es derrotado en Kosovo por las fuerzas turcas dirigidas por Murad I.

1396 El primer asedio otomano a Constantinopla se interrumpe cuando el ejército otomano se desvía para luchar en la batalla de Nicópolis.

ORIENTE

Las cruzadas y el dominio latino de Constantinopla de los siglos anteriores habían hecho mella en los recursos y la confianza del Imperio bizantino y su Iglesia ortodoxa. Las relaciones con la cristiandad occidental estaban marcadas por la desconfianza y la hostilidad. En el norte, Constantinopla luchaba contra el creciente poder de los reinos eslavos y sus ansias de autonomía política y religiosa. En el sur, la presión de los ejércitos del islam era constante, y el avance de los turcos otomanos amenazaba la existencia misma de la cristiandad oriental.

LA ORACIÓN DE JESÚS

«Señor Jesucristo, Hijo de Dios, ten piedad de mí, pecador». La oración tiene sus raíces en escritores místicos griegos de los siglos VI y VII, pero conoció su pleno florecimiento en el siglo XIV, donde se recitaba repetidamente y se acompañaba de un «método físico» de respiración controlada e inclinación de la cabeza hacia el corazón. La oración sigue siendo importante en la Ortodoxia y también se practica ampliamente en Occidente.

Agitación exterior, paz interior

Ante esta inestabilidad militar, eclesial y política, la Ortodoxia comenzó a centrarse más que nunca en los aspectos místicos e internos del cristianismo. La tradición de la meditación interior y la experiencia mística siempre había estado presente en Oriente, especialmente en las prácticas de oración de los monjes del Monte Atos. Los monjes se inspiraron en los escritos de Gregorio de Nisa (¿?–c. 394), Juan Clímaco (c. 579–649) y Máximo el Confesor (c. 580–662), entre otros.

Hesicasmo

La práctica conocida como hesicasmo (del griego «quietud») implicaba principalmente la repetición constante de la Oración de Jesús y una estricta disciplina de la postura corporal y la respiración. El objetivo era alinear los pensamientos de la cabeza con los movimientos del corazón para alcanzar una visión material de la luz divina: es decir, los místicos creían ser testigos de la luz de la transfiguración de Cristo, descrita en Mateo 17. En el siglo XIV, el desarrollo de esta tradición mística alcanzó su apogeo bajo la influencia de Gregorio de Sinaí (c. 1265–c. 1346), Nicéforo del Monte Atos (fechas desconocidas) y, especialmente, Gregorio Palamás (c. 1296–1359).

Críticas a la superstición

Los hesicastas fueron objeto de intensas críticas en 1337, encabezadas por un destacado monje de Constantinopla. Barlaam (c. 1290–1348) nació en una familia ortodoxa de Calabria, en el sur de Italia. Antes había participado en el movimiento de reunificación de las iglesias ortodoxa y católica. A su regreso a Constantinopla, Barlaam acusó a los monjes del Monte Atos de fomentar la superstición. Él

y sus seguidores despreciaban especialmente las prácticas físicas de los hesicastas y su pretensión de experimentar directamente la divinidad a través de sus meditaciones. Cuando el Concilio de Constantinopla se puso de parte de los hesicastas en 1341, Barlaam regresó a Occidente, donde ejerció como obispo católico hasta su muerte.

Las energías de Dios

El principal oponente de Barlaam en este debate fue el monje y arzobispo de Tesalónica Gregorio Palamas. En respuesta a la afirmación de Barlaam de que Dios era completamente incognoscible, Gregorio escribió las *Tríadas en defensa de los santos hesicastas* (1338). En él diferenciaba entre las energías de Dios, que podían experimentarse, y la esencia de Dios, que no podía experimentarse. Gregorio también defendió las disciplinas y prácticas físicas de la oración, basándose en que, como los seres humanos son criaturas corporales, deben utilizar todo su cuerpo para estar en comunión con Dios. Los monjes del Monte Atos aceptaron esta doctrina en 1340. Constantinopla los siguió en 1341. Otros concilios celebrados en 1347 y 1351 sirvieron para confirmar la práctica hesicasta como parte esencial del cristianismo ortodoxo.

La Lituania pagana

La última nación oficialmente pagana de Europa en aquella época era Lituania. El cristianismo había estado presente en el pueblo durante varias generaciones, pero no había hecho incursiones significativas. El rey Mindaugas (¿?–1263), un incierto converso al catolicismo, había intentado cristianizar a su pueblo, pero el intento duró poco. Incluso antes de su asesinato, el paganismo se había reafirmado rápidamente. Además, varias familias aristocráticas eslavas mantenían estrechos vínculos con la Iglesia ortodoxa. A través de ellos, Bizancio ejerció cierta influencia sobre los territorios rusos de Lituania, lo que condujo a un periodo de vacilaciones entre Oriente y Occidente. Las prevaricaciones llegaron a su

© *Historia esencial del cristianismo CLIE*

clímax con la cruzada de los caballeros teutones en 1336. Una sucesión de reyes paganos lituanos resistió a los invasores cristianos, pero la presión era demasiado fuerte. En 1384, el gran duque Jogaila (Jagiełło en polaco; c. 1351–1434) buscó una alianza con la nobleza polaca que, aunque católica, también era hostil a los caballeros alemanes. Jogaila fue bautizado en la Iglesia católica en 1386 y, a cambio de ceder tierras lituanas al Imperio polaco, fue nombrado protector temporal de Polonia. Aunque la conversión se instigó por motivos políticos, la cultura cristiana lituana floreció bajo la influencia franciscana polaca, lo que propició la fundación de escuelas y hospitales, así como una mayor integración con Europa occidental. Sin embargo, persistieron las tensiones con el Oriente, especialmente con Rusia.

La madre Moscú

Aunque Rusia estaba bajo dominio mongol, la Iglesia ortodoxa gozaba de una posición privilegiada y se le permitía actuar con relativa libertad. En 1325, el obispo metropolitano Pedro (1308–1326) trasladó su sede de Kiev a Moscú. En 1326 se inició la construcción de la catedral de la Asunción (o catedral de la Dormición) en Moscú, y en 1328 se había completado el traspaso de poderes. Moscú se convirtió en la sede oficial de la Ortodoxia rusa, y la catedral pasó a ser conocida como su «iglesia madre».

Sergio

Nacido en Rostov, Bartolomé (c. 1314–1392) adoptó el nombre de Sergio cuando se hizo monje en 1336. En la década de 1350, fundó una comunidad en el bosque de Radonezh, que más tarde se convertiría en el gran monasterio de la Santísima Trinidad. La comunidad reintrodujo la práctica de la vida monástica, que había sido interrumpida por el dominio tártaro, y estableció a Sergio como principal autoridad eclesiástica y reformador. Sergio intervino en la política rusa y evitó cuatro guerras civiles gracias a su relación con los príncipes moscovitas. Como resultado, Rusia fue más capaz de resistir a los invasores tártaros.

Batalla de Kulikovo

En 1380, Sergio ayudó al príncipe Dimitri (c. 1350–1389) a defenderse del ejército mongol que se reunía en Kulikovo, al sur de Moscú. Gracias al apoyo y consejo de Sergio, Dimitri venció a la Horda de Oro y a sus aliados lituanos. La batalla condujo a la liberación del pueblo y la iglesia rusos del dominio mongol, un acontecimiento que tendría una importancia duradera para Europa y para el futuro de la Iglesia ortodoxa. Por esta razón, tras su muerte en 1392, Sergio pasó a ser considerado uno de los mayores santos patronos de Rusia.

▼ Las cúpulas de la catedral de San Basilio, Moscú. *PhotoDisc*

15 IGLESIA Y ESTADO: 1400-1500

En el siglo XV, en Occidente, la idea de que el papa representa una autoridad universal que trasciende las fronteras nacionales se ve cada vez más cuestionada por el auge de los estados-nación y de los grupos cristianos independientes. Las diversas reformas que surgirían en el siglo siguiente tienen sus raíces en estos acontecimientos. También la rápida exploración dará lugar a nuevas expresiones del cristianismo a medida que la cristiandad se extienda por el Nuevo Mundo a finales de siglo. En Oriente, con la victoria del Imperio otomano, la Ortodoxia bizantina entra en una época de «gran cautiverio». Mientras Constantinopla pierde influencia bajo la conquista musulmana, Moscú se impone, a medida que Rusia emerge del dominio mongol.

ORIENTE

Segundo asedio de Constantinopla

En 1422, los turcos dirigidos por el sultán Murad II reanudaron el asedio de la ciudad de Constantinopla. El asedio no tuvo éxito, pero sirvió para atrincherar aún más a los invasores otmanos en los territorios bizantinos.

Unidad temporal

Frente a la amenaza otomana, la unidad dentro de la cristiandad era la mejor política para frenar una mayor expansión. El Concilio de Florencia se reunió entre 1438 y 1445 con el objetivo primordial de buscar de nuevo el acercamiento entre las iglesias occidental y oriental. Oriente estuvo representado por el emperador Juan VIII Paleólogo (1392–1448) y el patriarca José II de Constantinopla (1360–1439), y Occidente por el papa Eugenio IV (1383–1447) y el cardenal Julián Cesarini (1398–1444). Tras largas discusiones y desacuerdos, en 1439 se estableció una especie de unión, aunque nunca gozó de la aprobación popular en Constantinopla y muchos obispos ortodoxos le negaron su apoyo.

Colapso de la cristiandad oriental

Como parte de su proyecto de unificación, en 1442 el cardenal Cesarini viajó a Hungría para predicar una cruzada contra los otomanos. En 1444, convenció al rey de Hungría y Polonia, Władysław III (o Vladislao; 1424–1444), para que rompiera la Paz de Szeged, la incómoda tregua que existía entre los cristianos y los turcos.

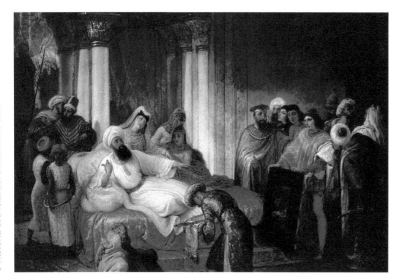

Murad II, sultán de Turquía. Su dominio sobre Constantinopla marcó el fin del Imperio romano de Oriente. *Alfredo Dagli Orti/Shutterstock*

En lugar del objetivo previsto de revigorizar la oposición cristiana oriental y occidental a los invasores, la guerra renovada condujo a una derrota de los aspirantes a cruzados. El ejército cristiano fue derrotado y Cesarini y Władysław murieron en la batalla de Varna, en Bulgaria, en 1444. El colapso de esta fuerza allanó el camino para una serie de victorias otomanas, incluyendo el éxito en Kosovo en 1448, que aseguró el dominio turco sobre los Balcanes. En 1453, los soldados otomanos dirigidos por el sultán Mehmed II conquistaron Constantinopla. El dominio turco se consolidó en los Balcanes, incluyendo Moldavia (1455), el sur de Grecia (1456–1460), el sur de Serbia (1459) y Valaquia (1474). Las exitosas guerras con los polacos (1497–1499) y los venecianos (1499–1503) amenazaron a la cristiandad occidental, al tiempo que demostraban decisivamente el colapso de Bizancio y el fin del Imperio romano de Oriente.

📍 LA CAÍDA DE CONSTANTINOPLA

Los turcos invadieron Constantinopla por tierra y mar en 1453. A pesar de la desventaja numérica, las fuerzas bizantinas resistieron a los invasores durante siete semanas antes de que tomaran la ciudad. Aunque la iglesia de la Santa Sabiduría fue convertida en mezquita, los otomanos trataron a los cristianos con bastante tolerancia. Los acuerdos entre el patriarca y el sultán permitieron la continuidad de la Iglesia ortodoxa, aunque los cristianos estaban sometidos a elevados impuestos y se les prohibía servir en el ejército y el trabajo misionero o proselitismo.

▶ Tras un asedio de siete semanas, la ciudad de Constantinopla cayó en manos de los turcos otomanos en 1453.
Alfredo Dagli Orti/Shutterstock

El gran cautiverio

Para la Iglesia de Oriente, el periodo bajo dominio musulmán se conoce a veces como el gran cautiverio. A cambio de obediencia política, se permitió a la iglesia seguir ejerciendo su autoridad espiritual y civil. Este concordato alcanzado entre los gobernantes otomanos y la Iglesia ortodoxa regiría las relaciones hasta 1923.

El patriarcado bajo dominio musulmán

El primer patriarca de Constantinopla bajo esta nueva disposición fue Jorge Scholarius (c. 1405–c. 1472). El propio sultán Mehmed II invistió a Scholarius como patriarca Genadio II en 1454. Genadio había apoyado el plan de Cesarini para la unión eclesiástica en el Concilio de Florencia (1439), pero a estas alturas era un acérrimo opositor a Roma, una postura atractiva para el nuevo gobernante otomano de Constantinopla. Renunció o intentó renunciar al patriarcado en varias ocasiones, pero el sultán le ordenó ocupar el cargo. Genadio escribió varias obras teológicas y filosóficas, entre ellas una traducción de Tomás de Aquino del latín al griego. Sus *Confesiones* comprenden un diálogo apologético con Mehmed II.

El auge de Rusia

A medida que los griegos bizantinos se adaptaban a su nueva vida bajo un dominio no cristiano, los rusos —ya acostumbrados

a vivir con gobernantes mongoles– adquirían mayor protagonismo dentro del cristianismo ortodoxo. Los rusos habían rechazado totalmente los compromisos de unión del Concilio de Florencia de 1439. En consecuencia, se consideraban más auténticos preservadores de la fe ortodoxa que los griegos. En 1448, los obispos rusos eligieron a Jonás (¿?–c. 1461) como metropolitano de Moscú, sin hacer referencia alguna a la jerarquía de Constantinopla. Con ello se creó una Iglesia rusa autocéfala, aunque Constantinopla no la reconoció formalmente hasta 1589.

Iván el Grande

Iván III «el Grande» (1440–1505) gobernó en Rusia entre 1462 y 1505. El matrimonio en 1472 entre Iván y Sofía (1455–1503), sobrina del último emperador bizantino, contribuyó a reforzar las pretensiones de Rusia de ser la sucesora natural de la Ortodoxia bizantina. Cuando los rusos, bajo el liderazgo de Iván, derrotaron a sus gobernantes mongoles en 1480, estas pretensiones se vieron aún más reforzadas. Esto sentó las bases de la idea de Moscú como «tercera Roma», que adquiriría importancia en el siglo siguiente.

OCCIDENTE

Cierre del Cisma

El Gran Cisma había dividido a Europa desde 1378, y la lealtad a los distintos papas se había dividido en función de criterios nacionalistas y políticos. La situación era insostenible para la Iglesia, y en 1409 los cardenales convocaron el Concilio de Pisa para resolver el asunto. El concilio declaró inválidos los papados de Gregorio XII (c. 1327–1417) y Benedicto XIII (1328–1423), y eligió por unanimidad a un tercer papa, Alejandro V (c. 1339–1410), que murió antes de poder cumplir sus promesas de unir a la Iglesia católica. Lo sucedió Juan XXIII (1370–1419). A pesar de que se impugnó la validez de su elección, Juan obtuvo más apoyo que los demás papas. La Iglesia católica romana considera ahora a Juan, Benedicto y Alejandro como antipapas, y reutilizó el nombre de Juan XXIII en el siglo XX.

▼ Iván III, Gran Duque de Rusia, hizo mucho para que la Iglesia rusa asumiera el manto de la Ortodoxia bizantina.
Universal History Archive/Universal Images Group/ Shutterstock

📍 IGLESIA ETÍOPE

Aunque la Iglesia abisinia funcionaba en gran medida con independencia de las principales tradiciones católica y ortodoxa, se tiene constancia de que un pequeño grupo de monjes etíopes asistió al Concilio de Florencia en 1441. En esta época, la Iglesia etíope estaba experimentando un renacimiento cultural y una reforma, especialmente bajo la influencia del emperador cristiano Zar'a Ya'qob (Zara Jacob; c. 1399–1468). El emperador escribió himnos y reflexiones teológicas sobre el credo de la Iglesia etíope. Además, muchos textos árabes y de Europa occidental se tradujeron al ge'ez (etíope) en esta época, y la mayoría de los ejemplares de la antigua Biblia etíope datan de los siglos XIV y XV.

 MOVIMIENTO CONCILIAR

Al crear tres líneas papales, Pisa había agravado el Cisma. Sin embargo, los intentos de cerrar la brecha condujeron a la fundación del Concilio de Constanza (1414–1418) y al fin del Gran Cisma. Dos teólogos franceses ocuparon un lugar destacado en Constanza. Pierre d'Ailly (1350–1420) y Jean Gerson (1363–1429) ayudaron a formular una solución radical a los problemas, argumentando que el cargo de papa solo existía como «cabeza» del «cuerpo» de la iglesia. Si la cabeza fallaba al cuerpo, la iglesia fiel tenía derecho a pedirle cuentas. La familia de doctrinas que sostiene que la autoridad suprema de la iglesia reside en el Concilio General de Obispos, y no en el papa único, se conoce como *teoría conciliar*. El hecho de que este movimiento no prosperara mucho más allá del siglo XV fue un factor que contribuyó a las reformas protestantes del siglo siguiente.

Concilio de Constanza

A instancias del emperador del Sacro Imperio Romano Germánico Segismundo (1368–1437), Juan XXIII accedió a convocar el Concilio de Constanza en 1414. El concilio, que contó con una nutrida asistencia, abrazó plenamente el conciliarismo al decretar: «Este concilio tiene su poder directamente de Cristo; todos, sin importar su rango o cargo, aunque sea papal, están obligados a obedecerlo en todo lo que concierne a la fe».

Juan fue el primer papa persuadido de abdicar en 1415. Gregorio XII lo siguió tres meses después, y Benedicto XIII fue depuesto en 1417. Finalmente, Oddone Colonna (1368–1431) fue elegido papa Martín V en 1417, poniendo fin al Gran Cisma. Martín devolvió la sede del papado a Roma, restableció el control sobre los Estados Pontificios italianos y reasumió la autoridad sobre la iglesia occidental.

Jan Hus

Además de unir a una iglesia cismática, el Concilio de Constanza también se reunió para hacer frente a un movimiento cristiano antipapal que había arraigado entre los checos de Bohemia.

Jan Hus (1373–1415) llevaba cinco años enseñando en la Universidad de Praga antes de conocer la teología radical del reformador inglés Juan Wiclef en 1401. Las ideas de Wiclef inspiraron un partido reformista checo, que fomentaba una obediencia más rigurosa a las Escrituras y se oponía al dominio político y religioso alemán en su país. En 1409, los checos apoyaron la elección del papa Alejandro V en contra del favorito alemán, el papa Gregorio XII. El conflicto se agravó cuando Hus se opuso a la política de indulgencias de Juan XXIII, lo que provocó su exilio de Praga en 1412. El conflicto alcanzó su punto álgido cuando Hus fue llamado a asistir al Concilio de Constanza en 1414.

Traición

Jan Hus viajó con garantías de salvoconducto del emperador Segismundo, con la creencia de que se le daría la oportunidad de defender sus opiniones. A pesar de los esfuerzos del emperador, poco después de su llegada a Constanza, Hus fue encarcelado y acusado de herejía. Tras una audiencia pública en la que no se le permitió presentar o defender sus propias opiniones, fue denunciado como hereje, acusado de ser «wiclefista» y entregado al gobierno secular para su ejecución en 1415.

▼ Puente Sant'Angelo y Basílica de San Pedro en Roma por la noche.
Songquan Deng/123RF.com

▶ El reformador cristiano y héroe nacional Jan Hus fue traicionado y ejecutado en 1415.
Dominio público; Krl. Josef Ji, b. 1870

▼ El teólogo radical inglés Juan Wiclef insistió en que la Biblia debía traducirse a las lenguas locales. Influyó en las generaciones posteriores de reformadores de toda Europa.
Dominio público

JOHN WICLIF.

Los husitas

Tras estos sucesos, Hus se convirtió en un héroe nacional y la Universidad de Praga lo declaró mártir. Hus se convirtió en el centro de las quejas checas contra el dominio de la Iglesia católica y la influencia alemana en Bohemia. Parte del programa husita se expuso en los *Artículos de Praga* (1420), que anticiparon en algunos aspectos clave la evolución posterior de la Reforma protestante. Los husitas abogaban por un clero más disciplinado, la concesión de la comunión de ambos tipos (es decir, pan y vino) para todo el pueblo, la liturgia en la lengua local y la independencia mutua de la Iglesia y el Estado. Sus preocupaciones religiosas tenían, pues, una dimensión política. Ante la violenta reacción de los husitas contra la Europa católica, el emperador del Sacro Imperio Romano Germánico Segismundo lanzó varias «cruzadas» contra los checos entre 1420 y 1434.

El antipapal concilio de Basilea

La agitación de las guerras husitas coincidió con los crecientes movimientos conciliares dentro de la iglesia. En 1431, se convocó el controvertido Concilio de Basilea, presidido por el cardenal Cesarini. Cuando el recién elegido papa Eugenio IV intentó disolver la reunión, Cesarini y los demás obispos desoyeron la orden, reafirmando la idea de que el concilio general era superior al papa. En esta acción, los cardenales recibieron un amplio apoyo de los príncipes europeos, las grandes universidades y pensadores humanistas como Nicolás de Cusa.

Basilea puso en vigor una serie de decretos antipapales e impuso estrictas limitaciones al oficio del papa, al tiempo que reforzaba la autoridad de los obispos y las órdenes inferiores del clero. En 1437, el concilio falló a favor de algunas demandas husitas, permitiendo cierto grado de independencia a la iglesia bohemia, a la que el partido papal intentó oponerse. Ante estas tensiones, en 1438 Eugenio trasladó el concilio de Basilea primero a Ferrara y luego a Florencia, donde se logró una unión de corta duración entre las iglesias oriental y occidental.

 TOMÁS DE KEMPIS (C. 1380–1471)

Sacerdote y místico alemán, Tomás pasó su vida en el monasterio agustino de Zwolle, donde fue un célebre autor y consejero espiritual. Tomás es conocido sobre todo por *La imitación de Cristo* (aunque una minoría de eruditos cuestiona su autoría). *La imitación* es un manual de devoción espiritual. Es popular en muchas tradiciones cristianas diferentes y nunca ha dejado de imprimirse desde que empezó a circular en 1418.

 NICOLÁS DE CUSA (1401–1464)

El sacerdote y teólogo alemán fue también un célebre humanista y filósofo. Su *De concordantia catholica* (1433) defendía la superioridad del concilio general sobre el papa. Nicolás trabajó por la reconciliación con los husitas y apoyó la unión entre Oriente y Occidente, viajando a Constantinopla en 1437–1438. Estudioso de las matemáticas, la astronomía y la historia, Nicolás es también responsable de la creación del primer mapa geográfico de Europa central. En 1459, junto con su padre y su hermana, fundó un hospital en su ciudad natal de Cusa.

Francia

Las relaciones del papado con Francia estaban especialmente distanciadas debido a las crecientes afirmaciones de autonomía de la Iglesia francesa al respecto de Roma, una tendencia conocida como galicanismo. En 1438, mientras Eugenio se disponía a trasladar el concilio de Basilea, el clero francés emitió la *Pragmática Sanción de Bourges*. La declaración defendía el derecho de la Iglesia francesa a administrar sus propios asuntos, evitaba los impuestos y negaba al papa la posibilidad de intervenir en el nombramiento de los obispos franceses. El rey francés Carlos VII (1403–1461) respaldó los decretos antipapales de Basilea y apoyó las *Sanciones*, que detuvieron el flujo de dinero de Francia a Roma.

Inglaterra

La victoria sobre los franceses en Azincourt en 1415 contribuyó significativamente a la creciente autoconciencia nacional de los ingleses. La prolongada Guerra de los Cien Años con la Francia controlada por el papado, la distancia física de Roma y las controversias del «cautiverio babilónico» y el Gran Cisma hicieron que la Iglesia inglesa del siglo XV funcionara en gran medida con independencia de la jerarquía católica continental. El resultado fue una relación más estrecha entre la monarquía inglesa y la Iglesia inglesa, en detrimento de la lealtad al papado.

JUANA DE ARCO (1412–1431)

Esta campesina, «la Doncella de Orléans», nació en el contexto de la Guerra de los Cien Años contra Inglaterra y de las continuas luchas civiles entre las grandes casas de Francia. En 1425, tuvo la primera de sus muchas visiones, de las que extrajo la misión sobrenatural de luchar por Francia. En 1429, convenció al rey Carlos VII y a los teólogos de su corte, y se le permitió dirigir una exitosa campaña militar para liberar la ciudad de Orléans. Capturada en 1430 por sus enemigos, Juana fue ejecutada por brujería en 1431. El papa Calixto III revisó su caso en 1456 y declaró que había sido condenada erróneamente. Está considerada como una heroína nacional y es patrona secundaria de Francia.

BRUJERÍA

El cristianismo clásico, altomedieval y ortodoxo era generalmente cauto a la hora de fomentar la creencia en el poder de las brujas. Sin embargo, el interés de Europa occidental por la brujería no dejó de aumentar en el siglo XV, en gran parte como consecuencia de la publicación en 1486 del *Malleus Maleficarum* («Martillo de brujas»). Escrito por dominicos alemanes, el libro señalaba a las mujeres como principales culpables y llegaría a tener influencia popular en años posteriores. Su contenido y estilo fueron controvertidos incluso en su propia época, y nunca fue plenamente aceptado por la Iglesia.

Los lolardos

La Iglesia inglesa se enfrentó a la oposición de los lolardos, seguidores de Juan Wiclef. (El nombre «lolardo» es probablemente un término despectivo que significa «murmurador»). Los lolardos apoyaban la traducción de la Biblia a la lengua vernácula local en lugar del latín y creían que las prácticas eclesiásticas debían basarse únicamente en las Escrituras. Por esta razón, desaprobaban los sistemas jerárquicos eclesiásticos, el celibato clerical, la transubstanciación, la oración por los muertos y la participación cristiana en la guerra. En 1401, William Sawtrey se convirtió en el primer mártir lolardo al ser quemado en la hoguera. La lolardía fue en aumento y se asoció a la desafección hacia el gobierno inglés, culminando en una marcha sobre Londres, que fue dispersada por los soldados del rey Enrique V en 1414. Existen pruebas de la actividad de los lolardos en 1431, 1455 y más allá, y algunos historiadores vinculan el movimiento con las regiones donde la Reforma anglicana del siglo XVI fue recibida con más entusiasmo.

Portugal

Bajo la influencia de líderes como el rey Enrique «el Navegante» (1394–1460), los portugueses emprendieron muchos viajes de descubrimiento durante el siglo XV, estableciendo el alcance de su imperio en la India, África y Asia Oriental, al que pronto seguiría América. En 1452, el papa Nicolás V promulgó la bula *Dum Diversas*, que concedía a la corona portuguesa derechos sobre todas las personas y bienes que descubrieran en sus exploraciones de ultramar.

LEER Y APRENDER

Los libros y su estudio florecieron en la cristiandad occidental.

c. 1448 Johannes Gutenberg (c. 1398–1468) desarrolla su invento de imprenta con tipos móviles.

1456 Aparición de la «Biblia de Gutenberg», el primer libro impreso en Europa.

c. 1475 Fundación de la Universidad de Copenhague.

1494 El obispo Elphinstone (1431–1514) funda el King's College de Aberdeen.

La Inquisición española

La Inquisición en España se instituyó mediante bulas papales emitidas por el papa Sixto IV en 1478 y 1483. Su creación se debió en gran medida al impulso de Fernando II (1452–1516) e Isabel I (1451–1504), apodados los «Reyes católicos» por su entusiasta protección política de la iglesia. A diferencia de las inquisiciones anteriores, la española se caracterizó por su sumisión a las autoridades seculares, que nombraban a los examinadores y dirigían los juicios.

El inquisidor Torquemada

El inquisidor general estaba nominalmente bajo la autoridad del papa, aunque en realidad servía a la política de la corona española. Tomás de Torquemada (1420–1498) se hizo cargo de la Inquisición en 1483, estableciendo mediante sus *Ordenanzas* (1484) un sistema organizativo que se mantendría durante la mayor parte de tres siglos. La primera fase de la Inquisición española fue la más sangrienta, y sus principales objetivos fueron los herejes católicos (considerados enemigos del Estado), los moros, los moriscos (conversos del islam, cuyo cristianismo era sospechoso) y los marranos (conversos del judaísmo). Bajo su reinado, miles de personas fueron interrogadas y unas 2000 ejecutadas, lo que le granjeó una reputación de crueldad en toda la iglesia. Los sucesivos llamamientos al papa para frenar los excesos de Torquemada resultaron infructuosos, ya que el papado tenía una influencia limitada sobre la Inquisición.

◀ La Biblia de Gutenberg.
Universal History Archive/Universal Images Group/*Shutterstock*

© Historia esencial del cristianismo CLIE

▲ Asamblea del clero con el papa Sixto IV.
Gianni Dagli Orti/Shutterstock

 SIXTO IV (1414–1484)

El franciscano Francesco della Rovere se convirtió en el papa Sixto IV en 1471. Pronto se ganó una reputación de nepotismo y corrupción, que incluía los tratos con su sobrino, el futuro «papa guerrero» Julio II (1443–1513). Sixto fue un gran mecenas del arte renacentista y construyó la Capilla Sixtina (1471–1484), que lleva su nombre.

El nuevo Imperio español

En 1492, se completó la absorción de Granada, lo que condujo a la unión de los reinos españoles de Aragón y Castilla y a la derrota final de los moros por los monarcas católicos. Ese año, como parte de la reconquista, la Inquisición también supervisó la expulsión de todos los judíos no conversos de Espa-

▲ La Inquisición española llegó a todos los rincones del imperio español, incluido México, como se muestra aquí.
Gianni Dagli Orti/Shutterstock

ña. También en 1492, el explorador Cristóbal Colón reclamó las Américas recién descubiertas en nombre de Fernando, Isabel y la España católica. La explosión de la exploración española llevó al papa Alejandro VI (1431–1503) a promulgar *Inter Caetera Eximiae Devotionis* en 1493, las bulas papales que concedían a la corona española la responsabilidad de difundir el cristianismo en todos sus territorios. El Tratado de Tordesillas de 1494 dividió los territorios recién descubiertos en Sudamérica entre España y Portugal, dando a los conquistadores rienda suelta a su expansión. Ese mismo año se celebró una misa en el asentamiento de La Isabela, en la isla de la República Dominicana, la primera celebrada en el Nuevo Mundo.

GIROLAMO SAVONAROLA (1452–1498)

Predicador apocalíptico y reformador italiano, Savonarola hizo en 1490 un llamamiento al arrepentimiento de los funcionarios municipales y eclesiásticos de Florencia y defendió a los pobres y oprimidos. Su influencia fue tal que contribuyó a que Florencia se convirtiera en una república independiente. Cuando denunció al papa Alejandro VI y a toda la corte papal como servidores de Satanás, Savonarola fue excomulgado en 1497. Un año después fue ejecutado por cisma y herejía.

▲ El horizonte de Florencia en el siglo XV estaba dominado por la recién erigida cúpula de la catedral. Diseñado por Brunelleschi, «el Duomo» sigue siendo uno de los más grandes del mundo. La construcción de la catedral no concluyó hasta el siglo XIX. *Evgeniy Zakharov/123RF.com*

16 EXPANSIÓN Y CONSOLIDACIÓN: 1500-1600

El siglo XVI es, para el cristianismo, una época de renacimiento y expansión en el Nuevo Mundo, una época de reformas masivas en Europa y una época de consolidación en Rusia, cuando el poder pasa de Constantinopla a Moscú.

ORIENTE

Tercera Roma

Tras el cautiverio turco de Constantinopla en 1453, la Iglesia rusa se había convertido en la mayor y más influyente de la comunión ortodoxa.

En 1503, la Iglesia ortodoxa celebró un concilio para resolver la disputa entre las escuelas de José de Volokolamsk (1440–1515) y Nil Sorsky (1433–1508). El concilio se puso del lado de Volokolamsk, partidario de una iglesia nacional fuerte, y las sugerencias de Sorsky de que la iglesia debía evitar el compromiso político y la propiedad de bienes fueron condenadas en 1504. El resultado fue una relación más fuerte que nunca entre la Iglesia y el Estado ruso. En 1510, el monje Filoteo podía escribir de Basilio (Vasili) III, Gran Príncipe de Moscú: «[Tú eres] en la tierra el único emperador de los cristianos, el líder de la Iglesia Apostólica que ya no está en Roma ni en Constantinopla, sino en la bendita ciudad de Moscú... Dos Romas han caído, pero la tercera sigue en pie y no habrá una cuarta».

JUAN DE IOÁNINA (1522–1546)

También conocido como Juan el Sastre, Juan era un artesano que vivía en Constantinopla bajo el dominio otomano. Capturado por apóstatas furiosos porque él mismo no quería retractarse, fue quemado y decapitado en 1546. La Iglesia ortodoxa considera a Juan un «nuevo mártir del gran cautiverio».

▲ La Catedral de la Anunciación del Kremlin de Kazán es la primera iglesia ortodoxa del Kremlin de Kazán, la principal ciudadela histórica de Tatarstán (Rusia). En el siglo XVI, Rusia se convirtió en un poderoso centro cristiano que rivalizaba con Roma y Constantinopla.
saiko3p/123RF.com

FILOTEA DE ATENAS (1522–1589)

Durante el periodo otomano en Grecia, muchas mujeres fueron obligadas a trabajar en harenes turcos. La monja Filotea ofreció refugio a estas mujeres y fue asesinada por ello. Filotea, una «nueva mártir», es considerada patrona de Atenas.

IMPERIO OTOMANO

1517 Los otomanos controlan La Meca y Jerusalén. (El dominio otomano sobre Jerusalén durará hasta la derrota frente a los británicos en 1917).

1529 Viena repele con éxito el primer asedio otomano.

1541 Solimán «el Magnífico» conquista la mayor parte de Hungría.

1551 Otomanos victoriosos en Trípoli contra los Caballeros de Malta.

1571 Importante victoria cristiana contra la armada otomana en Lepanto.

Zar de toda Rusia

Con el nuevo acuerdo, el Estado comenzó a ejercer más influencia sobre la iglesia. En 1521, Basilio destituyó al metropolitano Varlaam, que se negó a concederle el divorcio. El sucesor de Varlaam, Daniel, se mostró más dócil y Basilio volvió a casarse en 1525. De esta nueva unión nació el heredero deseado, Iván IV, que más tarde sería conocido como Iván «el Terrible». Sería el primer gobernante en adoptar el título de «zar de toda Rusia» en 1547.

Viéndose a sí mismo como el gobernante «designado por Dios», Iván cultivó una estrecha relación con la Iglesia ortodoxa. En 1551,

Iván convocó el Concilio de Moscú (también conocido como Concilio de los Cien Capítulos) junto con el metropolitano Macario. El concilio otorgó jurisdicción a los tribunales eclesiásticos y reforzó la disciplina eclesiástica. También reafirmó al zar como paladín de la verdadera fe y, a su vez, otorgó a la iglesia un papel en la dirección de la política interior y exterior.

Constantinopla

Aunque bajo dominio extranjero, Constantinopla conservó tradicionalmente su primacía en el cristianismo ortodoxo. La figura más significativa de esta época fue el Patriarca Jeremías II (c. 1530–1595). Entre 1573 y 1581, Jeremías entabló una seria correspondencia con los reformadores alemanes de Tubinga cuando le enviaron una copia de la *Confesión de Augsburgo* (recopilada por Martín Lutero y Felipe Melanchthon). Su respuesta, conocida como *Las tres respuestas*, dejó claros los puntos de acuerdo y las diferencias entre ambas tradiciones, y la obra sigue siendo influyente en la Iglesia ortodoxa.

En 1582, Jeremías condenó el nuevo calendario papal decretado por el papa Gregorio XIII. Fue también bajo el reinado de Jeremías cuando se reconoció formalmente la creciente autonomía de la Iglesia rusa y se creó el patriarcado autocéfalo de Moscú en 1589. La muerte de Jeremías en 1595 condujo a una época de mayor caos en la iglesia durante su cautiverio otomano. Hasta 1695, se producirían sesenta y un cambios en el trono patriarcal, y muchos hombres fueron depuestos y restituidos en múltiples ocasiones.

CALENDARIOS

El calendario original fue impuesto por Julio César hacia el año 45 a. C. El calendario juliano introducía un error de un día cada 128 años. Debido a diversas innovaciones y adiciones, se había vuelto difícil de manejar y de calcular con precisión las fechas de Pascua. El papa Gregorio XIII decretó un calendario reformado en 1582. El calendario gregoriano cambia aproximadamente un día cada 3300 años. Simplificó el proceso de los años bisiestos e intentó dar uniformidad al cálculo de la Pascua. Muchos países protestantes y ortodoxos se resistieron al nuevo calendario por considerarlo una imposición católica, pero desde entonces se ha adoptado como calendario civil en la mayor parte del mundo. Las iglesias ortodoxas nacionales siguen utilizando una forma revisada del calendario juliano con fines religiosos.

OCCIDENTE

Reforma protestante

Al mismo tiempo que el cristianismo se consolidaba en Rusia, en Europa se respiraba un ambiente reformista.

▼ Las paredes y el techo de la Capilla Sixtina, muy decorados. © 2015 por Zondervan

La autoridad del papado y la posición de la iglesia en Roma se habían debilitado por el Gran Cisma y los movimientos conciliares del siglo anterior. Dentro y fuera de Roma existía un sentimiento popular de que la iglesia occidental estaba corrupta a nivel financiero, secular y político. Las comunidades monásticas se agrupaban e instauraban reglas para una vida santa. En toda Europa, los movimientos a favor de la reforma clerical y el retorno a las normas cristianas primitivas pasaban a primer plano.

Prerreforma

En 1508, Miguel Ángel contribuía al prestigio de la iglesia con su pintura en el techo de la Capilla Sixtina.

Ese mismo año, el célebre escritor Erasmo atacaba a la iglesia por perder su rumbo espiritual en su *Elogio de la locura*. En 1511, la Congregación de Windesheim, un grupo de monasterios y conventos holandeses dedicados a los principios reformadores, había crecido hasta contar con noventa y siete casas miembros. Reconociendo la necesidad de reformas, el V Concilio de Letrán se reunió en 1512. En él se pedía mejorar la formación y la disciplina del clero y se criticaba al papado por su excesiva intervención en los asuntos temporales.

DESIDERIO ERASMO
(C. 1466–1536)

Erasmo, el autor más importante de Europa, ejerció la docencia en Oxford, Cambridge y Basilea. Sus sátiras, traducciones bíblicas, obras filosóficas y escritos teológicos ejercieron una enorme influencia. Aunque muy crítico con el clero y la Iglesia romana de su época, Erasmo también se distanció de los protestantes, y escribió libros críticos contra Martín Lutero.

 Retrato de Erasmo por Hans Holbein el Joven. *Dominio público*

JUAN TRITEMIO (1462–1516)

Abad de Sponheim, en Alemania occidental, hasta 1506, Tritemio fue una importante figura de la reforma monástica y precursor de los movimientos que estallarían en el siglo XVI. Su colección de manuscritos fue una de las bibliotecas más famosas del mundo conocido.

 LA PRIMERA BIBLIA POLÍGLOTA

En 1522, un equipo de compiladores publicó en Alcalá la primera Biblia completa con textos paralelos en hebreo, griego y latín. La obra allanó el camino para el estudio textual serio de las Escrituras del Antiguo y del Nuevo Testamento.

Indulgencias

Los llamamientos de Letrán a la reforma fueron ineficaces. A su término, en 1517, la situación de la iglesia apenas parecía haber cambiado.

Años antes, junto con Alberto, arzobispo de Maguncia, el papa Julio II había instituido una indulgencia especial para pagar la construcción de la iglesia de San Pedro en Roma. Tras la muerte de Julio en 1513, su sucesor León X continuó con el plan. La mitad del dinero se destinó a pagar las deudas de Alberto; la otra mitad, al fastuoso proyecto de construcción.

El fraile alemán Johann Tetzel fue contratado para predicar la indulgencia. Tetzel prometía que la indulgencia proporcionaría la absolución por cualquier delito y que cualquiera que comprara una liberaría instantáneamente a sus seres queridos del dolor en la otra vida: «Tan pronto caiga la moneda a la cajuela, el alma del difunto al cielo vuela».

Wittenberg

El éxito de Tetzel entre los campesinos alemanes preocupó a muchos teólogos reformistas. Uno de ellos era Martín Lutero, profesor de la Universidad de Wittenberg. Lutero redactó sus preocupaciones en 1517 y las publicó de la forma habitual: clavándolas en la puerta de la iglesia principal de la ciudad. Las *Noventa y cinco tesis* de Lutero contra las indulgencias provocaron un gran revuelo. Los esfuerzos disciplinarios de Roma fracasaron y, en un debate público con el teólogo Johann Eck en 1519, Lutero negó formalmente la primacía del papa. En la Dieta de Worms de 1521, Lutero fue excomulgado por la iglesia y proscrito por el emperador. Todos los seguidores de sus ideas fueron declarados herejes.

MARTÍN LUTERO (1483–1546)

Lutero fue un sacerdote y teólogo alemán. En algún momento, entre 1512 y 1515, la lectura que Lutero hizo de Agustín y del apóstol Pablo lo llevó a la convicción de que «la fe sola justifica sin obras». La idea de que la salvación de Dios podía recibirse independientemente de la obediencia a las exigencias religiosas y a la jerarquía eclesiástica se convertiría en un elemento central de los aspectos políticos y espirituales de la Reforma protestante.

▼ Martín Lutero clava sus *Noventa y cinco tesis* en la puerta de la iglesia de Wittenberg. Su acción se convirtió en símbolo del nuevo movimiento de «protestantes» opuestos al papa y a algunas prácticas católicas romanas.
Wikimedia Commons

Protesta en Europa

Lutero apoyaba la estrecha coalición entre la Iglesia y el Estado, y escribió a los príncipes alemanes animándolos a tomar las reformas en sus manos. En la década de 1530, los gobernantes de Sajonia, Hesse, Brandeburgo y Brunswick, junto con varias «ciudades libres» alemanas, habían adoptado los principios luteranos. El movimiento también encontró partidarios europeos deseosos de una reforma religiosa o de emanciparse políticamente de Roma. Hacia 1526, Suecia asistía a disputas entre católicos y el nuevo partido «evangélico» de mentalidad reformista; Olaus Petri (1493–1552) había traducido el Nuevo Testamento al sueco. En 1527, la corona sueca asumió el control de las propiedades católicas. En 1534, Cristián III (1503–1559) se convirtió en el primer rey protestante de Dinamarca y, poco después, se estableció la Iglesia luterana como iglesia nacional.

UN NUEVO NOMBRE

La Primera Dieta de Espira de 1526 había determinado que cada príncipe debía poder ordenar los asuntos eclesiásticos dentro de su esfera de influencia, sancionando así la expansión del luteranismo. La tolerancia de las innovaciones religiosas se revirtió en la Segunda Dieta de Espira (1529), controlada por una mayoría de líderes católicos. Seis príncipes luteranos y representantes de catorce ciudades alemanas emitieron una carta formal de protesta contra la sentencia, dando al nuevo movimiento el nombre de «protestante».

ANABAUTISTAS

«Anabautista» era la denominación general de los movimientos reformistas que se negaban a permitir el bautismo infantil e insistían en el rebautismo de los creyentes adultos. Los principales grupos eran los seguidores de Thomas Müntzer (activo en 1521), los Hermanos Suizos de Zúrich (activos en 1525), las comunidades moravas fundadas por Jacob Hutter (¿?–1536) y los seguidores del sacerdote holandés Menno Simons (1496–1561). Los anabautistas tendían al pacifismo. Practicaban el reparto comunal de la propiedad y fomentaban la no participación en la vida cívica, lo que incluía la retención de impuestos. Tanto católicos romanos como protestantes persiguieron sistemáticamente a los anabautistas, pero sus ideas perduran en la Iglesia menonita y en las exclusivas comunidades huteritas y amish de Norteamérica.

▲ Ulrico Zuinglio, teólogo y líder de la Reforma en Suiza. *Dominio público*

Reforma suiza

En 1520, escribiendo bajo la influencia de Erasmo (y probablemente también de Lutero), Ulrico Zuinglio (1484–1531) desarrolló su propia doctrina evangélica. Tras una serie de debates públicos en Zúrich en 1523 y 1524, las autoridades civiles adoptaron sus reformas para la ciudad. El movimiento se extendió rápidamente a otros cantones suizos. En 1527, se pusieron de manifiesto las divisiones entre los reformadores cuando Zuinglio y Lutero se enfrentaron por la doctrina de la eucaristía.

En 1536, el liderazgo de la Reforma suiza pasó a Juan Calvino (1509–1564), un antiguo sacerdote que huía de la persecución en su Francia natal. En 1541, las *Ordenanzas eclesiásticas* de Calvino habían establecido en Ginebra una teocracia altamente organizada, por la que el ayuntamiento asumía la autoridad de la disciplina religiosa y moral de la población. Las reformas calvinistas pronto se convirtieron en el modelo de gobierno eclesiástico y cívico en toda Europa, especialmente en Alemania occidental, Escocia, Holanda y Francia.

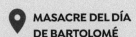

MASACRE DEL DÍA DE BARTOLOMÉ

Los acontecimientos del 23 al 26 de agosto de 1572 representan el punto álgido del antagonismo entre hugonotes y católicos en Francia. Para sofocar los disturbios provocados por el asesinato del líder protestante Gaspar de Coligny (1519–1572), la reina Catalina de Médicis permitió que las tropas católicas atacaran a los hugonotes. Esto provocó nuevos disturbios y la muerte de más de 5000 protestantes parisinos. La violencia conmocionó a toda Europa, tanto a protestantes como a católicos.

▶ El día de San Bartolomé por François Dubois (1529–1584). *Masacre del día de San Bartolomé, c. 1572–84, Dubois, Francois (1529–1584)/ Museo Cantonal de Bellas Artes de Lausana, Suiza/De Agostini Picture Library/G. Dagli Orti/Bridgeman Images*

 HUGONOTES

La Iglesia hugonote calvinista francesa se formalizó en el Sínodo de París de 1559. El apoyo de algunos territorios protestantes contra la mayoría católica dio lugar a una prolongada guerra civil en Francia entre 1562 y 1594.

 UNITARISMO

Algunos movimientos surgidos del fervor de la reforma radical rechazaron la doctrina de la Trinidad y la deidad de Cristo. Entre los primeros unitarios se encuentran Martin Cellarius (1499–1564) y Miguel Servet (1511–1553), que fue ejecutado por herejía en la Ginebra de Calvino. La decisión fue controvertida y planteó la cuestión de la tolerancia religiosa entre los protestantes. El unitarismo persistió en toda Europa y prosperó especialmente en los Estados Unidos del siglo XIX.

Renacimiento católico

No solo los protestantes deseaban reformar la iglesia. El renacimiento del catolicismo europeo durante esta época suele denominarse «Contrarreforma»; sin embargo, muchos de los movimientos se produjeron independientemente de la reacción al cisma protestante.

Nuevas órdenes monásticas, como los teatinos (1524) y los capuchinos (1529), intentan restaurar la práctica cristiana original. Estas órdenes pronto se vieron eclipsadas por la «Compañía de Jesús», aprobada formalmente por el papa Pablo III en 1540. Los jesuitas

▶ Capucha (capuche) puntiaguda distintiva de un capuchino.
H.-D. Falkenstein/image *BROKER/Shutterstock*

tenían dos objetivos: reformar la iglesia al tiempo que se protegían de las innovaciones protestantes y realizar actividades misioneras. Regidos por las *Constituciones* de Ignacio de Loyola, los jesuitas florecieron, especialmente en Polonia, el sur de Alemania, Asia oriental y el Nuevo Mundo.

 ### JUICIOS DE BRUJAS

El miedo a la brujería fue una constante tanto en el catolicismo como en el protestantismo durante esta época. Los procesos a menudo implicaban múltiples acusaciones e inculpaciones. La gran mayoría de los juzgados y ejecutados eran mujeres.

1532 El Sacro Imperio Romano exige la muerte para los practicantes de magia negra *(maleficia)*.

1541 Lutero aprueba la quema de cuatro brujas en Wittenberg.

1550–c. 1560 Los tribunales de Ginebra juzgan a noventa brujas.

1563 La obra *De praestigiis daemonum*, de Johann Weyer, sostiene que las brujas no son demoníacas, sino simplemente ilusas e insanas, por lo que no deben ser perseguidas.

1580s Inglaterra, Francia, Alemania y Suecia experimentan un aumento de los juicios por brujería.

1588 El ensayo de Michel de Montaigne «Sobre la cojera» critica a quienes creen en la brujería y las fuerzas diabólicas.

1590–91 Juicio a las brujas de North Berwick. El rey Jacobo VI de Escocia (más tarde Jacobo I de Inglaterra) procesa a las mujeres que considera que utilizaban la brujería para intentar matarlo.

 ### LA REFORMA ANGLICANA

La influencia de la Reforma y la separación nacional de Roma siguieron un curso diferente en Inglaterra que en el resto de Europa y condujeron a la fundación de la Iglesia anglicana.

1521 El papa León X concede al rey Enrique VIII el título de *Fidei Defensor* por la refutación teológica de Lutero publicada por Enrique.

1525 William Tyndale publica su traducción inglesa del Nuevo Testamento.

1533 En contra del permiso de Roma, el arzobispo de Canterbury Thomas Cranmer anula el matrimonio de Enrique VIII con Catalina de Aragón.

1534 El *Acta de Supremacía* establece a Enrique VIII como cabeza suprema de la Iglesia de Inglaterra.

1535 Ejecución de Tomás Moro y Juan Fisher por negarse a jurar lealtad a la corona.

1539 Disolución de los monasterios en Inglaterra.

1547 Muerte de Enrique VIII. Los reformadores alemanes llegan a Londres.

1552 El *Libro de Oración Común* revisado suprime la misa, las oraciones por los difuntos y la liturgia latina.

1553 La católica María I asume el trono inglés. Los reformadores ingleses son deportados o encarcelados.

1555 Ejecución de Hooper, Ridley y Latimer entre otros 300 protestantes ingleses. Cranmer fue quemado un año después.

1558 Muerte de María I y ascensión de la reina Isabel I. Restauración de las reformas protestantes inglesas y persecución de los católicos ingleses.

IGNACIO DE LOYOLA (C. 1491–1556)

Noble, Ignacio, junto con seis compañeros, hizo voto de pobreza, castidad y misión en 1534. Se convirtió en el primer general jesuita en 1540. Los *Ejercicios espirituales* de Loyola incluyen reglas de meditación cristiana diseñadas para ayudar a la oración y la autodisciplina. Todavía influyentes, los *Ejercicios* han estado en constante circulación desde que fueron escritos hacia 1522–1523.

▲ Ignacio de Loyola ayudó a fundar los jesuitas. Sus principales escritos siguen siendo influyentes y nunca han dejado de imprimirse.
Georgios Kollidas/Shutterstock

TERESA DE ÁVILA (1515–1582)

Monja carmelita española, Teresa fue autora, entre otras obras, de *Camino de perfección* (c. 1562) y *El castillo interior* (1577). Sus relatos sobre el «matrimonio espiritual» extático combinado con la disciplina práctica marcaron el comienzo de una nueva era de misticismo cristiano.

JUAN DE LA CRUZ (1542–1591)

Místico español y doctor de la Iglesia, Juan colaboró estrechamente con Teresa de Ávila en la reforma de la orden carmelita. Escribió sobre la transformación del yo en presencia de la divinidad. La idea de Juan de la «noche oscura del alma» ha influido posteriormente en gran parte de la vida y el pensamiento cristianos.

Reformas tridentinas

La influencia jesuita fue muy fuerte durante el Concilio de Trento de 1545–1563. Convocados por el papa Pablo III, estos concilios marcaron el punto álgido de la Contrarreforma y garantizaron la imposibilidad de reconciliación con los protestantes. Trento renovó la vida espiritual católica al afirmar que la iglesia tenía la única autoridad para interpretar la Biblia. Se opuso a las doctrinas reformadas sobre la eucaristía, defendiendo la transubstanciación y afirmando la misa.

Trento también revisó la Biblia Vulgata en latín y preparó el camino para la reforma y simplificación del Breviario, el libro litúrgico de oraciones, lecciones y salmos que se utiliza en el culto católico. En 1568, se introdujo el Ave María en el Breviario. En 1577, la publicación de la obra *Incomparable Virgen María (De*

Maria Virgine Incomparabili) de Pedro Canisio acentuó aún más la diferencia entre la espiritualidad católica y el escepticismo creciente del protestantismo al respecto de la devoción a la Virgen María.

Expansión del Nuevo Mundo

El renacimiento del cristianismo católico no se limitó al Viejo Mundo. El siglo fue testigo de grandes proyectos misioneros en el Nuevo Mundo, así como en la India, Japón y China.

En 1500 ya se habían establecido misiones franciscanas en el Caribe. Poco después aparecieron los primeros obispos en La Española (actuales Haití y República Dominicana). En 1508, la bula *Universalis Ecclesiae* concedió a los españoles el derecho a nombrar obispos y recaudar diezmos en todo el Nuevo Mundo.

La expansión imperial en nombre de Dios trajo consigo la esclavitud y el abuso de las poblaciones nativas. Al mismo tiempo, muchos misioneros intervinieron en favor de los nativos durante las décadas de 1520 y 1530, entre ellos los sacerdotes de los obispados recién creados en México, Lima, Colombia y Cuba. Estos obispos cosecharon algunos pequeños éxitos y sembraron la semilla de la moderación, pero los excesos coloniales españoles y portugueses apenas sufrieron cambios inmediatos.

Las Américas

En 1531, diez años después de que Hernán Cortés conquistara al emperador Moctezuma II, los cristianos aztecas recién convertidos afirmaron haber tenido visiones de la Virgen María. El santuario de Nuestra Señora de Guadalupe se convirtió en el centro de la identidad nacional mexicana y del emergente movimiento de devoción a María. El primer obispo de México, Juan de Zumárraga (1468–1548), uno de los primeros partidarios de Guadalupe, dirigió campañas para destruir lugares de culto paganos y, en 1539, creó la primera imprenta de las Américas.

Cuba tuvo su primer obispo en 1518, Nicaragua en 1531 y Bolivia en 1552. En Brasil, la misión jesuita de Manuel da Nóbrega en 1549 llevó también a la instalación de un obispo en 1552. Bogotá se convirtió en la primera diócesis de Colombia en 1564. Los jesuitas se hicieron cargo de la mayor parte de las misiones con los nativos de las Américas y establecieron la primera parroquia en Florida en 1566, aunque la misión no prosperó.

ANTONIO DE MONTESINOS (C. 1486–C. 1540)

El sacerdote dominico fue el primero en predicar contra los abusos a los indígenas en Santo Domingo en 1511. Se negó a ofrecer la eucaristía a cualquier propietario de esclavos, incluido el almirante Diego Colón, hijo de Cristóbal Colón. La protesta de Montesinos condujo a la aprobación de las Leyes de Burgos en 1512, que garantizaban ciertos derechos básicos a los nativos del Nuevo Mundo.

BARTOLOMÉ DE LAS CASAS (1474–1566)

«Protector de los indios», Las Casas se dedicó a oponerse a la crueldad y la explotación de los pueblos nativos que vivían bajo el dominio imperial español. De 1543 a 1551 fue obispo dominico de Chiapas (México). Su obra *Destrucción de las Indias* (1552) relata con detalle los abusos de los colonos.

PRIMER MÁRTIR AMERICANO

Juan de Padilla (c. 1500–1544), capellán militar español, viajó con los exploradores coloniales a lo que hoy es Kansas. Los exploradores regresaron en 1542, pero el padre Padilla decidió quedarse entre los tíguez. Asesinado por una tribu vecina en 1544, es considerado el primer mártir católico de los incipientes Estados Unidos.

India

En 1510, Afonso de Albuquerque inició la invasión portuguesa de la región de Goa, en el oeste de la India. La expansión continuó por territorios musulmanes e hindúes durante las dos décadas siguientes, estableciendo Goa como centro comercial y religioso del Imperio portugués. En 1542, Francisco Javier (1506–1552) convirtió Goa en la sede de su misión jesuita.

Javier tuvo mucho éxito ganando conversos católicos romanos en el sur de la India. El cristianismo existía en la India al menos desde el siglo IV. Sin embargo, hasta que la influencia imperial empezó a hacerse sentir, las iglesias nativas de Siria y Tomás habían permanecido solas. En 1577, se estableció un obispado católico en Cohin, y en el Sínodo de Diamper de 1599, el arzobispo portugués de Goa, Aleixo de Meneses (1559–1617), ordenó a las iglesias indias que prestaran juramento de lealtad al papa. Se enfrentó a la dura resis-

tencia de los patriarcas, y así, bajo el patrocinio portugués, el cristianismo en la India se dividió en tres grupos: los católicos latinos, los sirios (que conservaban la liturgia siria, pero obedecían a Roma) y los cristianos independientes de Tomás.

ŌMURA SUMITADA (1533–1587)

Sumitada fue el primer caudillo japonés que se convirtió al cristianismo en 1563. Tomando el nombre cristiano de Bartolomé, estrechó lazos con los jesuitas, abrió el puerto de Nagasaki al comercio exterior y emprendió una impopular campaña contra el budismo y la religión sintoísta.

Japón y Sudeste Asiático

En 1545, Javier viajó a Malasia, las islas de las Especias y Sri Lanka. En 1549, llegó a Japón y tuvo un rápido éxito. A los jesuitas los siguieron franciscanos, dominicos y agustinos, y el cristianismo fue aceptado en las islas de Kyūshū y Honshū. En 1580 se calculaba que la población cristiana japonesa rondaba los

▼ Las palmeras se mecen sobre la playa de Palolem, en Goa (India). Goa era el principal punto de escala de las misiones a la India, China y Japón. *domin_domin/iStock*

150 000 habitantes, y en 1587 el emperador Hideyoshi intentó expulsar a todos los misioneros cristianos con sus ideas extranjeras. No tuvo éxito, y al año siguiente se creó un obispado en Funai. La hostilidad oficial hacia el cristianismo persistió. Seis misioneros y veintiséis conversos fueron crucificados en Nagasaki en 1597, y la persecución llevó al cristianismo a la clandestinidad.

China

Francisco Javier murió en Goa en 1552 mientras esperaba permiso para entrar en China. En 1576 se había creado una parroquia en Macao, pero no fue hasta el viaje misione-ro de los jesuitas Michele Ruggieri y Matteo Ricci en 1582 cuando el cristianismo causó impacto. Ricci (1552–1610) se ganó la estima de sus anfitriones por su método de adaptar los conceptos cristianos a los sistemas y creencias chinos. Permitió el uso de *tiān* (antiguo término chino para «cielo») para referirse a Dios y encontró la forma de incorporar el culto tradicional chino a los antepasados a las formas cristianas. Floreció una comunidad cristiana; sin embargo, el método jesuita de acomodación acabaría siendo censurado por Roma, lo que contribuyó a la supresión general de los jesuitas y al colapso del cristianismo en China hasta las misiones protestantes del siglo XIX.

▲ Ruinas de la iglesia de San Pablo, Macao, China. La iglesia fue construida por los jesuitas entre 1582 y 1602.
Leung Cho Pan/123RF.com

17 REFORMA Y RENACIMIENTO: 1600-1700

La historia del cristianismo en esta época puede contarse en tres vertientes principales. El Renacimiento y la expansión del catolicismo continúan, dando lugar a una iglesia más fuerte y unida en algunos aspectos clave que antes de la Reforma. También el protestantismo continúa su trayectoria establecida en el siglo anterior, creando múltiples y dinámicos grupos reformadores en Europa y fuera de ella. A medida que la Ortodoxia confirma sus declaraciones de fe centrales, la Iglesia rusa se fortalece cada vez más, haciendo frente a sus propios movimientos cismáticos.

¿GUERRAS RELIGIOSAS?

En el siglo XVII, la aparición del nacionalismo y las luchas sectarias de los Estados autónomos tendrían profundas (y sangrientas) consecuencias. Las guerras que asolaron Europa durante esta época se conocen a veces como las «guerras de religión». Obviamente, durante estas guerras se explotaron los sentimientos religiosos conflictivos; sin embargo, las desavenencias solían obedecer a lealtades nacionales más que a simples diferencias religiosas.

GUERRA DE LOS TREINTA AÑOS

La guerra de los Treinta Años (1618–1648) fue una prolongada serie de conflictos que enfrentó en gran medida a las dos grandes casas católicas de Europa. La guerra comenzó en Praga en 1618, cuando los bohemios protestantes se rebelaron contra los intentos del emperador Fernando II (1578–1637) de imponer la uniformidad en sus territorios. La lucha pronto se extendió a Inglaterra, Holanda, Dinamarca y Suecia, y las acciones de Fernando alienaron tanto a protestantes como a cató-

▼ Iglesia de la Santísima Trinidad en Baviera, Alemania. Es una pequeña iglesia de peregrinación, construida en 1689 por Georg Dietzenhofer.
wolfgang hertel/123RF.com

licos. En 1630, el conflicto incorporó la lucha en curso entre la Francia borbónica y las casas de Habsburgo de España y Alemania. Los Borbones y sus aliados protestantes representaban los intereses de los emergentes estados-nación independientes; los Habsburgo y la Liga Católica defendían el viejo orden del imperialista Sacro Imperio Romano Germánico. El papa Urbano VIII (1568–1644) no interfirió cuando el cardenal francés Richelieu proporcionó apoyo material al rey protestante sueco Gustavo Adolfo (1594–1632), que invadió la Viena de los Habsburgo en 1630. En 1635, la Francia católica entró directamente en la guerra del lado de los grupos protestantes opuestos al poder imperial.

LA PAZ DE WESTFALIA

Los dos tratados de Westfalia pusieron fin de forma decisiva a la Guerra de los Treinta Años en 1648. Westfalia marcó el comienzo de una nueva era de nacionalismo ideológico al reconocer la soberanía de cada país y superar la noción medieval de que la cristiandad estaba unida bajo la máxima autoridad de la iglesia. Westfalia respaldó la fórmula *cuius regio eius religio* («según sea la del rey, así será la religión»): los súbditos de cada nación debían seguir la religión de su gobernante. Se dio protección a las minorías religiosas y se reconoció la legitimidad política de los calvinistas junto con la de luteranos y católicos. También se «secularizaron» las tierras de la iglesia (término utilizado por primera vez en Westfalia) y se distribuyeron entre las diversas naciones que participaron en la guerra, para disgusto del papa Inocencio X (1574–1655), cuya protesta fue ignorada.

CATOLICISMO

El cristianismo católico no perdió del todo después de la Guerra de los Treinta Años. A pesar de ceder terreno a los reformistas, los husitas y otros protestantes fueron proscritos en Bohemia, y la región fue declarada católica. A principios de siglo, el catolicismo también ganó terreno en Polonia, que a partir de 1569 incluía también a Ucrania.

 ARMAND JEAN DU PLESSIS, DUQUE DE RICHELIEU (1585–1642)

Consejero de confianza de la familia Médicis, Richelieu ejerció un gran poder como gobernante soberano de Francia tras convertirse en cardenal en 1622. Gran mecenas de las artes, construyó el Palacio Real y la Capilla de la Sorbona y fundó la Academia Francesa en 1635.

▲ El cardenal Richelieu (1585–1642) gobernó Francia con eficacia y ejerció una enorme influencia en toda Europa. *Wikimedia Commons*

Católicos rutenos

Desde la Unión de Brest-Litovsk de 1596, muchas iglesias ortodoxas ucranianas importantes se habían sometido a la autoridad de Roma, a las que siguieron más obispados en 1694 (Przemyśl) y 1700 (Lvov). Así, la mayoría de la nobleza ucraniana (también llamada rutena) y polaca de esta época era uniata, practicaba el cristianismo latino y suprimía la Ortodoxia.

SAGRADO CORAZÓN

La práctica de la «Devoción al Corazón de Jesús» hunde sus raíces en la tradición mística y meditativa de la Edad Media. Juan Eudes (1601–1680) y Margarita María Alacoque (1647–1690) dieron forma teológica a la práctica, vinculándola estrechamente con la Devoción al Sagrado Corazón de María. Se convertiría en una de las prácticas devocionales católicas más populares.

▲ Una imagen del Sagrado Corazón de Jesús. sedmak/iStock

 MISIONES CATÓLICAS

El catolicismo se expandió rápidamente por todo el mundo, generalmente a través de los misioneros jesuitas españoles y portugueses, y a menudo a lomos de la expansión colonial, lo que provocó tensiones ocasionales entre los pueblos nativos, los eclesiásticos y los exploradores especuladores.

Japón

c. 1600 Se calcula que la población cristiana japonesa ronda los 210 000 habitantes.

1613 El shogunato Tokugawa destierra a todos los europeos y promulga decretos contra el cristianismo.

1640 Se calcula que en el país quedan unos 150 000 cristianos clandestinos.

China

1601 Matteo Ricci (1552–1610) llega a Pekín.

1615 Se calcula que la población cristiana china ronda los 5000 habitantes.

India

1600 Primer obispado portugués establecido en Angamaly.

1606 Creación de la diócesis de Meliapor.

1623 El papa Gregorio XV (1554–1623) interviene en la controversia sobre los cristianos indios que conservan costumbres sociales y prácticas culturales hindúes.

1637 Matheus de Castro de Divar (fechas desconocidas), nativo de Goa y miembro de la casta brahmánica, es nombrado obispo de las regiones no cubiertas por el mandato portugués.

Sur de las Américas

c. 1600 Jesuitas activos en Paraguay.

1610 Establecimiento de la Inquisición en Colombia, Venezuela y el Caribe español.

1617 Creación de la diócesis de Buenos Aires. Pedro Carranza (fechas desconocidas) nombrado primer obispo en 1620.

c. 1638 Jesuitas activos en la región amazónica.

Norte de las Américas

1603 Primera actividad del catolicismo francés en Nueva Escocia y Quebec.

1609 Misiones establecidas en Santa Fe (actual Nuevo México).

1680 La rebelión de los indígenas Pueblo contra el dominio colonial provoca la destrucción de las misiones de Santa Fe. Se restauran en 1692.

1687 Eusebio Francisco Kino (1645–1711) establece las primeras misiones en Arizona.

1697 Fundación de una misión permanente en Baja California.

Católicos transilvanos

El principado rumano de Transilvania había sido durante mucho tiempo objeto de los esfuerzos misioneros de los católicos húngaros y, posteriormente, de los luteranos alemanes. Aunque la mayoría de la población era ortodoxa, a principios de siglo una minoría de la nobleza era calvinista. Cuando Rumanía se unificó en 1600–1601 bajo la jerarquía ortodoxa griega, estos protestantes transilvanos obligaron a la iglesia a aceptar muchos puntos de la doctrina reformada. Cuando la región quedó bajo el control de los Habsburgo en 1691, el catolicismo se añadió al calvinismo, el luteranismo y el unitarismo como «religión recibida». Bajo el metropolitano Atanasie Anghel Popa (¿?–1713), nació en 1698 la Iglesia greco-católica de Transilvania. A cambio de aceptar la cláusula *Filioque* y la autoridad del papa, la nueva iglesia pudo mantener intacta su liturgia y su clero también fue considerado «recibido». La Iglesia uniata de Transilvania no fue aceptada inicialmente por la mayoría de la población, pero acabaría convirtiéndose en el centro de la identidad nacional rumana en los siglos XVIII y XIX.

▲ La Virgen Negra de Czestochowa. La pintura, conservada en el monasterio de Jasna Góra, ha sido durante mucho tiempo un centro de peregrinación católica y un símbolo del orgullo nacional polaco. Sus orígenes antiguos son oscuros.
Hilda Weges / Alamy Stock Photo

El movimiento jansenista

Francia siguió siendo un bastión para las ideas y movimientos católicos de la Contrarreforma, algunos de los cuales fueron más allá de lo que incluso Roma estaba dispuesta a seguir. Un teólogo entusiasta fue el obispo de Ypres, Cornelio Otto Jansenio (1585–1638). La visión de Jansenio era atacar al protestantismo con sus propias armas y remodelar el cristianismo católico, apelando radicalmente a los escritos de Agustín. En 1627, el proyecto entró en conflicto con los jesuitas. Aunque las ideas de Jansenio fueron declaradas heréticas por la Universidad de la Sorbona en 1649 y por el papa Inocencio X en 1653, el movimiento jansenista conservó su popularidad e incluyó entre sus miembros al científico y filósofo Blaise Pascal (1623–1662).

 ESCLAVITUD

Un pequeño grupo de religiosos se opuso a la explotación y la esclavitud que trajo consigo la expansión colonial europea. El misionero jesuita portugués António Vieira (1608–1697) suscitó controversia por sus sermones apocalípticos y su persistente defensa de los pueblos nativos de Brasil frente a la explotación colonial. En 1622, el Sínodo Católico del Caribe elaboró un reglamento para el trato correcto de las poblaciones nativas de las Indias Occidentales. A partir de 1616, Pedro Claver (1580–1654), misionero español en Colombia, hizo mucho por aliviar el sufrimiento de los esclavos africanos llevados a la región. El éxito de su misión entre los barcos negreros llevó a la condena de la esclavitud en una bula promulgada por el papa Urbano VIII en 1639.

 FRANCISCO SUÁREZ (1548–1617)

El jesuita español fue pionero en nuevos métodos de filosofía adaptados a la mente cristiana contemporánea. Su *Defensio fidei* de 1613 iba dirigida contra la Iglesia de Inglaterra. Como socavaba las teorías del poder absoluto del Estado, la obra también fue prohibida por *el Parlamento de París*.

PROTESTANTISMO

Desde el siglo anterior, el protestantismo se había extendido por toda Europa como vehículo de libertad política y como expresión dinámica del cristianismo. Sin embargo, los rasgos distintivos de la teología de la Reforma (como la creencia en el sacerdocio de todos los creyentes, el gran valor concedido a la interpretación individual de las Escrituras y el rechazo de muchos sistemas jerárquicos) abrieron el camino a un sinfín de expresiones diferentes.

Calvinismo

Juan Calvino murió en 1564, dejando tras de sí un sofisticado sistema teológico y una abundante literatura, entre la que destaca la *Institución de la religión cristiana* (1536–1559). En el siglo XVII, la mayoría de los protestantes europeos

▶ El reformador protestante Juan Calvino murió en 1564. El cristianismo calvinista no tardó en imponerse en Europa continental, las Islas Británicas y Norteamérica.
Georgios Kollidas/Shutterstock

© *Historia esencial del cristianismo* CLIE

que no eran luteranos eran calvinistas de algún tipo, y el movimiento prosperó en Francia, partes de Alemania, Rumanía, Hungría, Escocia y las colonias norteamericanas. Los puritanos ingleses estuvieron muy influidos por el pensamiento calvinista. Los Países Bajos adoptaron el calvinismo como religión estatal en 1622.

Predestinación

La doctrina de que el plan eterno de Dios exige que solo los «elegidos» se salven, mientras que los demás están predestinados a la condenación, no fue originalmente un rasgo central del pensamiento de Calvino. Fue bajo la influencia del teólogo Teodoro de Beza (1519–1605) cuando la «predestinación» adquirió mayor importancia. Esta imagen de la naturaleza divina suscitó la oposición de algunos de los antiguos alumnos de Beza. Jacobo Arminio (1560–1609) desató la polémica en su Holanda natal cuando argumentó contra el determinismo calvinista en la universidad y ante los tribunales.

FRANCISCO DE SALES (1567–1622)

Misionero de la Contrarreforma entre los calvinistas suizos en 1599, se cuenta que Francisco dijo: «Solo el amor hará temblar los muros de Ginebra». En 1610, junto con la monja Juana Francisca de Chantal (1572–1641), fundó la caritativa Orden de la Visitación. Fue declarado doctor de la iglesia en 1877.

ROBERTO DE NOBILI (1577–1656)

Roberto, misionero jesuita, llegó a la India en 1605. Adoptó las costumbres locales y se convirtió en uno de los primeros europeos en conocer el sánscrito y los principales documentos sagrados de la religión hindú. Robert

encontró oposición, pero cuando se retiró en 1654, sus métodos poco ortodoxos habían conseguido varios miles de conversos de todas las castas sociales.

Arminianismo

Poco después de la muerte de Arminio, sus seguidores publicaron la *Remonstrance* de 1610, en la que se detallaba su principal divergencia con el calvinismo, a saber, que Cristo murió por todas las personas y que, por tanto, es posible que todos los hombres se salven si eligen libremente creer. Desde el punto de vista teológico, el debate afectaba al núcleo de las doctrinas sobre Dios y la salvación. Desde el punto de vista político, la situación amenazaba la estabilidad de los Países Bajos, que mantenían hostilidades con España.

Sínodo de Dort

El príncipe Mauricio de Orange (1567–1625) convocó el Sínodo de Dort en 1618–1619, recibiendo a delegados de Inglaterra, Escocia, Suiza y Alemania. Originalmente destinado a resolver el problema arminiano, Dort tuvo el efecto de cristalizar las doctrinas clave del calvinismo y la teología de la Iglesia reformada holandesa. Al considerar que la *Remonstrance* no era ortodoxa, el sínodo expulsó del país a más de 200 líderes arminianos. Sin embargo, el arminianismo ejercería una influencia considerable en el pensamiento cristiano, incluido el de John Wesley y los metodistas del siglo siguiente.

Luteranismo

Martín Lutero murió en 1546. En el siglo XVII, el movimiento confesional que llevaba su nombre florecía en la mayor parte de Alemania, Escandinavia, Hungría y Polonia. Las iglesias y grupos luteranos produjeron una variedad de expresiones, pero todas tomaron como guía doctrinal el *Libro de la Concordia* de 1580, una recopilación de los Catecismos Menor y Mayor de Lutero, la Confesión de Augsburgo, los Artículos de Esmalcalda y otros textos clave de la Reforma alemana. El luteranismo de esta

▲ Catedral de Santa María, iglesia luterana de Freiberg, Alemania.
Boris Breytman/123RF.com

época se centraba en la argumentación intelectual, la razón y la organización. También estaba estrechamente aliado con muchos de los nuevos estados-nación fortalecidos por la Paz de Westfalia.

 PURITANOS

El movimiento puritano pretendía implantar una reforma calvinista completa en la Iglesia anglicana. Los puritanos consideraban que una interpretación literalista de la Biblia era la única autoridad en cuestiones de doctrina, ética y estructura eclesiástica. Se hacía hincapié en la conversión personal y la moralidad estricta, así como en una mayor conciencia del «fin de los tiempos». El puritanismo fue una de las fuerzas motrices de la Guerra Civil inglesa y un elemento fundamental en la creación de las nuevas colonias americanas.

Deseos piadosos

Como reacción a las luchas confesionales de la guerra de los Treinta Años y al efecto potencialmente asfixiante del dogmatismo luterano sobre la Iglesia y el Estado, el pastor luterano alemán Philipp Jakob Spener (1635–1705) escribió *Pia desideria* («Deseos piadosos») en 1675. El tratado expresaba un cristianismo reformado que hacía hincapié en el estudio personal de la Biblia, en evitar las discusiones religiosas, en la devoción ferviente y la fe expresadas como amor al prójimo más que como conocimiento. También desaconsejaba las luchas por el poder político.

Pietismo

El movimiento que surgió de la comunidad y los escritos de Spener se conoció como pietismo. Spener no había inventado el pietismo, sino que se inspiraba en teólogos anteriores, como Johann Arndt (1555–1621). Sin embargo, Spener se convirtió en el líder del nuevo movimiento subversivo y fue expulsado de Leipzig por sus oponentes luteranos en 1690. El pietismo alcanzaría su apogeo bajo el liderazgo del conde Zinzendorf (1700–1760), y la influencia pietista se dejaría sentir en los renacimientos protestantes de los siglos XIX y XX.

Anglicanismo

El anglicanismo, aunque en general no supuso un cambio tan brusco como los movimientos protestantes del continente europeo, existió, sin embargo, como una alternativa distinta al catolicismo romano. La Iglesia inglesa vivió algunos de sus acontecimientos más formativos en el siglo XVII.

▲ Jacobo I de Inglaterra. Su versión autorizada de la Biblia es uno de los libros más leídos del mundo. *Wikimedia Commons*

Rey Jacobo

El rey Jacobo I de Inglaterra y VI de Escocia (1566–1625) asumió el trono tras la muerte de Isabel I en 1603. Durante su reinado, Jacobo se opuso al movimiento presbiteriano en Escocia y buscó el compromiso con los puritanos de Inglaterra. En 1605, el descubrimiento de la «Conspiración de la pólvora» para destruir las Cámaras del Parlamento condujo a leyes más estrictas contra los católicos romanos ingleses y exacerbó las continuas tensiones con otras naciones católicas, especialmente España. Jacobo se interesó mucho por los asuntos eclesiásticos, y su apoyo a una nueva traducción inglesa de la Biblia dio lugar a la versión *King James Authorized Version* [Biblia del rey Jacobo Versión Autorizada] en 1611.

 PRESBITERIANOS

El nombre deriva del término bíblico *presbyter* (anciano) y hace referencia a las congregaciones que eligen a su propio gobernador en lugar de someterse a un sistema de obispos y sacerdotes. Bajo el liderazgo de John Knox (c. 1514–1572) y sus sucesores, la Iglesia nacional (o Kirk) de Escocia era fuertemente presbiteriana, a menudo en conflicto permanente contra la imposición del anglicanismo. La Kirk escocesa presbiteriana se estableció finalmente en 1692.

La Guerra Civil inglesa

Carlos I (1600–1649) se convirtió en rey en 1625. Se lo presionó para que adoptara políticas favorables al catolicismo y alejara a la iglesia de la influencia calvinista de sus predecesores. Una serie de expediciones militares desastrosas en el extranjero, unidas a un gobierno autoritario en el interior, provocaron la extrema impopularidad de Carlos. En 1640, sus poderes fueron severamente recortados por el Parlamento. La subsiguiente Guerra Civil inglesa (1642–1651) supuso la ejecución del monarca anglicano y la imposición de una república puritana y presbiteriana bajo el gobierno de Oliver Cromwell (1599–1658).

República y Restauración

La disolución por Cromwell de la antigua Iglesia de Inglaterra y su intento de imponer un nuevo estilo puritano de iglesia y gobierno acabaron siendo impopulares entre el pueblo. En 1660, el exiliado (y simpatizante católico) Carlos II (1630–1685) fue recibido de nuevo como rey, y el país y la iglesia forjaron un nuevo acuerdo conocido como la Restauración.

Uniformidad y disconformidad

La Ley de Uniformidad de 1662 restableció el orden instituido al decretar la adopción universal del Libro de Oración Común y la ordenación anglicana. El resultado para los eclesiásticos que se negaron a cumplirla fue la creación de los no conformistas, una categoría que incluía a los presbiterianos ingleses, los cuáqueros, los congregacionalistas, los bautistas y, más tarde, los metodistas. Fue en gran medida el no conformismo el que proporcionó la influencia dinamizadora del cristianismo protestante en el Nuevo Mundo.

 JOHN BUNYAN (1628–1688)

Como joven puritano, Bunyan luchó en la Guerra Civil. Tras la Restauración, fue encarcelado entre 1660 y 1672 por sus prédicas disidentes. Durante su encarcelamiento escribió *El progreso del peregrino* (publicado en 1678 y 1684), una alegoría de la vida cristiana que se convertiría en uno de los libros más leídos de la historia del cristianismo.

▶John Bunyan por Thomas Sadler. *Wikimedia Commons*

 CUÁQUEROS

También conocidos como la Sociedad de Amigos, los cuáqueros fueron originalmente una secta puritana de 1650 que se ganó su nombre por la forma en que temblaban ante la Palabra de Dios. Su fundador, George Fox (1624–1691), predicaba que los cristianos debían buscar al Espíritu Santo y no las palabras de los humanos como guía del culto cristiano. Como resultado, los cuáqueros se hicieron conocidos por sus reuniones silenciosas y porque las mujeres compartían con los hombres la misma responsabilidad en el liderazgo. Se negaron a participar en actos violentos y desempeñaron un papel decisivo en la abolición de la esclavitud en el siglo XVIII.

 CONGREGACIONALISTAS

Estos puritanos sostenían que la iglesia debía estar formada solo por quienes hubieran tomado la decisión consciente de seguir a Cristo, oponiéndose por principio a la idea de una iglesia nacional y haciendo hincapié en la indepen-

dencia de las congregaciones locales. Los padres peregrinos partieron de una iglesia congregacionalista en 1620 y desde entonces el movimiento ha sido parte integrante de la organización del cristianismo en América.

 BAUTISTAS

En 1609, el puritano separatista John Smyth (c. 1565–1612) dirigió a su congregación en la práctica del bautismo de creyentes, estableciendo una iglesia en torno a adultos libremente convertidos en lugar de la práctica del bautismo infantil. En 1660 había unas 300 iglesias bautistas en Inglaterra y Gales. Con su fuerte enfoque misionero, las denominaciones bautistas han tenido una enorme influencia en la difusión del cristianismo por todo el mundo.

ORTODOXIA

La influencia del protestantismo de Europa Occidental también se dejó sentir en Oriente, que aún vivía en gran parte bajo el dominio musulmán otomano.

El patriarca calvinista

Cirilo Lucar (1572–1638) se convirtió en patriarca ecuménico de Constantinopla en 1620. Lucar estaba familiarizado con las controversias de la Reforma, ya que utilizó algunos escritos protestantes durante su conflicto con Roma en el Sínodo de Brest-Litovsk de 1596. En 1628, presentó a la corte inglesa el *Codex Alexandrinus*, una copia de la Biblia del siglo V y el ejemplo más antiguo de texto bizantino que se conserva. Como consecuencia de la oposición otomana, Lucar fue depuesto en numerosas ocasiones a lo largo de su patriarcado, pero fue restaurado en el cargo en parte por la ayuda de embajadores holandeses e ingleses en Constantinopla.

En 1629, Lucar publicó la *Confesión de fe*, totalmente calvinista, en la que exponía su visión de una Iglesia ortodoxa que siguiera la doctrina reformada. En 1638 patrocinó una traducción de la Biblia a la lengua vernácula contemporánea, el mismo año en que fue condenado a muerte por el sultán Murad IV por traición a los turcos otomanos.

 DEMETRIO DE FILADELFIA **(¿?–1657)**

Demetrio, un joven cristiano que vivía en Asia Menor, obtuvo un favor considerable de los otomanos gobernantes tras su conversión al islam. Cuando regresó al cristianismo en 1657, fue ejecutado por su nueva fe. La Iglesia ortodoxa celebra a Demetrio como «nuevo mártir».

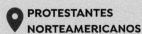 **PROTESTANTES NORTEAMERICANOS**

1607 La iglesia anglicana se establece en el primer asentamiento permanente norteamericano en Jamestown, Virginia.

1620 Peregrinos puritanos navegan desde Inglaterra y Holanda hacia Norteamérica en el *Mayflower*.

1630 John Winthrop (1587–1649) funda un asentamiento congregacionalista en Massachusetts.

1639 Roger Williams (c. 1603–1683) funda la primera iglesia bautista en Providence, Rhode Island.

1643 El catolicismo es proscrito en Virginia.

1663 John Eliot (1604–1690) publica la primera Biblia de Norteamérica. Está escrita en el dialecto de los nativos algonquinos.

1664 Los ingleses toman la colonia holandesa de Nueva Ámsterdam y la rebautizan Nueva York. La Iglesia presbiteriana reformada holandesa (presente desde 1628) sigue floreciendo bajo el dominio inglés.

1682 William Penn (1644–1718) dirige la emigración de más de 200 cuáqueros galeses al recién creado estado de Pensilvania.

1692 Juicios por brujería en Salem, Massachusetts.

1690s A los protestantes ingleses se unen los hugonotes franceses, los menonitas alemanes y los calvinistas holandeses en las colonias norteamericanas.

Reacción ortodoxa

Las inclinaciones calvinistas de Lucar fueron acogidas más positivamente en Europa occidental que en su propio país. Poco después de su muerte, una serie de concilios repudiaron sus intentos de reforma. Como resultado, estos concilios ayudaron a clarificar la teología ortodoxa, dando lugar al establecimiento de declaraciones clave de la fe ortodoxa.

Concilio de Iaşi

Los sínodos menores de Constantinopla de 1638 y 1642 iniciaron el proceso, pero fue el Sínodo de Iaşi (también en 1642, en la actual Rumanía) el que más contribuyó a consolidar la tradición ortodoxa. El sínodo reunió a representantes de las iglesias ortodoxas griega, rusa y eslava. Iaşi condenó la doctrina calvinista de Lucar y, al mismo tiempo, respaldó positivamente la *Confesión ortodoxa* de Pedro Mogila (1596–1646).

Pedro Mogila

Metropolitano de Kiev desde 1633, a Mogila se le atribuye una gran labor en la educación del clero y los laicos de la Iglesia ortodoxa. Su *Confesión* se redactó por primera vez en 1638 y se considera un documento primordial de la Ortodoxia, ya que ofrece una visión exhaustiva de la fe. En un principio, el texto de Mogila fue criticado por su deuda con la teología tomista católica romana, pero tras una revisión fue aceptado por Iaşi y publicado en 1645. Mogila pudo exponer con más detalle las objeciones ortodoxas a las pretensiones católicas y protestantes, y la *Confesión* obtuvo finalmente el respaldo del gran Sínodo de Jerusalén en 1672.

 DOSITEO II (1641–1707)

Patriarca desde 1669, Dositeo utilizó su considerable influencia en la Ortodoxia para combatir las innovaciones protestantes y seguir resistiendo a las incursiones católicas romanas. Creó impren-

▼ Iglesia ortodoxa rusa, Copenhague, Dinamarca. *Taras Verkhovynets/123RF.com*

tas para fomentar la literatura ortodoxa, limitó el acceso de los franciscanos a los Santos Lugares de Jerusalén, se opuso al desarrollo de las iglesias uniatas y trató de extender la influencia griega sobre la Iglesia rusa.

▲ Vista del Muro de las Lamentaciones y la Cúpula de la Roca, Jerusalén.
Karina Lopatina/Shutterstock

Sínodo de Jerusalén

Junto con el de Iași, el Sínodo de Jerusalén es el concilio más importante de la historia de la Iglesia ortodoxa. Siete metropolitanos y sesenta y ocho obispos ortodoxos se reunieron en la Iglesia de la Natividad de Belén, cerca de Jerusalén. Las principales actas del sínodo se dividieron en dos categorías. Los «Seis capítulos» ponían fin de forma concluyente a la influencia protestante de las *Confesiones* de Lucar, mientras que los «Dieciocho artículos» proporcionaban un catecismo detallado de la fe ortodoxa. En ellos se incluía la procesión única del Espíritu, la infalibilidad de la iglesia junto con las Escrituras, la justificación por la fe que obra por el amor, la aprobación de los siete sacramentos y la inclusión (con cautela) de los apócrifos en el canon bíblico.

Problemas rusos

En Rusia, el periodo comprendido entre 1598 y 1613 se conoce a veces como «la Época de la Inestabilidad», debido al caos que siguió a la muerte de Fiódor I (1557–1598) y la instauración de la nueva dinastía Románov. Los patriarcas de la Iglesia rusa desempeñaron un papel importante en la dirección del pueblo durante esta época, especialmente Germogen (c. 1530–1612) y Filareto (c. 1550–1633). Este último fue el padre del zar Románov Miguel, y dominó la política nacional. Bajo el reinado de Filareto y sus sucesores, el Estado y la Iglesia llegaron a ser indistinguibles, lo que condujo a una gran corrupción material y al abuso de poder.

▲ Nikon (1605–1681).
Wikimedia Commons

Reforma celosa

La situación de la Iglesia rusa provocó una oleada de clérigos deseosos de devolver a los fieles una vida de devoción sincera. Uno de esos monjes celosos fue Nikon (1605–1681), que en 1652 fue nombrado patriarca de Moscú por el nuevo zar Alexis (1629–1676), de mentalidad reformista. Alexis y Nikon revisaron la liturgia rusa y corrigieron varias corrupciones que, en su opinión, se habían introducido en el servicio. Las minuciosas revisiones se extendieron incluso a la insistencia en que la señal de la cruz se hiciera con tres dedos en lugar de dos.

Viejos creyentes

Las profundas reformas se impusieron en todo el país, provocando mucho resentimiento. En ocasiones, Alexis y Nikon fueron calificados de anticristos y acusados de llevar a la iglesia a nuevos errores. Cuando finalmente se aprobó la nueva práctica litúrgica en 1666, un sector de la iglesia bajo el liderazgo del arcipreste Avvakum (1620–1682) se negó a acatarla. Avvakum (cuya *Autobiografía* se considera un hito en la literatura rusa) fue encarcelado y martirizado en 1682. Su movimiento, apodado los «Viejos creyentes» o *Raskolniki* («Cismáticos»), incluía a miles de campesinos, ciudadanos y sacerdotes, que sufrieron una feroz persecución. Los viejos creyentes huyeron a Serbia y Carelia, y muchos se suicidaron en masa antes que ser ejecutados por los soldados del zar. A pesar de las persecuciones esporádicas, especialmente bajo el reinado de Pedro el Grande (1672–1725), los viejos creyentes persistieron en varias facciones y siguen siendo una característica del paisaje religioso ruso.

18 RAZÓN Y REVOLUCIÓN: 1700-1800

La Ortodoxia del siglo XVIII ve cómo los griegos siguen viviendo bajo el dominio musulmán, al tiempo que desarrollan algunas de las características clave de la iglesia. A medida que Rusia se convierte en una potencia mundial bajo una serie de líderes visionarios, la iglesia se acerca cada vez más a las autoridades gobernantes. Para el protestantismo, la Ilustración filosófica tendrá un efecto duradero en el pensamiento y la práctica cristianos europeos. Al mismo tiempo, el renacimiento evangélico se extiende por Inglaterra y Estados Unidos, dando lugar a una nueva forma de religión sentida e individualista con consecuencias radicales para la sociedad. Mientras tanto, el catolicismo romano prospera en India, China y Corea, y el éxito de la red mundial de los jesuitas lleva a esfuerzos concertados para desmantelar su poder. En relación con esto, se produce la sangrienta Revolución francesa, una rebelión explosiva contra el antiguo orden monárquico que tendrá un impacto duradero en las relaciones modernas entre la Iglesia y el Estado en todo el mundo.

ORTODOXIA

Rusia

Nikon, patriarca de Moscú entre 1652 y 1658, había introducido polémicas reformas que golpeaban el corazón de la antigua forma de vida religiosa rusa. En el proceso, Nikon también había afirmado que el patriarca, y no el zar, debía ser el *Veliki Gosudar* («Gran soberano») del Estado. Como era de esperar, esta reivindicación de superioridad no fue bien acogida por el poder imperial, y Nikon fue exiliado y encarcelado durante catorce años. Lo sucedieron varios patriarcas ineficaces. La afirmación del poder del zar sobre la iglesia alcanzó su punto álgido en el reinado de Pedro «el Grande» (1672–1725).

Pedro el Grande

Laicista y admirador de las innovaciones occidentales, Pedro veía en la iglesia un obstáculo para sus planes. Pero, al mismo tiempo, utilizó a la iglesia para extender la ideología de la obediencia total al gobernante y reforzó la práctica de la servidumbre. Cuando el patriarca Adriano murió en 1700, Pedro dejó el cargo vacante durante veintiún años. Para reforzar la influencia cultural de la Ortodoxia, en 1716 se introdujo la confesión obligatoria, y en 1718, la asistencia a la iglesia los domingos y días festivos se convirtió en un requisito legal en todo el país. En 1721, el mismo año en que Pedro se proclamó emperador de todas las Rusias, también concentró todo el poder de la iglesia bajo el zar.

▲ La iglesia Preobrazhenskaya de la Transfiguración, en la isla rusa de Kizhi, fue construida en 1714 y cuenta con veintidós cúpulas de tejas.
jejim/iStock

▲ Retrato del zar ruso Pedro I el Grande
por Godfrey Kneller.
Wikimedia Commons

 TIJON DE ZADONSK (1724–1783)

Tijon fue un escritor y obispo que se retiró al monasterio de Zadonsk en 1769. Su humildad y preocupación por los pobres inspiraron a escritores rusos posteriores, como Tolstói y Dostoyevski; este último utilizó a Tijon como modelo para el personaje del padre Zosima en *Los hermanos Karamazov* (1880).

Colegio de Asuntos Espirituales

En 1721, junto con el obispo Prokopóvich (1681–1736), Pedro abolió el patriarcado ruso, instituyendo en su lugar el Colegio de Asuntos Espirituales, con él a la cabeza. Pronto se cambió el nombre del colegio por el de Santísimo Sínodo Gobernante para hacerlo más aceptable a los obispos reticentes; sin embargo, la iglesia se convirtió en un ala del gobierno ruso. En 1722,

Pedro anuló la práctica tradicional de las confesiones confidenciales, ordenando en cambio que los sacerdotes informaran de cualquier insulto o conspiración contra el zar, entregando a sus feligreses a la policía estatal. Este sistema, por el que el Santo Sínodo estaba estrechamente vinculado a los intereses del Estado, se mantendría en Rusia durante los dos siglos siguientes, provocando divisiones entre la élite dirigente de la iglesia y el clero común al servicio de la mayoría de la población.

Catalina la Grande

Una de las beneficiarias del acuerdo del Santo Sínodo fue Catalina «la Grande» (1729–1796), que reinó desde 1762 hasta su muerte. Catalina, princesa alemana, continuó ejerciendo una influencia occidental e ilustrada sobre la Iglesia rusa. En 1764, Catalina confiscó gran parte de las tierras eclesiásticas y monásticas, privando así a la Ortodoxia rusa de más de tres cuartas partes de sus ingresos anuales. En 1767, promulgó una *Instrucción* que pedía la «prudente tolerancia de otras religiones», y en 1771 se permitió a los viejos creyentes establecer comunidades limitadas en Moscú. Deseosa de mantener los niveles educativos, Catalina también acogió brevemente a los jesuitas, permitiendo la creación de un obispado católico en Mogilëv en 1773.

Moscú amplía su radio de acción

La guerra ruso-turca de 1768–1774 concluyó con el Tratado de Kuchuk Kainarji (en Bulgaria), que concedía a la victoriosa Catalina derechos políticos y económicos sobre vastas extensiones del Imperio otomano. De mayor alcance fue el derecho que se concedió al zar ruso de intervenir en los asuntos internos de los cristianos que vivían bajo dominio otomano. Así, en la década de 1780, Catalina asumió el control del reino de Georgia, sometiendo a su iglesia a la influencia del Santo Sínodo ruso. Además, los ciudadanos ortodoxos griegos de Moldavia, Valaquia, las islas del Egeo y otros lugares del Imperio otomano comenzaron a esperar la perspectiva de protección bajo la Tercera Roma de Moscú.

© *Historia esencial del cristianismo* CLIE

▲ La emperatriz Catalina II. Catalina «la Grande» trajo a Rusia cierta tolerancia religiosa. *Wikimedia Commons*

Los nuevos mártires

Aunque el poder del sultán otomano estaba menguando, la mayoría de los cristianos ortodoxos del siglo XVIII seguían viviendo bajo dominio musulmán. La época fue testigo de una serie de mártires, que en la tradición ortodoxa posterior serían celebrados como «nuevos mártires». En 1716, Antimo (¿?–1716), monje georgiano, impresor y metropolitano de Valaquia, fue ejecutado por soldados turcos. Cosma de Etolia (¿?–1779), monje y educador griego, se vio envuelto en la revuelta del Peloponeso de 1770 contra los turcos antes de ser capturado y ejecutado como simpatizante ruso en Albania en 1779. Al año siguiente fueron masacrados los monjes del monasterio de la Cruz de Jerusalén. En 1788, el bosnio Teodoro Sladic (¿?–1788) y 150 de sus seguidores fueron quemados en Moštanica, un monasterio serbio. Sladic había agitado contra los movimientos uniatas hacia el catolicismo, la secularización serbia y el dominio otomano, por lo que las autoridades turcas lo consideraron un perturbador de la paz.

Declive griego

A pesar de la persecución esporádica de los cristianos en el Imperio otomano, el patriarca ecuménico de Constantinopla trabajaba con permiso otomano y seguía siendo el jefe nominal de la Iglesia ortodoxa. Por este motivo, la victoria rusa de 1774, que debilitó el poder otomano, también provocó un declive en el liderazgo griego de la iglesia. Aunque en la nueva realidad de la Iglesia de Oriente los rusos se estaban convirtiendo en dominantes, los griegos seguían afirmando su autoridad tradicional dentro de la Ortodoxia.

◀ El Monasterio de la Santa Cruz se alza solitario en un terreno a las afueras de la Ciudad Vieja de Jerusalén. *Yevgenia Gorbulsky/123RF.com*

Aguas inútiles

La oposición a la influencia latina fue un tema constante en la vida ortodoxa. A partir de 1749, el patriarca ecuménico Cirilo V (¿?–1775) trató de contrarrestar la presencia protestante y católica francesa en Constantinopla y en Tierra Santa. En 1755, publicó el *Anatema de los que aceptan los sacramentos papales*, un tratado que fue recibido popularmente en las iglesias de la ciudad. Ese mismo año, junto con los patriarcas de Jerusalén y Alejandría, Cirilo dio a conocer el *Oros de la Santa Gran Iglesia de Cristo*. El *Oros* («decreto») se refería principalmente a la legitimidad del bautismo católico y protestante, declarando: «Rechazamos y aborrecemos los bautismos pertenecientes a herejes... Son aguas inútiles».

Amor a lo bello

Cirilo murió retirado en el Monte Atos en 1775, el mismo año en que el monje griego Nicodemo (c. 1749–1809) fijó allí su residencia. Nicodemo del Monte Santo produjo varios escritos espirituales. Tradujo una versión griega de los *Ejercicios espirituales* de Ignacio de Loyola, deseoso de permitir que el pensamiento occidental iluminara la tradición oriental allí donde pudiera. En 1782, junto con Macario de Corinto (1731–1805), Nicodemo produjo la *Filocalia* («Amor a lo bello»), una colección de escritos espirituales de los siglos IV al XV que trataban principalmente de la Oración de Jesús y la tradición hesicasta. Gracias a su amplia difusión, con traducciones al eslavo (1793) y más tarde al ruso (1876), la *Filocalia* se convirtió en uno de los textos más importantes de la Ortodoxia moderna, actuando como fuerza unificadora de una tradición que había sufrido muchas divisiones.

PROTESTANTISMO

Dos fuerzas intelectuales y culturales, a menudo opuestas, afectaron al desarrollo del cristianismo protestante en el siglo XVIII: la Ilustración y el evangelicalismo.

Ilustración

La evolución intelectual y los ideales conocidos como «Ilustración» se basaron en las filosofías mecanicistas y racionalistas de René Descartes (1596–1650), John Locke (1632–1704) y otros pensadores del siglo XVII. El filósofo alemán Immanuel Kant (1724–1804) definió el movimiento en el famoso ensayo «¿Qué es la Ilustración?» (1784): «La Ilustración es la salida del hombre de su inmadurez autoimpuesta... *¡Sapere Aude* [«atrévete a saber»]! "¡Ten valor para usar tu propio entendimiento!": ese es el lema de la Ilustración».

IMMANUEL KANT.

▲ Immanuel Kant, «Padre de la Ilustración» y catedrático de Lógica y Metafísica de la Universidad de Konigsberg, Alemania.
Dominio público

Los pensadores de la Ilustración solían oponerse al cristianismo católico y protestante, y algunos filósofos apoyaban cosmovisiones deístas o ateas. Entre las figuras más destacadas se encuentran David Hume (1711–1776), Adam Smith (1723–1790) y Jean-Jacques Rousseau (1712–1778). Sin embargo, los pensadores de la Ilustración no eran uniformemente anticristianos, y muchos de sus defensores (como Kant) se consideraban reformadores de la fe tradicional. El teólogo alemán Friedrich Schleiermacher (1768–1834) apeló a los principios de la Ilustración, al tiempo que criticaba los excesos del racionalismo intelectual. Su obra de 1799, *Sobre la religión: Discursos a sus despreciadores cultos,* ejerció una enorme influencia en el desarrollo de la teología protestante.

 JOSEFINISMO

El josefinismo fue el programa de reforma religiosa y principios de la Ilustración en Austria iniciado por el emperador del Sacro Imperio Romano Germánico José II (1741–1790). El Edicto de Tolerancia (1781) restringió la jurisdicción papal, disolvió más de 700 monasterios y amplió la tolerancia a grupos protestantes y creyentes ortodoxos griegos. En 1783, José permitió el divorcio e hizo del matrimonio una cuestión de contrato civil.

Evangélicos

El término *evangélico* (derivado del griego *euaggelion,* que significa «evangelio» o «buena nueva») se asoció durante mucho tiempo a las iglesias de la Reforma establecidas en Alemania y Suiza. En el mundo anglosajón del siglo XVIII, el término empezó a referirse no a una denominación, sino a los cristianos que hacían hincapié en la conversión personal y la fe en la muerte expiatoria de Jesucristo. Las convicciones evangélicas fueron acompañadas de una cultura de misión y activismo social, que condujo, entre otras cosas, a la institución de escuelas dominicales para promover la alfabetización en Inglaterra, la reforma social en la India y la abolición de la esclavitud en el Imperio británico en el siglo XIX. Entre las personalidades evangélicas más influyentes figuran John Newton (1725–1807), el antiguo comerciante de esclavos que escribió el himno «Sublime gracia», y Charles Simeon (1759–1836), el clérigo anglicano de Cambridge que lideró el renacimiento evangélico en las universidades de Oxford y Cambridge. Sin embargo, fue con

 MORAVOS

En 1722, el conde moravo Zinzendorf (1700–1760) fundó la Hermandad Morava al acoger en su finca de Herrnhut a un grupo de pietistas checos (conocidos como «Hermanos de Bohemia»). Haciendo hincapié en una «religión del corazón» más que en una doctrina estricta, se fundaron misiones moravas en las Indias Occidentales (1732), Groenlandia (1733) y Sudáfrica (1736), así como entre el pueblo inuit de Labrador en 1752. La Iglesia morava sigue existiendo, con una gran proporción de miembros residentes en Tanzania, donde se estableció una misión en el siglo XIX.

▶ Nikolaus Ludwig Graf von Zinzendorf, conde moravo y pastor pietista.
Dominio público

los hermanos John (1703–1791) y Charles Wesley (1707–1788) y su amigo George Whitefield (1714–1770) cuando los sentimientos evangélicos se identificaron estrechamente con un nuevo movimiento conocido como metodismo.

Un extraño calentamiento

El metodismo tiene sus raíces en un grupo de estudiantes de teología de Oxford de mentalidad seria que se reunían para orar metódicamente y estudiar la Biblia. El grupo desapareció cuando John y Charles Wesley se marcharon de Oxford a Londres en 1735, pero revivió tras el contacto de John con un grupo moravo dirigido por Peter Boehler (1712–1775). Fue después de una de esas reuniones en 1738 cuando John describió en su *Diario* cómo su corazón se sintió «extrañamente caldeado».

SELINA, CONDESA DE HUNTINGDON (1707–1791)

Lady Huntingdon hizo mucho por introducir el metodismo en las clases altas, utilizando su influencia para emplear a muchos capellanes metodistas como sacerdotes en la Iglesia anglicana. Cuando se le impidió hacer más nombramientos, registró sus capillas como lugares de culto disidentes, fundando así la Conexión de la Condesa de Huntingdon en 1779.

Metodistas

Whitefield y los Wesley, que consideraban que las iglesias tradicionales se cerraban a su estilo de culto, llevaron su mensaje de «religión práctica vital» a las masas, predicando con gran éxito al aire libre desde 1739. El éxito del movimiento pronto dio a sus seguidores un sentido de identidad propio, formado en gran parte por Charles Wesley, autor de más de 9000 himnos metodistas a lo largo de su vida. John Wesley —teológicamente arminiano— rompió con el calvinista George Whitefield en 1741. En

1751, la organización de predicadores laicos de Wesley se extendió por toda Inglaterra, y el movimiento echó raíces en Estados Unidos. En 1784, Wesley nombró a Thomas Coke (1747–1814) superintendente u obispo de la Iglesia metodista estadounidense. Tras la muerte de Wesley, una serie de sucesiones conducirían a la separación formal entre diversos grupos metodistas y la Iglesia de Inglaterra en las primeras décadas del siglo XIX.

La India protestante

Los primeros misioneros protestantes en la India fueron patrocinados por el rey danés Federico IV. Bartholomaeus Ziegenbalg (1682–1719) y Heinrich Plütschau (1677–1747) llegaron al asentamiento indio danés de Tranquebar en 1706. A pesar de la fuerte oposición de católicos romanos e hindúes, los misioneros pietistas consiguieron atraer a una congregación tamil. Siguieron iglesias, escuelas, orfanatos e imprentas, y Ziegenbalg produjo la primera traducción tamil del Nuevo Testamento en 1714. Los relatos de las hazañas de Ziegenbalg y Plütschau se hicieron populares en Gran Bretaña y contribuyeron a despertar el entusiasmo inglés por la misión.

Misiones «inglesas»

Paralelamente al renacimiento evangélico en su país, los ingleses patrocinaron muchas misiones en el extranjero, a menudo empleando misioneros no británicos centrados en el sur de la India. Uno de los más célebres fue Christian Friedrich Schwartz (1726–1798), un pietista prusiano que llegó a la India en 1750 habiendo aprendido tamil. Schwartz trabajó en Ceilán (1760), Trichinopoly (1767) y el reino de Tanjore (1772), donde recibió grandes honores del rajá y cargos de responsabilidad política.

Misión y reforma social

Schwartz ejerció una gran influencia sobre Charles Grant (1746–1823), entonces superintendente de la Compañía Británica de las

Indias Orientales. Grant fue uno de los impulsores de la Sociedad Bíblica Británica y Extranjera, la Sociedad Misionera Eclesiástica y la Sociedad para la Propagación del Evangelio. Miembro de la influyente secta de Clapham, Grant se opuso a la política bélica del gobierno británico contra los indios nativos. Fue un activo defensor de la reforma social evangélica y abogó por una mayor actividad misionera y educativa en la India. Sus argumentos lo enfrentaron a la postura tradicional de su propia Compañía Británica de las Indias Orientales, que se oponía a cualquier actividad cristiana que pudiera socavar su dominio del mercado.

▼ Iglesia Luz en Mylapore, Chennai, Tamil Nadu, India.
Grazyna Bonati / Alamy Stock Photo

El padre de la misión moderna

El zapatero William Carey (1761–1834) se hizo bautista en 1783, aprendió por su cuenta latín, griego, hebreo, holandés y francés, y fundó la Sociedad Misionera Bautista en 1792. Como la Compañía Británica de las Indias Orientales había prohibido a los misioneros viajar en barcos británicos, en 1793 viajó a Bengala en un navío danés.

Carey fue un traductor prodigioso, que tradujo toda la Biblia al bengalí y muchos otros libros a otras lenguas indias. Además, fundó varias comunidades cristianas, escuelas y hospitales. Su influencia en el floreciente movimiento misionero fue inmensa.

 ALELUYA

El compositor luterano Georg Friedrich Händel (1685–1759) se trasladó a Inglaterra desde Alemania en 1712. Su obra maestra coral *El Mesías* se estrenó en Dublín en 1742.

 SUTTEE

Carey llevó a cabo una larga campaña contra el infanticidio y la costumbre tradicional del *suttee*. Esta práctica, por la que se esperaba que las viudas murieran en las piras funerarias de sus maridos, fue finalmente abolida; la orden fue traducida al bengalí por el propio Carey en 1829.

 IGLESIAS AFROAMERICANAS

Los Grandes Despertares inspiraron las misiones cristianas de los blancos y atrajeron al cristianismo a un número cada vez mayor de esclavos y libertos negros en la década de 1740. Las iglesias dirigidas por negros se concentraron en el Sur, pero después de la Revolución surgieron en el Norte un puñado de congregaciones metodistas, bautistas y de otro tipo. Una coalición de cuáqueros y esclavos liberados fundó la Sociedad Africana Libre en 1787, que finalmente desembocó en la apertura de la Iglesia Episcopal Metodista Africana (AME) «Madre Betel» en 1794. El impulsor del proyecto fue Richard Allen (1760–1831), que en 1816 se convertiría en el primer obispo metodista de una confesión afroamericana totalmente independiente. Las primeras misiones estadounidenses en el extranjero corrieron a cargo de predicadores negros como George Liele (c.

1750–1820), un bautista que trabajaba en Jamaica, y David George (c. 1742–1810) en Sierra Leona.

▲ Richard Allen. *Wikimedia Commons*

Colonias americanas

Bajo la influencia de teólogos y pastores como Cotton Mather (1663–1728), cuya *Magnalia Christi Americana* se publicó en 1702, Estados Unidos empezó a desarrollar una identidad cristiana distinta de la europea. El catolicismo seguía arraigado en las regiones francesas y españolas de Norteamérica; sin embargo, en las colonias inglesas a menudo se suprimía o proscribía en favor de una creciente expresión protestante, puritana y evangélica.

Grandes despertares

Entre 1725 y 1760 se produjeron una serie de «despertares» entre las congregaciones reformadas y presbiterianas holandesas a raíz de la ferviente predicación de pastores como Theodore Frelinghuysen (1691–1747) y Gilbert Tennent (1703–1764), que hacían hincapié en la convicción personal de pecado y en la necesidad de «nacer de nuevo». Estos movimientos evangélicos se conocieron como el «Gran Despertar».

Juntos, los distintos avivamientos espirituales tendrían profundas implicaciones sociales en la Guerra de Independencia de los Estados Unidos de 1776 y la Declaración de Independencia de 1783, e influirían en la Guerra Civil y los movimientos abolicionistas del siglo siguiente.

Edwards y Whitefield

El principal teólogo puritano de esta época fue Jonathan Edwards (1703–1758). A partir de 1735, el movimiento del Gran Despertar se identificó estrechamente con Edwards y su amigo, el metodista inglés George Whitefield, que veía una respuesta entusiasta durante su gira de predicación por las colonias. Tanto Edwards como Whitefield eran calvinistas conservadores opuestos al arminianismo y cautelosos ante un excesivo emocionalismo. En 1746, Edwards publicó el *Tratado sobre los afectos religiosos,* una respuesta a las críticas de que los avivamientos eran meros productos de la manipulación emocional; aunque defendía el movimiento como obra del Espíritu Santo, el estudio también se tomaba en serio los efectos negativos del Despertar en el pensamiento y la práctica cristianos, reconociendo la marcada tendencia a la división entre las congregaciones afectadas por los avivamientos.

 CANADÁ

El cristianismo canadiense se había establecido originalmente bajo la égida de los jesuitas franceses en el siglo XVII. Los primeros luteranos alemanes llegaron en 1750. Bautistas, cuáqueros y moravos los siguieron en la década de 1760. El control británico de todos los territorios canadienses en 1763 trajo consigo una afluencia de católicos irlandeses y escoceses de habla inglesa, así como de presbiterianos y otros protestantes, lo que convirtió a los católicos romanos franceses en una minoría significativa. Las iglesias metodistas siguieron en 1775, y los lealistas

© *Historia esencial del cristianismo* CLIE

engrosaron las filas anglicanas tras la Guerra de Independencia de los Estados Unidos. La expansión de la Iglesia anglicana de Canadá se vio favorecida por la Ley Constitucional de 1791, que dividía Quebec en Alto y Bajo Canadá, y reservaba tierras, rentas e ingresos a los anglicanos. Esta ley contribuyó en gran medida al resentimiento de los nacionalistas franceses católicos.

Revolución de Estados Unidos

Los sentimientos de individualismo, religión voluntaria y seriedad moral que invadían la nación contribuyeron al creciente desafecto político y económico colonial hacia Inglaterra. A su vez, la Revolución de Estados Unidos de 1776–1783 tuvo una serie de efectos sobre el cristianismo en Estados Unidos. Los congregacionalistas, bautistas y presbiterianos apoyaron en gran medida la revolución y por ello gozaron de prominencia cultural, mientras que los pacifistas cuáqueros y menonitas sufrieron persecución por negarse a luchar por ninguno de los bandos. Con sus claras conexiones con Inglaterra, el anglicanismo y el metodismo se vieron obligados a adaptarse. Muchos lealistas anglicanos huyeron a Canadá, mientras que la Iglesia metodista estadounidense fue «apartada» de la conexión con Wesley bajo el nuevo superintendente Thomas Coke en 1784. Sin embargo, el legado más significativo y duradero para la libertad y la diversidad del cristianismo estadounidense llegó en 1791 con la adopción del Artículo I de la Declaración de Derechos: «El Congreso no promulgará ninguna ley relativa al establecimiento de una religión».

 LA ÚLTIMA CAZA DE BRUJAS

En 1697, el juez Samuel Sewall se arrepintió públicamente de su participación en los juicios por brujería de Salem, Massachusetts. Prusia (1714), Inglaterra (1736), Alemania (1755) y Polonia (1776) derogaron las leyes capitales contra los sospechosos de brujería durante esta época.

▼ Imagen de la iluminada Cruz de Montreal, Quebec. Quebec se fundó como colonia católica en 1642. *Denis Roger/123RF.com*

CATOLICISMO

La India católica

A principios de siglo, el cristianismo católico prosperaba en las regiones de Madura y Mysore, en el sur de la India, bajo dominio colonial portugués. La práctica cristiana seguía el modelo establecido por el jesuita Robert de Nobili y era supervisada por sacerdotes populares, como el francés John Venantius Bouchet (1655–1732) y el italiano Constantine Joseph Beschi (1680–1742), que escribían y enseñaban en tamil.

Ritos malabares

Los capuchinos (también activos en la India) cuestionaron los métodos de «acomodación» de los jesuitas, que adoptaban costumbres hindúes y permitían a sus conversos conservar muchas de sus prácticas culturales y religiosas. En 1703, el papa Clemente XI (1649–1721) envió al cardenal de Tournon (1668–1710) a investigar. En dieciséis artículos, Tournon condenó los llamados ritos malabares por mezclar la idolatría con el cristianismo y ordenó a los misioneros que sirvieran a todos los indios sin distinción de castas. Los jesuitas se sintieron mal representados y cuestionaron el valor práctico de las recomendaciones de Tournon. En consecuencia, el decreto fue revisado en 1734 y, en 1744, el papa Benedicto XIV (1675–1758) promulgó *Omnium sollicitudinum*, un plan por el que se creaban misioneros específicamente para trabajar entre las castas parias o intocables, con el fin de no herir la sensibilidad de los brahmanes.

La China católica

La suerte de los jesuitas en China siguió un camino similar al de la India. Tras el éxito de Matteo Ricci, el cristianismo chino floreció, al tiempo que conservaba el honor a Confucio y algunas formas de reverencia a los antepasados. Los misioneros dominicos presentes en China alegaron que los «ritos chinos» de los jesuitas constituían idolatría y superstición. En 1704 y de nuevo en 1715, el papa Clemente XI promulgó bulas ordenando a los jesuitas que suprimieran todas las prácticas paganas. (Benedicto XIV confirmaría la sentencia contra los jesuitas en 1742). La imposición de extranjeros pronunciándose sobre asuntos chinos provocó la ira del emperador Kanh Hsi, que desterró a todos los misioneros en 1717. Se inició así una campaña contra el cristianismo que culminaría en la Gran Persecución de Shandong en 1784–1785.

La Corea católica

A diferencia de los países vecinos, para los que el cristianismo era una importación extranjera, Corea vio arraigar el cristianismo principalmente por iniciativa de los coreanos. En 1783, Lee Sung-hun (1756–1801) fue enviado a China para aprender más sobre el catolicismo. Se bautizó y, a su regreso en 1784, se dispuso a fundar una nueva iglesia coreana. La congregación no tenía sacerdotes formales, aunque en 1794 el sacerdote católico chino Chu Munmo (1752–1801) comenzó a trabajar bautizando y ordenando. Se calcula que en 1801 había unos 10 000 católicos coreanos. La oposición del cristianismo al culto de los antepasados se consideraba subversiva, lo que provocó la oposición del Estado. Las persecuciones de Shinyu de 1801 se cobraron la vida de más de 300 personas, entre ellas Chu Munmo y Lee Sung-hun.

El antiguo orden

La oposición a las tácticas misioneras de los jesuitas en la India y China reflejaba un movimiento más amplio contra la Compañía de Jesús. En toda Europa, todas las instituciones medievales, con sus tradiciones económicas, políticas y religiosas, estaban siendo sustituidas por nuevos asentamientos. Simbólicamente, los jesuitas representaban, en cierto modo, el apogeo de esta vieja época. Con sus redes internacionales, sus centros educativos y su promesa de lealtad final al papa, los jesuitas también suponían un obstáculo material para las naciones-estado emergentes y sus correspondientes imperios.

© *Historia esencial del cristianismo* CLIE

Supresión jesuita

En el siglo XVIII se produjeron varias supresiones locales. Rusia expulsó a los jesuitas en 1719 (aunque Catalina la Grande les permitió regresar cincuenta años después; véase más arriba). En 1759, el rey católico José I desterró a la sociedad de Portugal y de todos los territorios portugueses. En 1762, el rey francés Luis XV confiscó las propiedades de los jesuitas y les prohibió enseñar o reclutar. Dos años más tarde, los jesuitas fueron expulsados totalmente del país. En 1767 Carlos III ordenó la deportación de 5000 jesuitas del Imperio español. Finalmente, la presión combinada de los grandes poderes imperiales y de los estados menores llevó al papa Clemente XIV (1705–1774) a promulgar la bula *Dominus ac Redemptor,* que disolvió la sociedad en 1773.

NANO NAGLE (1718–1784)

En el siglo XVIII, Irlanda estaba sometida en gran medida al dominio protestante inglés, y las escuelas católicas estaban prohibidas por ley. Nano, hija de una familia noble católica irlandesa, se preocupó por la escolarización de los pobres y fundó el primer convento de la Presentación en 1775. En la actualidad, la orden de la enseñanza está activa en Irlanda, Inglaterra, Asia, Australia y América.

▼ La Toma del Louvre, París, de Jean Louis Bezard (1799–1860) conmemora una escena de la Revolución francesa.
Alfredo Dagli Orti/Shutterstock

Ilustración anticatólica

En la Europa protestante, la Ilustración estuvo dirigida en gran medida por cristianos deseosos de reformular la religión siguiendo líneas racionalistas. A pesar de las aportaciones culturales, científicas y filosóficas derivadas del sistema educativo jesuita, la Ilustración de la Europa católica tendió a adoptar un giro más explícitamente anticristiano. La apropiación de los valores de la Ilustración como forma de atacar a la iglesia fue más evidente en Francia. La Iglesia francesa del siglo XVIII se había visto sacudida por disputas sobre el protestantismo, el galicanismo, la Contrarreforma y el rigor del jansenismo. El conflicto entre jesuitas y jansenistas pronto se convirtió en un foco de muchas de las amargas divisiones presentes en la sociedad francesa.

El renacimiento jansenista

En 1713, el papa Clemente XI, a instancias del rey Luis XIV, condenó enérgicamente a los jansenistas con la bula *Ungenitus*. Sin embargo, la represión fue impopular e infructuosa, y a partir de 1727 un resurgimiento jansenista se extendió por París. En 1729, el Parlamento apoyó a los jansenistas contra el rey y la iglesia, declarando la libertad de conciencia para toda Francia.

Los *philosophes*

Estos sentimientos populares antipapales pronto se transformaron en un movimiento más explícitamente anticristiano, liderado por intelectuales y teóricos políticos conocidos colectivamente como *philosophes*. Los *philosophes* tenían opiniones muy diversas, pero todos coincidían en que el cristianismo era un obstáculo para la reorganización racional de la sociedad que deseaban. Algunas figuras destacadas, como el escritor satírico Voltaire (seudónimo de François-Marie Arouet, 1694–1778), eran deístas, mientras que otros, como Denis Diderot (1713–1784), editor de la controvertida *Encyclopédie*, eran ateos militantes. En un esfuerzo por contrarrestar las implica-

ciones inmorales y nihilistas de una sociedad sin Dios, Jean-Jacques Rousseau (1712–1778) ideó una «religión cívica». Su *Du contrat social* (*El contrato social*, 1762) expone una visión de la sociedad basada en la voluntad general del pueblo, que hace del Estado, y no de la Iglesia, el objeto último de la lealtad de una persona. Las ideas de Rousseau han tenido una enorme influencia en la relación moderna entre el cristianismo y el gobierno, y ayudaron a definir la nueva política de los Estados Unidos y la Europa revolucionarios.

Revolución francesa

A finales del siglo XVIII, Francia se enfrentaba a la ruina financiera, en parte tras el apoyo del país a la Guerra de Independencia de Estados Unidos en 1776. Con el objetivo de crear un organismo nacional capaz de recaudar fondos, el rey Luis XVI resucitó la institución de los Estados Generales en 1789, incorporando a la aristocracia, el clero y un tercer grupo de plebeyos ricos. El plan de Luis no funcionó. En rebelión contra el rey, este «Tercer Estado» originó una Asamblea Nacional separada y ese mismo año aprobó la *Declaración de los Derechos del Hombre.*

Juramento de obediencia

La *Declaración* anunciaba una ruptura con el antiguo orden del *ancien regime* y originaba una iglesia nacional responsable ante el electorado (masculino y propietario de tierras). En 1791, se exigió a todo el clero un juramento de obediencia a la Constitución Civil. El papa Pío VI (1717–1799) condenó formalmente el juramento y la mitad del clero se negó a cumplirlo, arrastrando consigo a sus feligreses y dividiendo al país entre la revolución y la iglesia.

El terror

A partir de 1792, el Estado decreta ejecuciones masivas y violencia contra la aristocracia y el clero de Francia, además de declarar la guerra al Sacro Imperio Romano Germánico y a la Iglesia católica. En 1793, fueron ejecutados el rey y la reina de Francia. Se puso en marcha una sangrienta campaña de descristianización, que incluía el ahogamiento de sacerdotes, monjas y monjes, la destrucción de iglesias y el desmantelamiento de todas las instituciones cristianas.

▼ Vista de la fachada del Panteón, París, Francia, construido entre 1757 y 1790.
Wanida Matmool/123RF.com

La revolución se extiende

La inestabilidad dentro de Francia afectó a la iglesia en general. En represalia por la condena del Juramento de Obediencia de Pío VI, los revolucionarios se anexionaron los territorios papales de Aviñón y Venaissin en 1791. Las tropas francesas, dirigidas por Napoleón Bonaparte (1769–1821), ocuparon los Estados Pontificios hasta 1797. Ese mismo año, una revolución patrocinada por Francia en Roma condujo a la captura del papa Pío VI, marcando el punto más bajo del prestigio del papado.

 RELIGIÓN REVOLUCIONARIA

En lugar del cristianismo, los revolucionarios franceses instituyeron pompas y ceremonias laicas. En París, la iglesia de Santa Genoveva fue reconstruida como el Panteón en honor de los héroes humanistas, se instaló en la catedral de Notre Dame una cantante de ópera que representaba a la Diosa de la Razón y se elaboró una liturgia racionalista para alabar la Revolución.

Restauración napoleónica

Pío murió en el exilio en 1799, el mismo año en que Napoleón dio un golpe de Estado. Reconoció que el desmantelamiento del cristianismo había distanciado a Francia de gran parte de Europa y había provocado la desilusión de la población, especialmente de los pobres y débiles, que eran los que más se beneficiaban de las instituciones eclesiásticas. En consecuencia, en 1801 Napoleón buscó la paz llegando a un acuerdo con el nuevo papa Pío VII (1742–1823). El Concordato de 1801 restauró la Iglesia católica en Francia y restableció la función pública del papado, marcando un nuevo rumbo para la cristiandad occidental en el siglo XIX.

19 PROGRESO Y CONSERVACIÓN: 1800-1900

El siglo XIX es una época de agitación radical, derivada en gran medida de los disturbios provocados por la marcha de Napoleón por Europa y culminada en una serie de revoluciones políticas en 1848. Durante esta época, la Iglesia católica tiende hacia el conservadurismo y se aleja del modernismo. Es en este periodo cuando algunos de los artículos más distintivos de la fe católica se establecen como dogma. El mundo protestante se enfrenta al liberalismo de diferentes maneras. Algunas ramas dominantes abrazan el escepticismo crítico, mientras que otros grupos eluden los debates en favor de una religión práctica y activa. La misión y la reforma social prosperan en el siglo XIX, a menudo en torno a la controvertida cuestión de la esclavitud. La esclavitud también aparece en los debates de los cristianos ortodoxos sobre el trato a los siervos y los méritos de la religión nacional campesina. De hecho, todo el mundo ortodoxo se ocupa de la cuestión de las iglesias nacionales autónomas que surgen bajo el dominio otomano y la dominación del patriarcado de Constantinopla.

CATOLICISMO

Napoleón

El Concordato de 1801 entre Napoleón Bonaparte y el papa Pío VII (1742–1823) tuvo como efecto inmediato el restablecimiento de la Iglesia católica como religión de Francia. Sin embargo, con los *Artículos orgánicos* de 1802, los términos pronto se alteraron hasta el punto en que el gobierno mantuvo un firme control sobre el culto público y la educación religiosa. Napoleón hizo que Pío lo coronara emperador de los franceses en 1804. En 1808, las tropas de Napoleón ocupaban Roma y los Estados Pontificios; habían abolido la Inquisición tras asumir el control de

España e Italia. En 1813, Napoleón entabló intensas negociaciones con Pío, y acabó obligando al papa a firmar otro concordato por el que se concedía al emperador el control sobre los obispos de Francia e Italia. La iglesia se resistió al clero enviado por Napoleón, especialmente los belgas, que se mostraron intransigentes. En 1814, debilitado por la derrota en Rusia y desafiado en muchos frentes militares por toda Europa, el emperador se vio obligado a liberar al papa, restaurar los territorios papales y repudiar el concordato. Una coalición de fuerzas británicas, francesas, prusianas, rusas y de otros países derrotó a Napoleón en la batalla de Waterloo y lo obligó a abdicar en 1815. Napoleón dejó tras de sí una Europa conmocionada y fragmentada, un nuevo legado de relaciones inestables entre la Iglesia y el Estado, y una cultura de idealismo revolucionario.

▲ Napoleón Bonaparte, emperador de los franceses. Su avance militar por Europa desestabilizó a la Iglesia y al Estado y preparó el terreno para futuras revoluciones.
Wikimedia Commons

© *Historia esencial del cristianismo CLIE*

📖 KULTURKAMPF

Bajo el mandato de Otto von Bismarck (1815–1898), Alemania vivió en la década de 1870 un movimiento anticatólico conocido como Kulturkampf o «lucha cultural». Bismarck suprimió muchos ámbitos de la vida pública católica y encarceló a destacados obispos. En 1887, se firmó un acuerdo de paz con el papa León XIII (1810–1903).

▼ El príncipe Otto von Bismarck presidió una Alemania unificada como «Canciller de hierro». *Wikimedia Commons*

España revolucionaria

La ocupación francesa de España en 1808 había traído al país ideas revolucionarias de anticlericalismo y liberalismo político, sembrando las semillas de los movimientos socialistas, anarquistas, republicanos y nacionalistas regionales que definirían el panorama cultural durante el siglo siguiente y más allá. En estos conflictos ideológicos y militares, la Iglesia ca-

tólica en España estuvo firmemente asociada con el conservadurismo y el apoyo a la realeza.

El anticlericalismo y sus descontentos

Como consecuencia, la iglesia sufrió a menudo bajo gobiernos liberales revolucionarios, como el del primer ministro Juan Álvarez Mendizábal (1790–1853), que confiscó tierras eclesiásticas en 1835 y 1836. Este programa de desamortizaciones fue acompañado de un feroz sentimiento anticlerical en el que se asesinó a monjes y sacerdotes, se disolvieron conventos y se destruyeron iglesias. Como reacción a estas opiniones populistas negativas de la iglesia, en esta época floreció una oleada de pensadores «neocatólicos», con escritores políticos como Juan Donoso Cortés (1809–1853) y el filósofo Jaime Luciano Balmes (1810–1848), que escribieron encendidas defensas del catolicismo conservador frente a los desafíos liberales, laicos y protestantes. Con la restauración de la monarquía en 1874 y la Constitución española de 1876, el catolicismo volvió a ser reconocido como la religión de España.

Italia revolucionaria

La inestabilidad social también continuó en Italia, y poco después de la elección del papa Gregorio XVI (1765–1846) en 1831 estalló una revolución en los Estados Pontificios italianos. Gregorio se vio obligado en dos ocasiones a pedir ayuda a Austria para sofocar la rebelión, una acción que atrajo la atención exterior sobre la administración interna de los Estados Pontificios.

Trono y altar

Gregorio fue uno de los primeros defensores de la doctrina que se convertiría en la infalibilidad papal, y estaba a favor de una iglesia fuerte que pudiera establecer una «alianza entre el Trono y el Altar», manteniendo al mismo tiempo su propia autoridad. En 1839, la bula *In Supremo* del papa Gregorio denunció la esclavitud y el comercio de seres humanos como contrarias a las enseñanzas del cristianismo. También apoyó la ordenación de clérigos nativos en Sudamérica y Asia, y fomentó una amplia labor misionera.

NORTEAMÉRICA CATÓLICA

Los católicos de Estados Unidos comenzaron el siglo como una minoría perseguida, pero pronto adquirieron importancia, en gran medida como resultado de la inmigración masiva y la expansión militante estadounidense.

c. 1800 John Carroll (1735–1815) de Baltimore es el primer y único obispo católico de Estados Unidos. Se calcula que la población católica ronda los 50 000 habitantes.

1809 La educadora, reformadora social y defensora de la paz Elizabeth Ann Bayley Seton (1774–1821) funda las Hermanas de la Caridad, la primera orden católica femenina estadounidense.

1845–1850 La Gran Plaga devasta las cosechas de papas en Irlanda. La afluencia de inmigrantes católicos a Estados Unidos provoca una oleada de disturbios «nativistas» anticatólicos.

1846–1848 La guerra de Estados Unidos con México se ve alimentada por las ideas del «destino manifiesto», la creencia popular y mayoritariamente protestante de que Estados Unidos estaba divinamente ordenado a controlar toda Norteamérica. La guerra inflama los sentimientos anticatólicos; sin embargo, a medida que EE. UU. expande sus territorios, también absorbe una gran población católica mexicana.

c. 1860 El catolicismo romano es la mayor confesión cristiana, con unos 3,5 millones de miembros.

1899 El papa León XIII condena el «americanismo», movimiento liberal e individualista propagado por algunos católicos estadounidenses.

 SUDAMÉRICA CATÓLICA

En el siglo XIX, los países bajo dominio colonial español y portugués empezaron a afirmar su independencia, renegociando al mismo tiempo su relación con Roma.

1810–1824 Época de lucha por la independencia de los países hispanoamericanos. La Iglesia católica se pone del lado de España durante estos conflictos.

1822 Brasil se independiza de Portugal.

1830 Muerte de Simón Bolívar, héroe nacional hispanoamericano que luchó contra España por la liberación de Bolivia, Colombia, Ecuador, Panamá, Perú y Venezuela.

1859–1875 Ecuador independiente gobernado por el conservador y católico Gabriel García Moreno (1821–1875). Poco después de ser elegido para un tercer mandato, fue asesinado frente a la catedral de Quito.

1889 Brasil se declara república. Se disuelve la Iglesia católica.

 COREA

A finales del siglo XVIII, había varios miles de católicos coreanos nativos, lo que propició el establecimiento en 1831 de un vicariato apostólico (un obispo que supervisa una región que aún no es una diócesis de pleno derecho) y la llegada de Pierre Maubant (1803–1839), de la Sociedad Misionera de París, en 1835. Los cristianos coreanos sufrieron persecuciones esporádicas a lo largo del siglo XIX. La ola de violencia más feroz

(1863–1876) fue instigada por el príncipe regente Taewongun y causó la muerte de más de 2000 personas.

▼ Católicos surcoreanos asisten a una misa por el papa Juan Pablo II en la catedral de Myeongdong en 2005, en Seúl, Corea del Sur. *Str/EPA/Shutterstock*

El error de lo nuevo

Para fortalecer a la iglesia, Gregorio publicó numerosas encíclicas en las que intentaba frenar muchas de las nuevas ideas que animaban la cultura europea, ideas que, según él, se basaban en errores religiosos. Se atacó la revolución y el impulso secular de separar Iglesia y Estado. También se opuso resistencia a los movimientos dentro de la iglesia, sobre todo con el *Singular nos* de 1834, un documento que atacaba el liberalismo de la teóloga política francesa Félicité Robert de Lammenais (1782–1854).

Catolicismo liberal

Entre los primeros católicos liberales se encontraban escritores como Georg Hermes (1775–1831) y H. D. Lacordaire (1801–1860). Esta escuela de pensamiento se inspiró en gran medida en racionalistas como Kant y en las teorías de Rousseau, haciendo hincapié en el progreso de la historia y abrazando ideales políticos de libertad e igualdad humanista. El liberalismo también se identificaba a menudo con la negación del cristianismo ortodoxo, la reformulación de las doctrinas tradicionales a la luz de las ideas modernas y una lectura crítica y escéptica de la Biblia.

 JAPÓN

Desde 1640, se había prohibido la entrada de extranjeros en Japón y se había suprimido el cristianismo. En 1859, los tratados con los franceses permitieron el regreso de los misioneros cristianos. En 1865, se descubrieron miles de católicos japoneses que vivían en pequeñas comunidades que habían persistido durante dos siglos de persecución y sin contacto con la iglesia en general. En 1866, se creó un vicariato apostólico. La persecución de estos cristianos japoneses remitió en 1873, y en 1890 se concedió la tolerancia. Al año siguiente, se estableció una jerarquía católica, aunque la iglesia siguió enfrentándose a los crecientes movimientos nacionalistas y autónomos japoneses.

 PADRES BLANCOS

La Sociedad de Misioneros de África fue fundada en 1868 por Charles-Martial Lavigerie (1825–1892). Conocidos por sus características túnicas blancas, los padres trabajaron por toda África como misioneros, educadores agrícolas y activistas contra la esclavitud. Muchos sacerdotes fueron martirizados en Uganda durante las persecuciones anticristianas de 1885–1887.

 VIEJOS CATÓLICOS

En 1870, algunos católicos alemanes, suizos y austriacos que se negaban a aceptar la doctrina de la infalibilidad se separaron de Roma, estableciendo así el movimiento de los «viejos católicos».

La oposición de la iglesia

La resistencia oficial de la iglesia al modernismo formaba parte de una tendencia más amplia dentro del catolicismo de la época. Las innovaciones intelectuales y la agitación política del siglo XIX sirvieron de catalizador para doctrinas católicas clave. Negativamente, por ejemplo, la iglesia se definió en contra del socialismo y el comunismo (1849), el liberalismo, el gobierno secular, la tolerancia religiosa y la libertad de prensa sin restricciones (1864) y los intentos de una reunión anglicano-católica (1866).

Nuevas prácticas para la fe

De manera positiva, el catolicismo adoptó artículos de fe más elevados. En 1854, el papa Pío IX publicó *Ineffabilis Deus,* declarando que la creencia generalizada en la Inmaculada Concepción de la Virgen María era dogma oficial de la iglesia. Pío también extendió la devoción al Sagrado Corazón a la iglesia universal en 1856. En 1858, la campesina Bernadette Soubirous (1844–1879) tuvo visiones de la Santísima Virgen en Lourdes, y la posterior peregrinación recibió el reconocimiento oficial en 1862.

Ultramontanismo

En Inglaterra, Francia y Alemania, la desilusión por las sangrientas revoluciones, el descrédito del clero y los gobiernos anticatólicos contribuyeron en gran medida a un movimiento conocido como ultramontanismo. Los ultramontanistas eran partidarios de un papa fuerte y de la centralización del poder en Roma, en lugar de entre las diversas iglesias regionales. El movimiento alcanzó su apogeo con el papa Pío IX y el Concilio Vaticano I, en el que se declaró la infalibilidad papal en 1870.

 MODERNISMO

Los modernistas, un movimiento variado dentro del catolicismo liberal del siglo XIX, querían alinear la enseñanza tradicional de la iglesia con los conocimientos actuales de la ciencia, la filosofía y la sociología. Entre sus principales líderes se encontraban los franceses Alfred Loisy (1857–1940) y Maurice Blondel (1861–1949), y el inglés George Tyrrell (1861–1909). El movimiento fue condenado como «síntesis de todas las herejías» por el papa Pío X en 1907.

 LÍBANO

Los cristianos maronitas de rito oriental del Líbano estaban asociados a la Iglesia católica romana y mantenían estrechos vínculos con Francia. Cuando las tensiones étnicas entre cristianos y drusos (una rama monoteísta del islam) desembocaron en un violento conflicto en 1860, cientos de iglesias y pueblos fueron destruidos y decenas de miles de maronitas murieron, así como muchos drusos y musulmanes.

 PÍO IX (1792–1878)

El longevo papa Pío IX llegó al poder en 1846 con fama de liberal simpatizante. Las revoluciones de 1848 en Roma lo obligaron a huir a Gaeta, tras lo cual su oposición a la política liberal se endureció considerablemente. Pío se convirtió en una fuerza conservadora, centralizando la autoridad papal y estableciendo muchas prácticas devocionales tradicionales en la iglesia. Su definición de la infalibilidad papal en 1870 suscitó una gran controversia.

Infalibilidad papal

La cuestión del significado y todas las implicaciones de la primacía papal se venía debatiendo desde el Concilio de Constanza de

1415. En el Concilio Vaticano I, hubo una resistencia significativa a la idea, tanto dentro de la propia Iglesia católica como por parte de los teólogos protestantes y ortodoxos. Finalmente, el concilio afirmó que las decisiones del papa eran infalibles e independientes del consentimiento de la iglesia; sin embargo, también dejó claro que la infalibilidad papal estaba restringida a aquellos momentos en los que el pontífice actuaba en virtud de su autoridad apostólica para pronunciarse sobre asuntos de doctrina eclesiástica universal. Al día siguiente de este anuncio de autoridad espiritual, los nacionalistas italianos liderados por Víctor Manuel (1820–1878) tomaron Roma, privando a Pío de todo poder temporal.

PROTESTANTISMO

El mundo protestante experimentaba revoluciones similares a las del mundo católico. Las convulsiones políticas del espíritu revolucionario que recorría el mundo constituyen un importante telón de fondo para el desarrollo del cristianismo protestante. También son relevantes los movimientos ideológicos e intelectuales del siglo XIX.

Alta crítica

Eruditos protestantes como Hermann Reimarus (1694–1768), Gotthold Lessing (1729–1781) y Johann Eichhorn (1752–1827) habían sentado las bases de la teología escéptica y liberal que se impondría en la mayoría de las academias teológicas del siglo XIX. A partir de entonces, la investigación de «alta crítica» empezó a analizar en serio los méritos literarios y la construcción de las Escrituras. Estos críticos desestimaron muchas de las afirmaciones históricas del Antiguo y el Nuevo Testamento, y cuestionaron las autorías y los modos de producción designados que los biblistas habían asumido durante mucho tiempo.

La Escuela de Tubinga

Estrechamente relacionado con esta evaluación de la forma, la fecha, la autoría y la finali-

dad de los textos bíblicos estaba el estudio de los grupos que los produjeron. Dirigida por el teólogo liberal F. C. Baur (1762–1860), la escuela de la Universidad de Tubinga adoptó un enfoque no sobrenatural de la historia y el desarrollo de las ideas religiosas. De acuerdo con su teoría del desarrollo histórico —muy afín al pensamiento de G. W. F. Hegel (1770–1831)–, la mayoría de los textos del Nuevo Testamento se consideraban documentos tardíos e inauténticos del cristianismo primitivo.

 EL MOVIMIENTO DE OXFORD

Una respuesta significativa contra el liberalismo en la Iglesia de Inglaterra fue la creación del anglocatolicismo. Este movimiento, dirigido por los clérigos de Oxford John Keble (1792–1866), Edward Pusey (1800–1882) y John Henry Newman (1801–1890), publicó su primer tratado en 1833. El grupo se resistía a la teología de la Reforma y fomentaba unas relaciones más estrechas con Roma. El propio Newman se convirtió al catolicismo en 1845 y fue nombrado cardenal en 1877. La beatificación del cardenal Newman fue aprobada por el papa Benedicto XVI en 2009.

▼ Luz del mundo, cuadro del Keble College de Oxford.
Glenn Turner

La vida de Jesús

Uno de los alumnos de Baur fue David Friedrich Strauss (1808–1874). Su obra *Leben Jesu* («La vida de Jesús») apareció en 1835 en medio de una gran polémica. Al aplicar la teoría del desarrollo mítico a los Evangelios, Strauss negaba la veracidad histórica de cualquiera de los aspectos sobrenaturales de la vida de Jesucristo. Su conclusión, según la cual la esencia del cristianismo debía verse a la luz de una filosofía hegeliana del desarrollo humano y que existía un abismo insalvable entre el «Jesús histórico» y el «Cristo de la fe», ejerció una enorme influencia en el pensamiento y la práctica cristianos liberales protestantes posteriores.

Iglesia reformada holandesa

Aunque se había liberado del yugo de Napoleón en 1815, el rey holandés Guillermo I continuó la tradición napoleónica de ejercer poderes considerables sobre la iglesia en los Países Bajos. Bajo su influencia, el liberalismo prosperó y la iglesia adoptó un enfoque amplio en cuestiones de dogma. En 1834, un movimiento conservador inspirado en parte por la religión del corazón de Willem Bilderdijk (1756–1831) e Isaak Da Costa (1798–1660) se separó, formando la «Iglesia cristiana reformada», de línea calvinista. La oposición a la escuela modernista condujo a otra gran secesión en 1886; la encabezó Abraham Kuyper (1837–1920), teólogo calvinista, «antirrevolucionario» y «demócrata cristiano», que llegaría a ejercer una influencia importante cuando se convirtió en primer ministro en 1901.

SØREN AABYE KIERKEGAARD (1813–1855)

Profundamente opuesto tanto al hegelianismo de Martensen como al nacionalismo de Grundtvig, el escritor danés Kierkegaard trató de «reintroducir el cristianismo en la cristiandad» a través de sus obras filosóficas, teológicas y polémicas. Relativamente ignorado en

vida, Kierkegaard sería celebrado más tarde como uno de los pensadores más profundos del siglo XIX, influyendo en la teología dialéctica, la psicología y el existencialismo moderno.

▼ Søren Kierkegaard. *Dominio público*

Iglesia del Pueblo Danés

En esta época, la Iglesia luterana establecida en Dinamarca estaba bajo la influencia de elitistas culturales como el obispo Jakob Pier Mynster (1775–1854) y hegelianos relativamente liberales como Hans Larsen Martensen (1808–1884). Como reacción a estas tendencias, se produjo un movimiento de avivamiento en la iglesia, liderado por el poeta y predicador N. F. S. Grundtvig (1783–1872). Grundtvig, teólogo nacionalista, pretendía despertar el «espíritu danés» del pueblo conectando su presente cristiano con su pasado pagano y nórdico. Tras la revolución incruenta de 1848, la Iglesia del Estado se transformó en la Iglesia Popular Danesa, más populista, y se crearon varios *Folke höjskoler* («institutos populares»).

Acción evangélica

El escepticismo en las universidades y seminarios no tendió a socavar las convicciones que impulsaban el cristianismo evangélico de habla inglesa, que alcanzó sus puntos más altos de acción social y misión en el siglo XIX.

📍 **SUDÁFRICA**

La Iglesia Presbiteriana de Escocia fue especialmente eficaz en Sudáfrica. Entre los primeros líderes cristianos africanos convertidos por los escoceses figuran el himnista Ntsikana (¿?–1821), el profesor Tengo Jabavu (¿?–1921) y Tiyo Soga (¿?–1871), que tradujo la Biblia y *El progreso del peregrino* al xhosa. Nehemiah Xoxo Tile (¿?–1891), ministro wesleyano, fundó la primera iglesia tribal independiente de Tembulandia en 1884.

▼ Catedral de Pella, Provincia Septentrional del Cabo, Sudáfrica.
Turismo de Sudáfrica/Wikimedia Commons, CC BY 2.0

África

La presencia cristiana en África se remonta al siglo XVI, sobre todo en torno a las colonias católicas portuguesas de Angola y Mozambique. Sin embargo, no fue hasta las misiones protestantes masivas y la «Lucha por África» colonial del siglo XIX cuando el cristianismo arraigó firmemente en todo el continente.

Misiones británicas

Pioneros británicos como Robert Moffat (1795–1883) trabajaron entre los hotentotes, los bechuana y los sechwana del sur, proporcionándoles materiales y servicios de traducción que sentaron las bases de futuras iniciativas misioneras. En 1840, Moffat convenció al presbiteriano escocés David Livingstone (1813–1873) para que viajara a Sudáfrica. Livingstone tuvo más éxito como explorador que como misionero; sin embargo, los informes de sus descubrimientos despertaron mucho interés en Inglaterra, inspirando muchos más proyectos misioneros.

Misión y colonialismo

Aunque la misión cristiana y los intereses coloniales coincidían a menudo, varios misioneros se pronunciaron en contra de la explotación y el abuso de los nativos africanos. Livingstone se opuso a la esclavitud, al igual que el anglicano J. W. Colenso (1814–1883) y el evangélico escocés John Philip (1771–1851), que trabajaban entre los xhosa de Sudáfrica. Con la Gran Trek de 1837, los colonos afrikáans holandeses se alejaron del dominio británico en la Colonia del Cabo y se adentraron en los territorios más amplios de Sudáfrica. Trajeron consigo diversas versiones de la Iglesia reformada holandesa, la mayoría de las cuales condenaron el nacionalismo afrikáans, la esclavitud y el apartheid en los años venideros.

Nigeria

En la segunda mitad del siglo, otros cristianos africanos empezaron a organizarse independientemente de las misiones europeas originales, ayudados en gran parte por la política de «clero nativo» del vicario Henry Venn (1796–1873) de la Secta de Clapham. Los misioneros británicos fueron invitados por primera vez a Nigeria en la década de 1840 a petición de antiguos esclavos yoruba que se habían convertido al cristianismo mientras vivían en Sierra Leona. El más eficaz de estos misioneros fue Samuel Ajayi Crowther (c. 1806–1891), él mismo yoruba, quien dirigió una misión africana en el Níger desde 1857 y fue el primer africano ordenado obispo anglicano en 1864. La autoridad de Crowther fue socavada por los misioneros blancos en 1889, lo que llevó a la creación del Pastorado del Delta del Níger en 1891 y de la Iglesia Nativa Africana Unida en 1892.

📍 PROTESTANTISMO EN EL MUNDO

1801 Creación de la Sociedad Misionera Eclesiástica (CMS, en inglés).

1815 El jefe Pomare II de Tahití (¿?–1824) se convierte al cristianismo.

1822 Misioneros wesleyanos activos entre los maoríes de Nueva Zelanda.

1825 Abdul Masih (1776–1827) se convierte en uno de los primeros clérigos anglicanos nativos ordenados en la India.

c. 1830 Misioneros nativos de Tahití introducen el cristianismo en Fiyi. Los tonganos introducen el cristianismo en Samoa.

1865 J. Hudson Taylor (1832–1905) funda la Misión al Interior de China.

1876 Llegan a Corea los primeros misioneros protestantes.

Secta de Clapham

En Inglaterra, un grupo informal de evangélicos anglicanos bien relacionados, como Charles Grant (1746–1823), Henry Thornton (1760–1815) y Granville Sharp (1735–1813), llevaba reuniéndose desde finales del siglo anterior. Conocido como la Secta de Clapham, el grupo se encargó de promover las misiones extranjeras, mejorar las condiciones de trabajo de los pobres y fomentar la alfabetización a través de las escuelas dominicales. Sin embargo, el problema más acuciante de la época era, con diferencia, el de la esclavitud.

Abolición de la esclavitud

El miembro más destacado de la secta de Clapham fue el parlamentario William Wilberforce (1759–1833). En gran parte como resultado de la actividad política de Wilberforce y reforzado por una campaña popular que apelaba a la moral cristiana, el comercio de esclavos se declaró ilegal en Inglaterra en 1807. Poco antes de su muerte, en 1833, la Ley de Emancipación abolió la esclavitud en todo el Imperio británico.

Una alianza evangélica

La esclavitud era un componente crucial de otras economías nacionales, y su abolición seguía siendo un problema para muchos. Cuando en 1846 se fundó en Inglaterra la Alianza Evangélica interconfesional, en gran medida como respuesta al liberalismo y al anglocatolicismo, fue bien acogida en toda Europa. Sin

▼ William Wilberforce hizo campaña por el fin de la esclavitud. *Dominio público*

© *Historia esencial del cristianismo CLIE*

embargo, los conflictos sobre la esclavitud en su primera reunión hicieron que no se abriera una rama de la Alianza en Estados Unidos hasta 1867.

HANNAH MORE (1745–1833)

Hannah More, célebre dramaturga inglesa, se unió a la secta de Clapham animada por el himnólogo John Newton. Fundó varias escuelas rurales y utilizó su talento de escritora para producir tratados de edificación moral y religiosa para los pobres.

EJÉRCITO DE SALVACIÓN

El metodista William Booth (1829–1912) fundó en 1865 la «Misión Cristiana» en el East End de Londres, que pasó a llamarse «Ejército de Salvación» en 1878. Booth hizo campaña incansablemente en favor de los pobres y marginados de los entornos urbanos, y estableció misiones en todo el mundo.

EVOLUCIÓN

Charles Darwin (1809–1882) publicó *El origen de las especies* en 1859. Su teoría del desarrollo orgánico por selección natural llegó al mismo tiempo que se popularizaban las lecturas críticas de la Biblia, lo que dividió a la opinión cristiana. La mayoría de los eclesiásticos fueron capaces de incorporar la evolución a la doctrina cristiana de la creación, mientras que los grupos conservadores (especialmente en Estados Unidos) desarrollarían más tarde diversas respuestas conocidas colectivamente como «creacionismo».

ANTOINETTE LOUISA BROWN (1825–1921)

Antoinette Louisa Brown fue la primera mujer ordenada pastora en una iglesia congregacionalista en 1853. Olympia Brown (1835–1926) fue la primera mujer en graduarse en una facultad de teología, convirtiéndose en ministra unitaria en 1863. A partir de 1880, los seminarios teológicos estadounidenses empezaron a admitir a mujeres en ministerios no ordenados. Otras nueve mujeres congregacionalistas fueron ordenadas en 1893.

◀ Antoinette Brown fue la primera mujer ministra ordenada en 1853. *Dominio público*

Despertar estadounidense

Desde 1800, las «reuniones de campamento» al aire libre y otros actos de avivamiento habían contribuido a un Segundo Gran Despertar, en gran parte presbiteriano y dirigido por estudiantes en los estados del norte y el este. Efectos similares tuvieron los predicadores bautistas y metodistas en el oeste y el sur, que se convirtieron en las mayores confesiones protestantes de Estados Unidos. Estas energías cristianas reavivadas se canalizaron a menudo hacia la creación de nuevas agencias sociales y organizaciones voluntarias. En la década de 1830 ya funcionaban numerosas sociedades cristianas que difundían literatura religiosa, dirigían colegios y escuelas dominicales y promovían reformas sociales.

CRISTIANISMO AFROAMERICANO

Los despertares evangélicos y los movimientos abolicionistas condujeron a la creación de varias congregaciones y organizaciones afroamericanas independientes.

1816 Fundación de la Iglesia Metodista Episcopal Africana Bethel en Filadelfia con Richard Allen (1760–1831) como obispo.

1821 Iglesia Metodista Episcopal Africana de Sion fundada en Nueva York por James Varick (1750–1827).

1865–1877 Durante el periodo de Reconstrucción que siguió a la Guerra Civil, varios misioneros del norte viajaron al sur para fundar iglesias para los antiguos esclavos.

c. 1877 El obispo Henry McNeal Turner (1834–1915) y Alexander Crummell (1819–1898) animan a los cristianos negros a regresar a África como misioneros e inmigrantes.

1895 Formación de la Convención Bautista Nacional.

 NUEVOS MOVIMIENTOS RELIGIOSOS

El énfasis protestante en la interpretación personal y la religión del corazón provocó una explosión de nuevas sectas, especialmente en Estados Unidos. Muchos de estos nuevos movimientos se separaron significativamente del cristianismo confesional.

1814 Muerte de Joanna Southcott, autodenominada profeta apocalíptica inglesa que atrajo a numerosos seguidores.

1827 Joseph Smith (1805–1844) recibe la revelación de *El Libro del Mormón*, que da lugar a la formación de la polígama Iglesia de Jesucristo de los Santos de los Últimos Días, con sede en Salt Lake City, Utah, desde 1847.

1831 Primera reunión de los bíblicamente literalistas y sectarios Hermanos de Plymouth en Inglaterra. El destacado predicador de los Hermanos J. N. Darby (1800–1882) ve el éxito en Estados Unidos con su teoría del dispensacionalismo, un esquema apocalíptico de la historia bíblica que promueve, entre otras cosas, una teología del «rapto», que enseña que todos los verdaderos cristianos serán llevados al cielo en la segunda venida de Cristo.

1844 El movimiento apocalíptico de los Adventistas del Séptimo Día persiste en Nueva Inglaterra y Míchigan, a pesar de su fallida predicción de que el mundo se acabaría el 22 de octubre.

1875 Mary Baker Eddy (1821–1910), de Boston, publica *Ciencia y salud,* el documento fundacional del movimiento de la Ciencia Cristiana, que niega la realidad última del pecado, la enfermedad y el mal.

1881 Charles Taze Russell (1852–1916) funda los Testigos de Jehová en Pittsburgh, Pensilvania, afirmando que la segunda venida de Jesús («el hombre perfecto») ya se había producido seis años antes.

Norte y sur de Estados Unidos

En 1830, la economía agrícola del sur dependía profundamente de la esclavitud, al mismo tiempo que el movimiento abolicionista liderado por personas como William Lloyd Garrison (1805–1879) y Theodore Weld (1803–1895) cobraba impulso en el norte. Los cristianos no se ponían de acuerdo sobre la respuesta correcta a la esclavitud, y la mayoría de las diversas confesiones protestantes se dividían según las regiones. Los presbiterianos se separaron en 1837. Los metodistas se separaron en 1845, al igual que los bautistas ese mismo año, con la creación de la Convención Bautista del Sur, favorable a la esclavitud. La victoria del norte en la Guerra Civil (1861–1865) trajo consigo la abolición, pero la segregación racial continuó en el sur, lo que provocó profundas diferencias ideológicas y culturales entre los cristianos estadounidenses.

ORTODOXIA

En el siglo XIX, los diferentes grupos religiosos que vivían en el Imperio otomano se organizaron en millet (de *millah*, «nación» en árabe). Los millet eran grupos confesionales legalmente protegidos que gozaban de cierto grado de autonomía. En este sistema, el patriarca de la Iglesia ortodoxa griega era la máxima autoridad, o etnarca, y ejercía gran influencia sobre todos los cristianos ortodoxos del imperio, incluidos búlgaros, albaneses, rumanos y serbios. Los cristianos armenios formaban un millet aparte, que incluía también a las iglesias ortodoxas copta y siríaca.

📍 LA REVOLUCIÓN INDUSTRIAL

La invención de la maquinaria agrícola mecanizada en Gran Bretaña en el siglo XVIII condujo a una explosión de la producción mecánica y fabril en los sectores de la agricultura, la manufactura, el textil, las comunicaciones y el transporte en todo el mundo, que continuó hasta el siglo XIX y más allá. La Revolución industrial afectó a todos los aspectos de la vida cotidiana, ya fueran ricos, pobres, terratenientes, arrendatarios, consumidores o productores. La gente emigró del campo y la población de las ciudades creció. La revolución fue testigo del aumento de una riqueza sin precedentes junto a una pobreza absoluta. Para el cristianismo, el efecto fue tan variado como profundo. El periodo fue testigo del auge del avivamiento evangélico, la consolidación del grupo de poder conservador y el auge del evangelio social liberal. Muchas confesiones e iglesias se beneficiaron materialmente, apoyando a los propietarios de fábricas y a los terratenientes en la creación de riqueza y el aumento del nivel de vida. Los grupos protestantes, como los metodistas, los cuáqueros y el Ejército de Salvación, dirigen sus esfuerzos principalmente a los trabajadores y promueven la reforma laboral, las misiones y el movimiento por la templanza. Los grupos católicos romanos, como la Sociedad de San Vicente de Paúl, dirigieron sus esfuerzos hacia los pobres. El papa León XIII publicó la bula *Sobre el capital y el trabajo* en 1891, y el papa Pío XI publicó *Sobre la reconstrucción del orden social* en 1931.

Nacionalismos ortodoxos

En el siglo XIX, la efervescencia de la Revolución francesa y el auge de los movimientos nacionalistas en Europa condujeron a la fuerte asociación de los millet con la soberanía nacional de los pueblos dispares que vivían bajo el dominio turco. Además de agitar por la independencia política de los otomanos, las diferentes iglesias nacionales conseguirían en esta época la autonomía de la Iglesia griega.

Para los griegos que vivían bajo el dominio otomano, la identidad nacional helenista, la lengua y la cultura se habían preservado en gran medida a través de la asociación con la Iglesia ortodoxa griega. Estos fuertes sentimientos nacionalistas condujeron al primer levantamiento, liderado por Alexandros Ypsilanti (1792–1828) en 1821.

CHIPRE

La Iglesia ortodoxa chipriota autocéfala había sido un punto central de la identidad nacional chipriota bajo el dominio otomano. Cuando los chipriotas se unieron a la revolución griega de Ypsilanti, muchos obispos fueron ejecutados, entre ellos el «nuevo mártir» el arzobispo Kyprianos (1756–1821).

 ENCÍCLICA DE LOS PATRIARCAS ORIENTALES

En 1848, el papa Pío IX (1792–1878) afirmó la universalidad católica con su *Epístola a los orientales*. En respuesta, Antimo VI de Constantinopla (1790–1878) y los demás patriarcas ortodoxos emitieron una respuesta pública. Su *Encíclica* rechazaba enérgicamente la supremacía papal, condenaba las misiones católicas en tierras ortodoxas y reiteraba la objeción a la cláusula *Filioque*.

El último de los nuevos mártires

En 1821, Gregorio V (1746–1821) fue patriarca de la Iglesia griega por tercera vez. Dos veces antes, el sultán había depuesto al etnarca, y Gregorio era conocido por las autoridades turcas como partidario de la causa nacional griega. Para evitar represalias violentas contra la Iglesia de Constantinopla, Gregorio intentó distanciarse de la rebelión de Ypsilanti. Sus intentos fracasaron y Gregorio fue ejecutado públicamente como revolucionario.

Iglesia de Grecia

Tras el martirio de Gregorio, su nombre se convirtió en un grito de guerra para el nuevo movimiento independentista. Finalmente, con la ayuda de ingleses, franceses y rusos, Grecia se convirtió en un Estado libre en 1830. Siguiendo los acontecimientos políticos, en 1833 la Iglesia de Grecia afirmó su independencia de Constantinopla y fue reconocida como plenamente autocéfala en 1850.

Iglesia de Bulgaria

La transición a la autonomía rara vez fue fácil, como demuestran los acontecimientos de Bulgaria. Durante el periodo otomano, la jerarquía eclesiástica búlgara estuvo dominada por eclesiásticos griegos y por la cultura griega hasta 1870. El movimiento nacionalista búlgaro se inspiró en gran parte en activistas anteriores como Neofit Bozveli (c. 1785–1848) y fue dirigido por Ilarion Makariopolski (1812–1875) y el obispo Antim I (1816–1888). En 1870, los turcos reconocieron a la Iglesia búlgara como entidad independiente. En 1872, Ilarion y Antim lideraron la petición de una declaración unilateral de una Iglesia ortodoxa búlgara autocéfala de Constantinopla.

 LEVANTAMIENTO DE ABRIL

Los sentimientos nacionalistas fomentados por la vigorizada Iglesia búlgara estaban estrechamente relacionados con la agitación por la soberanía política. En 1876, un levantamiento nacionalista búlgaro contra los otomanos fue duramente reprimido por los soldados turcos. Las masacres que siguieron atrajeron la atención internacional, volvieron a la opinión estadounidense y británica contra los turcos y actuaron como catalizador de la guerra ruso-turca (1877–1878), uno de cuyos objetivos era la liberación de los cristianos balcánicos y el restablecimiento de la influencia ortodoxa en Bulgaria.

 CATÓLICOS SIRIOS

En 1830, los otomanos reconocieron a la Iglesia siro-católica uniata como un cuerpo distinto de la Iglesia ortodoxa siria, con sede del patriarcado en Beirut. El patriarca Ignacio Efrén II Rahmani (1848–1929) fue una figura influyente que, en 1899, redescubrió y publicó el *Testamentum Domini,* un antiguo texto litúrgico del siglo IV.

SERAFÍN DE SAROV (1759–1833)

Desde 1794, el monje Serafín vivía recluido. Cuando abrió sus puertas en 1825, recibió un aluvión de visitantes, convirtiéndose en un popular consejero espiritual (o *staretz*). Su disciplina, dulzura y alegría son célebres en toda Rusia.

En contra del tribalismo

El patriarcado de Constantinopla se opuso a este movimiento y a los motivos para crear la nueva iglesia. En 1872, el Santo y Gran Sínodo Ortodoxo, que incluía a los patriarcas de Alejandría y Jerusalén y estaba dirigido por el Patriarca Ecuménico Antimo VI, excomulgó a los nacionalistas búlgaros acusándolos de filetismo. Del griego *phyla*, que significa «raza» o «tribu», el filetismo describe la herejía de confundir la iglesia con una única nación y emplear principios étnicos en la organización eclesiástica.

Independencia y autonomía

Los búlgaros no fueron los únicos que se organizaron en torno a líneas nacionalistas. Al identificar el filetismo como una herejía moderna, la Iglesia ortodoxa había puesto nombre a una tentación a la que se enfrentaban muchos de los Estados balcánicos que emergían de la dominación turca. Siguiendo la lógica de la soberanía política nacional, muchas otras iglesias ortodoxas también reivindicaron su autonomía en el siglo XIX. El periodo revolucionario serbio de 1804 a 1833 desembocó en una iglesia ortodoxa serbia autónoma plenamente reconocida en 1879. En 1859, el Estado rumano independiente reivindicó una iglesia nacional

separada de Constantinopla, reivindicación finalmente reconocida por el Patriarca Ecuménico Joaquín IV (1830–1887) en 1885.

Eslavófilos

En la Rusia de la década de 1830, el nacionalismo cristiano se manifestó como un movimiento antioccidental y proeslavo conocido como *eslavofilismo*. Muchos consideraban que la Iglesia ortodoxa era la institución clave para promover los valores y la cultura tradicionales rusos frente a innovaciones «occidentales» como el socialismo, la industrialización y el racionalismo.

FIÓDOR DOSTOYEVSKI (1821–1881)

Novelista, periodista y revolucionario eslavófilo ruso, Dostoyevski también es reconocido como pensador teológico. A través de novelas como *Memorias del subsuelo* (1864) y *Crimen y castigo* (1865), y del personaje del «gran inquisidor» de *Los hermanos Karamazov* (1880), Dostoyevski contribuyó a articular una respuesta cristiana existencial a la religión institucional.

▼ El célebre escritor Fiódor Dostoyevski incluyó mucho material autobiográfico en sus novelas. Sus personajes se debatían entre la violencia y el perdón, la fe y el ateísmo, y la búsqueda de la verdad. Retrato de Vasili Perov, 1872. *Wikimedia Commons*

La comunidad mística

Un importante teólogo eslavófilo fue Aleksei Khomyakov (1804–1860). Filósofo y reformador, Khomyakov luchó por la abolición de la servidumbre, pues creía que el pueblo ruso tenía acceso a verdades negadas a los protestantes y católicos occidentales, materialistas e individualistas. Su concepto teológico de *sobornost*, que se refiere a la comunidad mística del compañerismo cristiano y la fe sencilla, ha tenido un impacto duradero en la teología ortodoxa rusa y griega.

La servidumbre rusa

La servidumbre —el sistema feudal de servidumbre por deudas— constituía una parte importante de la vida rusa. En el siglo XIX, los campesinos constituían la mayoría de la población y había mucho descontento social. Como fuerza conservadora de la sociedad, la Iglesia rusa tendía a mantener el *statu quo*; sin embargo, ocasionalmente, el clero ortodoxo se pronunciaba sobre la cuestión. Algunos sacerdotes hacían hincapié en los deberes que los terratenientes cristianos tenían para con sus trabajadores en régimen de servidumbre. Otros clérigos, como Gregorio, arzobispo de Kaluga (fechas desconocidas), cuestionaron el propio sistema, argumentando en 1858 que el cristianismo y la esclavitud de los siervos eran incompatibles. En última instancia, fue el miedo a la revolución política más que las preocupaciones religiosas lo que condujo a las grandes reformas agrarias del zar Alejandro II (1818–1881) y a la emancipación de los siervos en 1861.

Tolerancia rusa

Otra cuestión perenne era la de la tolerancia de las religiones y tradiciones cristianas distintas de la Ortodoxia. En 1811–1812, el zar Alejandro I (1777–1825) y el ministro de Asuntos Espirituales Alexander Golítsyn (1773–1844) introdujeron algunas medidas de tolerancia, además de crear la Sociedad Bíblica Rusa hacia 1813. Sin embargo, las medidas suscitaron una feroz resistencia. Bajo la influencia del monje ortodoxo Focio, Alejandro aceptó la destitución de Golítsyn en 1824. La Sociedad Bíblica Rusa, que publicaba Biblias y libros de carácter no ortodoxo, fue finalmente reprimida en 1826. En 1863, surgieron nuevas tensiones entre Roma y la Iglesia ortodoxa a causa del trato ruso a los rebeldes católicos polacos.

Procurador Pobedonostsev

Constantino Petróvich Pobedonostsev (1827–1907) se convirtió en procurador del Santo Sínodo en 1880. Bajo su influencia, floreció la educación ortodoxa de sacerdotes y laicos, mientras que se generalizó la persecución de otros creyentes religiosos, especialmente judíos, protestantes y católicos. En 1885, el Santo Sínodo prohibió los matrimonios mixtos entre luteranos y ortodoxos en Estonia y Letonia. Constantino fue probablemente el modelo para el personaje de Alexei Karenin en *Anna Karenina,* de León Tolstói.

 LA DAMA DE LA LÁMPARA

La inglesa Florence Nightingale (1820–1910) alcanzó fama mundial por sus cuidados a los soldados de Crimea y su campaña para establecer la enfermería profesional. Nightingale, una cristiana universalista que creía que toda la humanidad se salvaría y rechazaba la idea del infierno, veía su trabajo directamente como una llamada divina a amar y servir a todas las personas.

◄ Florence Nightingale. *Wikimedia Commons*

▼ El zar Alejandro II ordena la emancipación de los siervos en toda Rusia, 1861. *Historia/Shutterstock*

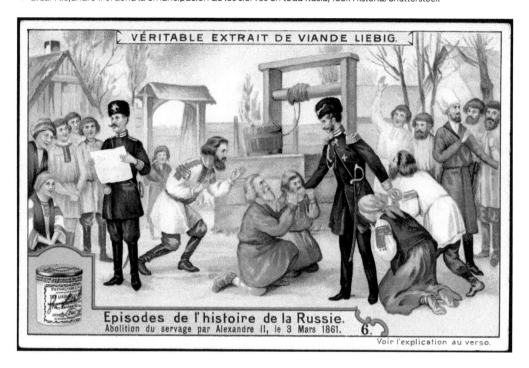

VÉRITABLE EXTRAIT DE VIANDE LIEBIG.

Episodes de l'histoire de la Russie.
Abolition du servage par Alexandre II, le 3 Mars 1861. 6.

Voir l'explication au verso.

Dujobori

Tolstói (1828–1910) se implicó profundamente en la lucha por la tolerancia religiosa, sintiendo una afinidad especial con el movimiento pacifista y agrario de los dujobori cristianos. Cuando los dujobori se vieron obligados a abandonar Rusia en 1895, su emigración masiva a Canadá se financió con los ingresos de su novela *Resurrección*.

 GUERRA DE CRIMEA (1853–1856)

En este gran conflicto participaron Rusia, los otomanos y la mayoría de las potencias europeas, y se produjeron bajas masivas en todos los bandos. Una de las raíces del conflicto radicaba en la pretensión de Rusia desde el siglo anterior de ser la protectora de los cristianos que vivían en el Imperio otomano, una pretensión religiosa con implicaciones políticas. En 1852, en busca de una alianza europea, el sultán concedió a Francia y a la Iglesia católica romana la custodia de los Santos Lugares de Palestina. Las represalias de Rusia contra los otomanos pronto atrajeron a Francia, Inglaterra y, finalmente, Austria al bando de los turcos, un acontecimiento que la Iglesia ortodoxa rusa consideró la traición definitiva dentro de la cristiandad.

20 SACRIFICIO E INVENCIÓN: 1900-2000

Dos mil años después de su creación, el cristianismo sigue gozando de buena salud, expandiéndose por todo el mundo, desarrollando nuevas ideas e incorporando los avances culturales actuales a sus diversas teologías. Sin embargo, la era moderna también da lugar a regímenes explícitamente ateos, totalitarios y sangrientos que plantean los mayores desafíos a los seguidores de Cristo. Hay más mártires en el siglo XX que en ninguna otra época de la historia.

OPRESIÓN Y RESISTENCIA

China

A finales del siglo XIX, la mayor parte de China se había abierto a las misiones cristianas, con una población protestante estimada de entre 40 000 y 75 000 habitantes, y una población católica romana de más de 580 000 personas.

Levantamiento de los bóxers

La difusión del cristianismo se vinculó en el imaginario popular con las agresivas políticas expansionistas occidentales, y en 1900 los sentimientos nacionalistas desembocaron en el levantamiento de los bóxers. Los extranjeros fueron expulsados, los misioneros católicos y protestantes asesinados y cerca de 50 000 cristianos chinos martirizados.

Recuperación china

Las iglesias se recuperaron en el periodo posterior a la revolución republicana liderada por Sun Yat-sen (1866–1925) en 1911. Iglesias e instituciones educativas florecieron bajo el liderazgo de protestantes como Cheng Ching Yi (1881–1939) y Timothy Tinfang Lew (1891–1947). En 1926, se consagraron veintiséis obispos católicos chinos. Se calcula que en 1927 había 3 millones de cristianos, de los cuales cuatro quintas partes eran católicos. La otra quinta parte estaba formada por las principales confesiones protestantes y varias iglesias evangélicas independientes, de ámbito nacional, deseosas de desarrollarse al margen de influencias extranjeras.

La China comunista

El resurgimiento del comunismo chino coincidió con el renacimiento cristiano en China. Agresivamente antirreligiosa, la revolución comunista de 1948 y la posterior declaración

◀ Multitudes marchando con pancartas rojas y carteles de Mao durante la Revolución Cultural de 1967. *Eye Ubiquitous/ Shutterstock*

de la República Popular China por el presidente Mao en 1949 llevaron a las iglesias a la clandestinidad. En 1952, la mayoría de los misioneros protestantes extranjeros habían huido o habían sido expulsados, y en la década siguiente los sacerdotes católicos fueron expulsados por la fuerza. En esta época, la Iglesia china quedó bajo el control del gobierno con la creación de la Iglesia Patriótica de los Tres Autónomos, autorizada oficialmente. Los católicos chinos se vieron obligados a romper relaciones con Roma en 1957. La «Revolución cultural» de Mao de 1966 intentó purgar la cultura china de gran parte de su pasado y de todas sus religiones, provocando la muerte de millones de ciudadanos chinos, entre ellos muchos mártires cristianos. Los acontecimientos de 1966–1967 se consideran el intento más sistemático de erradicar el cristianismo por parte de un Estado. Sin embargo, a través de la iglesia oficial, los movimientos clandestinos y las congregaciones que se reúnen en secreto en los hogares, el cristianismo ha sobrevivido en China e incluso ha prosperado ante el creciente descontento con la ideología marxista. Se calcula que en 2005 había más cristianos (entre 80 y 100 millones) que miembros del Partido Comunista Chino (70 millones).

La República española

La Segunda República española sustituye a la monarquía en 1931 e instaura medidas anticlericales. Se restablece la Iglesia católica, se laiciza la enseñanza y se legalizan el matrimonio civil y el divorcio. En consecuencia, la iglesia se identificó estrechamente con la oposición conservadora a las radicales reformas sociales y económicas de la República, y el papa Pío XI (1857–1939) se puso del lado de los golpistas militares en 1936. Durante la Guerra Civil que siguió entre republicanos y nacionalistas, el clero español se enfrentó a una violencia anticlerical a una escala nunca vista en Europa occidental, con cientos de iglesias destruidas y más de 7000 sacerdotes asesinados. Cuando el general nacionalista Francisco Franco (1892–1975) asumió finalmente el control en 1939, la

iglesia fue restablecida. La estrecha alianza entre la Iglesia católica y el Estado dictatorial de Franco se mantuvo relativamente incontestada durante las tres décadas siguientes.

▼ General Franco, dictador nacionalista de España.
AP/Shutterstock

Bajo el franquismo, las minoritarias iglesias protestantes de España fueron consideradas simpatizantes de los republicanos y sus actividades suprimidas. A la muerte del dictador en 1975, el catolicismo español se había distanciado un poco de su régimen, siguiendo el mensaje de justicia social del papa Juan XXIII (1881–1963) y la influencia modernizadora del Concilio Vaticano II (1962–1965). Desde la Constitución de 1978, España no tiene iglesia estatal, se ha consagrado la libertad de conciencia y se han relajado las restricciones legales al protestantismo.

📍 **GENOCIDIO ARMENIO**

Todavía negada oficialmente por el gobierno turco, la destrucción sistemática de la población armenia que vivía en el Imperio otomano comenzó en 1915 y continuó hasta 1918. Las masacres, la confiscación de bienes y la destrucción de objetos religiosos aniquilaron prácticamente la Iglesia armenia, la cultura cristiana más antigua del mundo.

▼ Los cuerpos de los niños armenios masacrados en Turquía durante la Primera Guerra Mundial. *Wikimedia Commons*

 MÉXICO

La Iglesia católica estaba profundamente implicada en los asuntos políticos y económicos del Estado mexicano. Tras la Revolución de 1910 y la instauración de la Constitución en 1917, los privilegios eclesiásticos se vieron gravemente restringidos. En 1924, el presidente Calles intensificó las duras medidas contra el clero, que se tradujeron en multas y encarcelamientos. La iglesia resistió pacíficamente durante dos años; sin embargo, los levantamientos populares contra el gobierno acabaron desembocando en el periodo de violencia conocido como la Guerra Cristera, en la que los rebeldes lucharon como «soldados de Cristo» a partir de 1926. Tras un considerable derramamiento de sangre de laicos y clérigos, en 1929 se alcanzó una tregua entre la Iglesia y el Estado. El catolicismo sigue presente en la cultura popular mexicana, y en 1992 se restablecieron las relaciones diplomáticas entre México y el Vaticano.

La Rusia comunista

Desde 1721, la Iglesia rusa estaba gobernada por el Santo Sínodo, cuyos doce miembros eran nombrados por el zar. En 1917, el patriarcado fue finalmente restaurado tras la abdicación del zar Nicolás II (1868–1918), y el metropolitano Vasili Belavin Tijon (1866–1925) fue elegido su cabeza. El mismo año en que el patriarca asumió el cargo, la revolución bolchevique llevó a los comunistas al poder y Tijon fue arrestado. En 1918, Vladimir Lenin (1870–1924) prohibió la enseñanza del cristianismo a menores de dieciocho años e ilegalizó la propiedad de las iglesias. Una hambruna en 1921 llevó a los comunis-

▼ Una unidad de soldados soviéticos marcha con sus fusiles en la Plaza Roja de Moscú en 1987 con motivo del septuagésimo aniversario de la Revolución Rusa. *ZUMA Press, Inc. / Alamy Stock Photo*

tas a confiscar las tierras y los iconos de las iglesias. Los clérigos ortodoxos que se resistieron fueron asesinados, encarcelados o enviados al exilio. En 1925, se fundó la «Sociedad de los Sin Dios». Judíos, musulmanes, protestantes, católicos romanos y todos los demás creyentes religiosos que vivían en la Unión de Repúblicas Socialistas Soviéticas (URSS) sufrieron graves persecuciones.

Acomodación ortodoxa

Durante la era soviética, la Ortodoxia sobrevivió en gran medida gracias a una serie de políticas acomodacionistas. A cambio de conceder diversos grados de asentimiento o permitir el control gubernamental, la iglesia pudo persistir de forma truncada, aunque nunca se abolió del todo la persecución. Estas medidas de compromiso fueron controvertidas dentro de la iglesia y dieron lugar a muchas recriminaciones y desconfianzas una vez pasada la era comunista. A principios de la década de 1920, se fundó la «Iglesia Viva» con la bendición soviética. Esta iglesia, que se utilizaba para comunicar el mensaje del gobierno, no gozaba de aceptación general y era considerada cismática por el cuerpo ortodoxo más amplio. Tijon fue excarcelado en 1923 tras aceptar no oponerse al gobierno soviético. En 1927, el metropolitano Sergio I (1867–1944) llegó a un compromiso con el poder, pero el acuerdo no gustó a los demás obispos. A finales de la década de 1940, la Iglesia ortodoxa acogió con satisfacción la incorporación de las iglesias uniatas católicas ucranianas de rito oriental, auspiciadas por el Estado, y apoyó la supresión del protestantismo y el catolicismo. En una conferencia ecuménica celebrada en Moscú en 1948, el clero ortodoxo adoptó la línea del partido, oponiéndose en gran medida al acercamiento a las iglesias occidentales protestantes, católicas y anglicanas. A menudo, el patriarcado moscovita se vio obligado a ocultar el alcance de la persecución que sufría.

▲ Josef Stalin, líder de la Unión Soviética. A pesar de una sangrienta campaña, no consiguió erradicar el cristianismo de Rusia.
Wikimedia Commons

 GEORGI GAPON (1870–1906)

El sacerdote ortodoxo Georgi Gapon hizo campaña por los derechos de los trabajadores y la mejora de las condiciones de los campesinos rusos. En 1905, encabezó una procesión para apelar a Nicolás II, pero los manifestantes fueron detenidos y atacados. Este incidente, conocido como el «Domingo Sangriento», fue el catalizador de la Revolución de 1905. El padre Gapon se enemistó con el Partido Socialista Revolucionario y fue ejecutado por ellos en 1906.

La purga estalinista

La persecución de todos los cristianos alcanzó su punto álgido bajo Josef Stalin (1879–1953) y su Gran Purga de 1934–1937.

Se calcula que el número total de personas asesinadas durante el régimen de Stalin osciló entre 15 y 20 millones. Los cristianos fueron uno de los principales objetivos de la persecución. En 1939, la propaganda antirreligiosa patrocinada por el Estado, el cierre de iglesias, los asesinatos y el exilio masivo habían llevado al cristianismo a la clandestinidad. Sin embargo, la fe no fue erradicada, y cuando se relajaron las restricciones por motivos patrióticos en 1941, tras la invasión alemana, se reabrieron miles de iglesias. Se calcula que entre 1947 y 1957 se bautizaron en la Unión Soviética unos 90 millones de niños, aproximadamente el mismo número que antes de la Revolución de 1917 y más de los que se bautizaron en Gran Bretaña o en cualquier otro país de Europa occidental durante el mismo periodo.

ALBANIA

La persecución de los cristianos fue especialmente intensa bajo la dictadura comunista de Enver Hoxha (1908–1985). El clero ortodoxo fue encarcelado y ejecutado en 1949. Ese año, el arzobispo Kristofor Kisi (1881–1949) fue destituido, torturado y encarcelado. Murió en prisión en 1949. En 1967, Albania fue declarada Estado ateo. Se ilegalizaron todas las expresiones de religión, incluidos los nombres de calles y familias derivados de la tradición cristiana. Cientos de clérigos fueron asesinados, entre ellos el arzobispo Damianos de Tirana en 1973. Tras el colapso del comunismo, la iglesia se restableció oficialmente en 1991. La restauración continúa.

 SOLIDARIDAD

El primer sindicato no comunista se creó en Polonia en 1980 bajo el liderazgo del católico Lech Wałęsa (1943–). El movimiento Solidaridad estuvo profundamente influido por la doctrina social católica y recibió un apoyo crucial del papa Juan Pablo II. En 1984, Jerzy Popieluszko, sacerdote polaco, fue ejecutado por su asociación pública con el movimiento. La elección de los candidatos de Solidaridad en 1989 inauguró revoluciones pacíficas anticomunistas en todo el bloque del Este y condujo al colapso de la Unión Soviética.

El regreso de la libertad religiosa

Entre 1959 y 1964, la persecución se reanudó bajo el mandato de Nikita Jruschov (1894–1971), y los bautistas y otros evangélicos fueron especialmente perseguidos. La supresión de la actividad cristiana continuó hasta el nombramiento de Mijaíl Gorbachov (1931–) como líder soviético

en 1985. En reconocimiento del servicio prestado por el cristianismo a la sociedad, se reabrieron muchos seminarios y monasterios ortodoxos, se construyeron nuevas iglesias protestantes y, en 1989, se restableció en Ucrania la Iglesia de rito oriental unificado. Con el colapso del comunismo, entre 1990 y 1993, se derogaron las leyes que restringían la libertad religiosa. Sin embargo, la libertad sacó a la luz antiguos agravios, como la hostilidad mutua entre grupos católicos y protestantes, por un lado, y entre estos grupos y la Iglesia ortodoxa dominante, por otro. Internamente, también se produjo una competencia entre la jerarquía ortodoxa de Moscú y los grupos ortodoxos residentes en el extranjero que regresaron a Rusia desde el exilio en 1990.

Nazismo

Tras su derrota en la Primera Guerra Mundial, Alemania se había visto obligada a firmar una paz humillante e insostenible con el Tratado de Versalles en 1919. El descontento de la población preparó el camino para el ascenso de Adolf Hitler (1889–1945). El partido nazi de Hitler representaba la posibilidad de volver a hacer fuerte a Alemania y encontró en los judíos un chivo expiatorio para los males del país. La ideología racista del nazismo se construyó sobre una historia de antisemitismo europeo. A este antiguo prejuicio, el nazismo añadió un sentimiento nacionalista neopagano que celebraba (y en gran medida inventaba) las virtudes de la cultura y la religión nórdicas precristianas.

▼ Hitler recibe el saludo de las Columnas en Adolf Hitler Plats, durante el Congreso del Partido del Reich en Nuremberg, Alemania, el 1 de septiembre de 1938. *The Art Archive/Shutterstock*

Cristianos Alemanes

Frente a este pagano «Movimiento de la Fe Alemana» se encontraban los «Cristianos Alemanes». Igualmente nacionalista, este movimiento intentó purgar el cristianismo de la noción del pecado original y de todos los elementos judíos, y vieron en Hitler al último desarrollo histórico de la ley de Dios. Apoyados por teólogos como Emanuel Hirsch (c. 1886–1954) y dirigidos por Ludwig Müller (1883–1945), los Cristianos Alemanes se convirtieron en el grupo dominante de la Iglesia luterana establecida en 1933.

KARL BARTH (1886–1968)

El teólogo y pastor suizo sirvió en Alemania hasta que el régimen nazi lo obligó a marcharse en 1935. Sus primeras lecturas de Kierkegaard y Dostoyevski llevaron a Barth a romper con el liberalismo teológico, inaugurando en su lugar el método de la teología dialéctica, que hace hincapié en la naturaleza concreta de la verdad revelada únicamente por Cristo, la Palabra de Dios. Su *Kirchliche Dogmatik* [Dogmática de la Iglesia], en catorce volúmenes, ha desempeñado un papel fundamental en el pensamiento protestante. También ha influido en teólogos católicos romanos como el papa Pío XII (1876–1958), Hans Urs von Balthasar (1905–1988) y Hans Küng (1928–2021).

DECLARACIÓN DE BARMEN

Compuesta en gran parte por Karl Barth y Dietrich Bonhoeffer en el Sínodo de Barmen en 1934, la declaración establece el fundamento doctrinal de la Iglesia Confesante contra el nazismo: «Rechazamos la falsa doctrina, como si la iglesia pudiera y tuviera que reconocer como fuente de su proclamación, aparte y además de esta única Palabra de Dios, todavía otros acontecimientos y poderes, figuras y verdades, como revelación de Dios».

Iglesia Confesante

La ascensión de los cristianos alemanes reactivó súbitamente la resistencia de teólogos y pastores de la Iglesia luterana. Liderado por Martin Niemöller (1892–1984) en 1934, el movimiento comenzó a crear parroquias y estructuras administrativas alternativas para aquellas iglesias «confesionales» que rechazaban la teología nacionalista de los Cristianos Alemanes. La Iglesia Confesante sirvió de foco de resistencia cristiana, especialmente antes del estallido de la guerra en 1939. Muchos clérigos y laicos confesos fueron reclutados por el ejército o enviados a campos de concentración; el propio Niemöller estuvo en Sachsenhausen y Dachau entre 1937 y 1945.

El Holocausto

El programa nazi para purgar la nación alemana de todos los «indeseables» comenzó en 1941. Condujo directamente al asesinato de unos 6 millones de judíos y de otros 5 o 6 millones de víctimas, incluidos homosexuales, comunistas, discapacitados físicos, negros, eslavos, romaníes y otras poblaciones étnicas. Los grupos cristianos no fueron el objetivo principal del Holocausto; sin embargo, los testigos de Jehová, los disidentes protestantes, los sacerdotes católicos y otros ciudadanos que intentaron proteger a los demás fueron deportados a los campos de concentración.

Con el final de la Segunda Guerra Mundial en 1945, se conoció la magnitud de los horrores del Holocausto (conocido en hebreo como *Shoah*), lo que inició un largo proceso de examen interno en los círculos cristianos que continúa hasta nuestros días. Los «teólogos posholocausto», como Jürgen Moltmann (1926–), que escribió *El Dios crucificado* (1972), empezaron a reconsiderar las nociones cristianas del sufrimiento y la naturaleza de Dios. El reconocimiento de la larga historia de antisemitismo cristiano también ha impulsado a algunos grupos a reparar las relaciones con el judaísmo a través de organismos como el Consejo Internacional de Cristianos y Judíos, fundado en 1947. En 1986, el papa Juan Pablo II (1920–2005) asistió a la oración en una sinagoga romana, la primera visita de un papa a un lugar de culto judío de la que se tiene constancia. En 1997, la Iglesia católica francesa ofreció una «Declaración de arrepentimiento» por su silencio durante la deportación de judíos franceses a los campos de concentración durante la ocupación nazi.

DIETRICH BONHOEFFER (1906–1945)

Como pastor, Bonhoeffer desempeñó un papel clave en la creación de la Iglesia Confesante. Como firme opositor al régimen nazi, participó en un complot para asesinar a Hitler. Por ello fue detenido por la Gestapo en 1943 y ejecutado dos años después. Entre las influyentes publicaciones de Bonhoeffer figuran *El costo del discipulado* (1937) y la póstuma *Cartas y documentos desde la prisión* (1951).

INNOVACIÓN Y TRADICIÓN

El siglo XX fue la época más sangrienta de la historia del cristianismo, pero también fue testigo de un crecimiento espectacular. En esta época, la base poblacional del cristianismo se desplazó definitivamente de Europa y Norteamérica a América Latina, Asia Oriental y África.

Misiones africanas

A partir de 1900, se produjo una rápida expansión del cristianismo por el Congo, Nigeria, Buganda (Uganda), Sudáfrica y otros lugares. Las misiones en el extranjero continuaron a buen ritmo, destacando la labor del obispo anglicano Alfred Tucker (1849–1914), el padre blanco católico arzobispo Léon Livinhac (1846–1922) y el luterano alemán Dr. Albert Schweitzer (1875–1965), galardonado con el Premio Nobel de la Paz en 1952. La mayoría de los misioneros extranjeros de la época eran estadounidenses, y se establecieron misiones evangélicas conservadoras en Nigeria (1904), Chad (1909), Congo (1918), Alto Volta (1921) y Costa de Marfil (1935).

ANTISEMITISMO

Jesús, sus discípulos y todos sus primeros seguidores eran judíos. Sin embargo, un siglo después de su fundación, la iglesia estaba poblada en su mayoría por creyentes gentiles o no judíos. En el siglo IV, muchos cristianos tendían a tratar a los judíos como una raza condenada, supuestamente rechazada por Dios a causa de su rechazo a Jesús. Los judíos del Imperio romano, dominado por los cristianos, y de toda Europa sufrieron expulsiones, recortes de derechos y violencia masiva esporádica, sobre todo en 1096, cuando el Sacro Imperio Romano sufrió una oleada de persecución antisemita a manos de los caballeros de la primera cruzada. Durante siglos, los judíos fueron expulsados de sus países de origen en toda Europa, como Inglaterra en 1290, Alemania en 1350, España en 1492, Portugal en 1496 y los Estados Pontificios en 1569. Tanto la Reforma protestante como la Contrarreforma católica del siglo XVI dieron lugar a sentimientos antijudíos, segregación y leyes opresivas. Los judíos ucranianos y polacos fueron objeto de violentos pogromos bajo los auspicios ortodoxos orientales y católicos en el siglo XVII. En 1882, el Imperio ortodoxo ruso aprobó leyes que restringían a los judíos a ciertas regiones y los expulsaban de sus tierras de cultivo. En 1903, agentes que trabajaban en nombre del Estado ruso falsificaron los *Protocolos de los sabios de Sion,* un documento que pretendía exponer el plan judío para apoderarse del mundo. Se demostró que los *Protocolos* eran fraudulentos; sin embargo, siguen alimentando las teorías conspirativas antisemitas en Rusia y fuera de ella. La violencia europea contra los judíos alcanzó un crescendo bajo Adolf Hitler y los nazis en la década de 1930 hasta 1945, cuando aproximadamente 6 millones de judíos fueron exterminados sistemáticamente. Este tentador genocidio se conoce como la *Shoah* o el Holocausto. El nazismo no es una ideología cristiana; sin embargo, muchos cristianos apoyaron activamente a los nazis, mientras que la mayoría guardó silencio en su aquiescencia. Una minoría de cristianos se opuso a los nazis y apoyó a los judíos, sufriendo a menudo ellos mismos el internamiento y la ejecución. Al término de la Segunda Guerra Mundial, un gran número de judíos europeos y norteamericanos emigró a Palestina tras la creación del Estado de Israel en 1948. En 1965, el papa Juan XXIII publicó la bula *Nostra aetate,* que modificaba los elementos antijudíos de la liturgia católica del Viernes Santo y universalizaba la culpa de la crucifixión de Cristo a todas las personas. La Iglesia Luterana Sinodal de Missouri renunció formalmente en 1983 a la teología antisemita presente en toda la enseñanza luterana tradicional, y la Iglesia Evangélica Luterana de América lo hizo en 1994. En 2000, el papa Juan Pablo II (1920–2005) visitó Israel y depositó esta oración en el Muro de los Lamentos:

> *Nos entristece profundamente*
> *el comportamiento de aquellos*
> *que en el curso de la historia*
> *han hecho sufrir a estos hijos suyos,*
> *y pidiéndoles perdón,*
> *deseamos comprometernos*
> *a una auténtica hermandad*
> *con el pueblo del pacto.*

JANANI JAKALIYA LUWUM (1922–1977)

El dictador ugandés Idi Amin (1925–2003) llegó al poder en 1971. Uno de los opositores más abiertos al brutal régimen de Amin fue el arzobispo anglicano Luwum. En 1977 fue acusado públicamente de traición y detenido. El cadáver acribillado de Luwum fue descubierto antes de que pudiera ser juzgado, y algunos testigos acusaron a Idi Amin de llevar a cabo personalmente la ejecución. La Iglesia anglicana conmemora a Luwum como mártir.

▶ Janani Jakaliya Luwum.
AP/Shutterstock

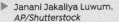

◀ Adoradores africanos alzan sus manos en señal de alabanza. La explosión del cristianismo pentecostal en África representa uno de los movimientos culturales de mayor éxito de la era moderna en todo el mundo. *AP/ Shutterstock*◀

Cristianismo africano

El cristianismo africano del siglo XX se caracteriza por el crecimiento de las iglesias nacionales, el aumento del clero nativo y el auge de los movimientos proféticos africanos. Predicadores y curanderos carismáticos como Garrick Braid (activo en Nigeria desde 1909), Isaiah Shembe (líder de la iglesia zulú en 1911), Sampson Opong (en Ghana desde 1920) y Joseph Babalola (en Sierra Leona en 1928) atrajeron seguidores independientemente de las principales denominaciones extranjeras. William Wade Harris (c. 1860–1929), fundador de la iglesia indígena harrista, fue célebre en toda Costa de Marfil y Ghana por su predicación apocalíptica, su resistencia al colonialismo y su extravagante oposición a los magos y sacerdotes locales. Simon Kimbangu (c. 1889–1951) se enfrentó a la oposición de bautistas, católicos y autoridades coloniales belgas por su ministerio de sanación en Zaire. El kimbanguismo, que incorpora elementos de la espiritualidad africana no cristiana con el cristianismo carismático, está fuertemente asociado a la independencia nacional. La Iglesia de Kimbangu, uno de los mayores movimientos cristianos autóctonos africanos, fue admitida en el Consejo Mundial de Iglesias en 1969.

El evangelio social

En el siglo XX surgieron nuevas formas de pensamiento y práctica cristianos.

En gran medida como reacción contra la naturaleza individualista y quietista de gran parte del cristianismo evangélico norteamericano, en los años anteriores a la Primera Guerra Mundial surgieron diversas teologías protestantes que hacían hincapié en la justicia social. A la labor pionera de «socialistas cristianos» británicos como F. D. Maurice (1805–1872) y Charles Kingsley (1819–1875) se unió la de estadounidenses como Washington Gladden (1836–1918) y Walter Rauschenbusch (1861–1918), cuya *Teología para el evangelio social* de 1917 se convirtió en un modelo para el movimiento. Los practicantes del evangelio social procedían de diversas confesiones; sin embargo, en general estaban unidos por un énfasis teológico liberal en la bondad natural de la humanidad y por su visión crítica de la capacidad del capitalismo para crear una sociedad justa.

 DESMOND TUTU (1931–2021)

En 1984, el sacerdote, educador y activista anglicano Desmond Tutu recibió el Premio Nobel de la Paz por su labor contra el apartheid en su Sudáfrica natal. En 1986, se convirtió en el primer arzobispo africano negro de Ciudad del Cabo, y en 1994 el presidente Nelson Mandela lo nombró presidente de la Comisión de la Verdad y la Reconciliación para ayudar a investigar y sanar los abusos de treinta y cuatro años de segregación oficial en Sudáfrica.

▼ Desmond Tutu.
Money Sharma/EPA/Shutterstock

● COREA

1919 Los protestantes coreanos destacan en el movimiento por la independencia de Japón.

1950–1953 Durante la guerra de Corea, muchos cristianos son asesinados en el Norte. En el Sur aumentan las actividades de ayuda de los católicos coreanos y otros cristianos.

1958 Fundación de las Asambleas de Dios, que crecerá hasta convertirse en la Iglesia del Evangelio Pleno de Yoido, que cuenta con la mayor congregación cristiana individual del mundo.

1984 El papa Juan Pablo II canoniza a noventa y tres mártires coreanos. Es la primera ceremonia de canonización que tiene lugar fuera del Vaticano.

1991 De los coreanos que profesan una religión, el 34 % son protestantes, el 10,6 % son católicos y el 51,2 % son budistas.

▼ Iglesia del Evangelio Pleno de Yoido.
N/Shutterstock

Fundamentalismo

Este polifacético movimiento conservador cobró importancia en Estados Unidos en la década de 1920. Su nombre procede de *The Fundamentals*, una serie de tratados publicados entre 1910 y 1915 para defender las verdades cristianas «fundamentales» frente a la teología liberal y la investigación bíblica crítica. Entre las primeras personalidades destacadas figuraba el presbiteriano de Princeton J. G. Machen (1881–1937). Pronto, las quejas contra las implicaciones políticas del evangelio social y contra la enseñanza de la evolución en las escuelas se asociaron a la causa fundamentalista, especialmente tras el juicio del profesor de Tennessee J. T. Scopes en 1925.

Evangelicalismo conservador

En la década de 1950, el movimiento fundamentalista había adquirido fama de divisionista, lo que llevó a muchos evangélicos estadounidenses a buscar asociaciones alternativas. Liderados por figuras como Harold John Ockenga (1905–1985) y Carl F. H. Henry (1913–2003), estos nuevos evangélicos mantenían gran parte de la ética teológica y política conservadora del fundamentalismo, pero se esforzaban por ser más cooperativos e intelectualmente respetables. Seminarios y universidades interconfesionales como el Instituto Bíblico Moody de Chicago y el Instituto Bíblico Prairie de Three Hills (Canadá) se convirtieron en centros del evangelicalismo conservador.

 BILLY GRAHAM (1918–2018)

Billy Graham, bautista del sur y natural de Carolina del Norte (EE. UU.), alcanzó fama internacional por sus «cruzadas» evangelísticas, campañas en estadios y discursos televisados. Más personas de todo el mundo han escuchado a Graham que a ningún otro predicador cristiano.

▼ Billy Graham. *Peter Foley/EPA/Shutterstock*

La gran reversión

Los evangélicos de los siglos XVIII y XIX estuvieron a la vanguardia de la reforma cultural y lideraron campañas por la justicia social inspiradas directamente en las implicaciones éticas de textos bíblicos como el Sermón del Monte. Sin embargo, los nuevos evangélicos del siglo XX tendieron por lo general hacia el conservadurismo político, rehuyendo de las implicaciones sociales radicales de sus predecesores homónimos. Esta aversión al liberalismo, una preocupación primordial por la salvación personal (nacer de nuevo) y una estrecha asociación de la cultura cristiana conservadora con los valores patrióticos estadounidenses condujeron a lo que el líder evangélico inglés John Stott (1921–2011) y otros han denominado la «gran reversión» de la preocupación social

evangélica. Esta evolución dentro de la rama dominante del cristianismo protestante ha tenido un efecto significativo en todo el mundo.

Mayoría moral

En Estados Unidos, la naturaleza política latente del cristianismo evangélico se movilizó con gran efecto en las décadas de 1970 y 1980. El televangelista Jerry Falwell (1933–2007) creó el movimiento Mayoría Moral en 1976. En lugar de hacer hincapié en la justicia social, el objetivo del grupo era recabar el apoyo de los evangélicos estadounidenses para causas políticamente conservadoras. La Mayoría Moral fue clave en las elecciones presidenciales de 1980 y 1984 de Ronald Reagan. Estos éxitos dieron lugar al renacimiento de la «derecha cristiana», que resultó ser la base electoral de los siguientes presidentes republicanos. Las divisiones internas y la insatisfacción con la agenda política conservadora de las últimas décadas del siglo XX fragmentaron en cierta medida a la derecha cristiana, dando sitio al ascenso de destacados evangélicos de centro o izquierda como Rick Warren (1954–), Tony Campolo (1935–) y Jim Wallis (1948–).

 MARTIN LUTHER KING JR. (1929–1968)

King era ministro y teólogo bautista en Alabama cuando se implicó en la organización y participación en boicots de apoyo a Rosa Parks (1913–2005) y en protesta contra la segregación racial en el sur de Estados Unidos. La protesta de 1955 catapultó a King a la fama nacional y se lo conoció como líder del movimiento por los derechos civiles. King era famoso por su enfoque pacífico, que incluía la desobediencia civil organizada, la no resistencia a la detención y la no violencia basada en principios y tácticas extraídos explícitamente del ejemplo dado por Jesús en el Nuevo Testamento. En 1964, King recibió el Premio Nobel de la Paz por su lucha no

© *Historia esencial del cristianismo* CLIE

violenta contra la injusticia racial. Sufrió múltiples atentados y fue asesinado el 4 de abril de 1968. Su cumpleaños oficial, en enero, fue reconocido por Estados Unidos como fiesta nacional en 1983.

NARNIA

En 1950, el profesor de Oxford C. S. Lewis (1898–1963) publicó *El león, la bruja y el armario*, una novela infantil ambientada en la tierra fantástica de Narnia. El libro y sus secuelas pretendían ser una introducción alegórica a temas cristianos. Son muy leídos y se han traducido a más de treinta idiomas.

L'ABRI

La hermandad L'Abri, que en francés significa «refugio», creó centros de estudio concebidos para dar cobijo a preguntas sinceras. La red se dirige principalmente a estudiantes evangélicos con mentalidad erudita. El primer centro fue fundado por los autores estadounidenses Francis (1912–1984) y Edith (1914–2013) Schaeffer en Suiza en 1955; desde entonces, la hermandad se ha extendido a Estados Unidos, Canadá, Reino Unido, Alemania, Brasil, Suecia, Países Bajos, Australia y Corea del Sur.

Teología de la liberación

En las décadas de 1960 y 1970 se desarrolló una teología católica romana, en gran parte como resultado de la resistencia a la política exterior estadounidense y europea en América Latina y, en parte, como contraposición teológica al evangelicalismo conservador que se consideraba que apoyaba esa política. Los teólogos y activistas de la «liberación» se opusieron a la explotación de los pobres

que se estaba produciendo en nombre del desarrollo industrial y del capitalismo occidental. Alentados por el ambiente de teología progresista que siguió al Concilio Vaticano II (1962–1965), dos conferencias de obispos latinoamericanos (1968, 1979) y los escritos del sacerdote dominico peruano Gustavo Gutiérrez (1928–) —especialmente *Teología de la liberación: Perspectivas* (1974)— ayudaron a establecer los parámetros de la teología de la liberación. Desde el punto de vista de que las estructuras sociales pueden ser intrínsecamente violentas y opresivas, el movimiento hacía hincapié en que la iglesia debería tener «preferencia por los pobres», que la salvación individual solo puede venir de la mano de la transformación social y que la creencia correcta (ortodoxia) solo puede venir de la acción correcta (ortopraxis).

EL PENTECOSTALISMO Y LA RENOVACIÓN CARISMÁTICA

El ejercicio de los «dones espirituales», o «charismata», ha sido durante mucho tiempo una característica de la experiencia cristiana, remontándose al menos hasta el don del Espíritu Santo a los discípulos de Pentecostés en Hechos 2 y a la comunidad a la que se dirigió el apóstol Pablo en 1 Corintios 12:8-11. En el siglo XX se renovó el interés por incorporar estos dones a la vida eclesiástica regular, lo que dio lugar a algunas de las tradiciones cristianas más controvertidas y también más dinámicas de la actualidad. Se calcula que los cristianos pentecostales y carismáticos representan una cuarta parte de todos los cristianos del mundo, y que quizá la mitad de esa población vive en América Latina.

1901 Surgimiento del pentecostalismo en Topeka, Kansas, bajo el liderazgo del profesor de la escuela bíblica Charles Parham (1873–1929) y su alumna Agnes Ozman (1870–1937).

1906 El pastor afroamericano William J. Seymour (1870–1922) preside el avivamiento pentecostal de la calle Azusa en Los Ángeles, California.

1908 Misioneros pentecostales de la calle Azusa activos en China.

c. 1910 Misioneros italianos fundan las primeras congregaciones pentecostales en Brasil. El movimiento se extiende rápidamente por Sudamérica, rivalizando con el catolicismo romano y superándolo en número de fieles.

1914 Fundación de las Asambleas de Dios en Estados Unidos, actualmente la mayor afiliación de iglesias pentecostales de todo el mundo.

1960 El padre Dennis Bennett (1917–1991) contribuye decisivamente a llevar la renovación carismática a su iglesia episcopal de California.

1967 Crecimiento del movimiento carismático entre los universitarios católicos romanos.

1974 John Wimber (1934–1997) ayuda a fundar el movimiento de la Iglesia de la Viña con su enseñanza de «Señales y maravillas» en el Seminario Teológico Fuller.

El cardenal Léon Joseph Suenens (1904–1996), uno de los principales teólogos del Concilio Vaticano II, apoya la renovación carismática en la Iglesia católica.

1990 Holy Trinity Brompton, una iglesia anglicana carismática de Londres, pone su curso de «Introducción al cristianismo» a disposición de otras organizaciones. El «Curso Alpha» ha sido utilizado por protestantes, católicos romanos e iglesias ortodoxas con unos 13 millones de participantes en todo el mundo.

1994 Un avivamiento carismático en una iglesia Vineyard en Toronto, Canadá, es apodado «la Bendición de Toronto», recibiendo atención mundial.

 SANIDAD

El Nuevo Testamento deja claro que un componente importante del ministerio de Jesús consistió en sanar a los enfermos, y que esperaba que sus discípulos hicieran lo mismo. De un modo u otro, las actividades curativas han formado parte de la experiencia eclesial desde entonces: desde la fundación de hospitales, manicomios y organizaciones de asesoramiento y enfermería hasta la atención individual a las necesidades del prójimo y la sanidad mediante la oración, el culto y la práctica bíblica de la «imposición de manos». Al principio de su carrera eclesiástica, Agustín de Hipona enseñó que la época de los milagros de sanidad había pasado; sin embargo, como teólogo maduro, se retractó de esta opinión y más tarde se hizo conocido por su ministerio de sanidad, algunos de los cuales relata en *La ciudad de Dios*. Las iglesias de la Europa medieval mantuvieron la eficacia sanadora de la oración de los santos. La Iglesia ortodoxa y la tradición católica romana cuentan con numerosos lugares sagrados a los que los peregrinos acuden en busca de sanidad, como el Monasterio de Ostrog, en Montenegro, y el Santuario de Nuestra Señora de Lourdes, en Francia. Los movimientos de «renovación carismática» asociados a las iglesias católica, anglicana y protestante sostienen que los milagros de sanidad del Nuevo Testamento continúan en la era moderna. El pentecostalismo, el movimiento cristiano mundial de más rápido crecimiento y más extendido de la historia, hace hincapié en la oración de sanidad, y los predicadores pentecostales atraen tanto a seguidores como a detractores. Además del fundador de la primera iglesia pentecostal, William J. Seymour (1870–1922), otros hombres y mujeres clave con ministerios de sanidad son Maria Woodworth-Etter (1844–1924), Smith Wigglesworth (1859–1947), John G. Lake (1870–1935), Aimee Semple McPherson (1890–1944, fundadora de la Iglesia del Evangelio Cuadrangular), Kathryn Kuhlman (1907–1976) y Randy Clark (1952–), cuyas reuniones de sanidad van acompañadas de informes sobre la desaparición milagrosa de placas metálicas y clavos médicos en el cuerpo de las personas, así como la aparición de dientes y empastes de oro donde antes no los había. Los métodos, la práctica y las expectativas de la sanidad son objeto de investigación y controversia; sin embargo, todas las principales confesiones tienen espacio para la sanidad en sus liturgias, y muchas tradiciones diferentes coinciden en que la labor cristiana de sanidad no cesó con la iglesia de los primeros apóstoles.

Catolicismo y liberación

En 1984, el cardenal Joseph Ratzinger (1927–2022), futuro papa Benedicto XVI (2005–2013), dirigió la Sagrada Congregación para la Doctrina de la Fe en un examen de la teología de la liberación. Los resultados refrendaron la preferencia por los pobres, pero se opusieron a la crítica marxista que la mayoría de los teólogos de la liberación utilizaban para analizar la sociedad. En 1986, la Congregación publicó la *Libertatis Conscientia,* lige-

▲ El patriarca ecuménico ortodoxo Bartolomé I y el papa Benedicto XVI saludan desde un balcón del Patriarcado en Estambul, Turquía, 2006. *Orestis PEPAgiotou/EPA/Shutterstock*

ramente más favorable, y al año siguiente el papa Juan Pablo II adoptó públicamente el lenguaje de la liberación al abordar las preocupaciones por la justicia social.

CONFLICTO NORIRLANDÉS

Conocido en inglés como «the Troubles» describe la época de guerra a bajo nivel, ataques terroristas y escaramuzas desde finales de la década de 1960. Los conflictos tienen profundas raíces históricas, que se remontan a 1609 y a la inmigración respaldada por el gobierno de colonos protestantes escoceses e ingleses a Irlanda, que desplazaron a la población católica irlandesa nativa. A pesar de la afiliación confesional de muchos de los participantes, los disturbios del siglo XX se consideran en gran medida de naturaleza nacionalista y sectaria: los enfrentamientos no se debieron a diferencias teológicas. La lucha giró en torno a los lealistas, que querían que Irlanda del Norte siguiera formando parte del Reino Unido, y los republicanos, que abogaban por una Irlanda unida e independiente del dominio británico. Más de 3500 personas murieron en los combates hasta el Acuerdo de Viernes Santo, alcanzado en 1998.

DOCTRINA CATÓLICA

1962–1965 Concilio Vaticano II. Establecido por el papa Juan XXIII, fue en muchos sentidos un concilio modernizador. Entre sus principales efectos se encuentran la prohibición del uso de la lengua vernácula, en lugar del latín, en la liturgia de la misa; el deshielo de las relaciones con protestantes y ortodoxos, y un renovado énfasis en cuestiones de paz y justicia, especialmente en el mundo mayori-

tario. El Vaticano II ha seguido suscitando controversias entre los partidos «tradicionalistas» y «progresistas» de la iglesia.

1965 El papa Pablo VI (1897–1978) y el patriarca ecuménico Atenágoras (1886–1972) acuerdan retractarse de las excomuniones mutuas del Gran cisma de 1054.

1968 *Humanae Vitae* reafirma la oposición católica al control de la natalidad.

1970 El papa Pablo VI reafirma el celibato clerical como exigencia y ley de la Iglesia católica.

ORDENACIÓN DE MUJERES

Las iglesias católica y ortodoxa no ordenan mujeres, como tampoco lo hacen muchas confesiones protestantes. En el siglo XX, varias iglesias anglicanas y protestantes aceptaron a mujeres como sacerdotes y obispos.

1944 Florence Li Tim-Oi (1907–1992), de Hong Kong, se convierte en la primera mujer sacerdote anglicana.

1956 En Estados Unidos, los metodistas y los presbiterianos ordenan a sus primeras mujeres ministras.

1977 La Convención General de la Iglesia Episcopal en los Estados Unidos de América autoriza la ordenación sacerdotal de mujeres.

1989 Barbara Clementine Harris (1930–2020) se convierte en la primera mujer obispo sufragánea de Massachusetts. Penelope Jamieson (1942–) es elegida obispo de Dunedin, Nueva Zelanda.

1994 La Iglesia anglicana de Inglaterra comienza a formar mujeres para el ministerio. En 2007 hay más mujeres que hombres preparándose para la ordenación.

 HOMOSEXUALIDAD

Las iglesias ortodoxas, la Iglesia católica romana y la mayoría de las denominaciones evangélicas y pentecostales no permiten la ordenación de clérigos homosexuales practicantes ni autorizan la bendición de parejas del mismo sexo. En el siglo XX, varias iglesias protestantes han abierto el camino a la plena inclusión de homosexuales, entre ellas la Iglesia Unida de Canadá, las iglesias luteranas de América, Alemania y Escandinavia, y muchas congregaciones presbiterianas. Dentro de la Comunión Anglicana, la Iglesia de Canadá (en 2002) y la Iglesia Episcopal de Estados Unidos de América (en 2003) han seguido adelante con la ordenación y bendición de personas del mismo sexo, contraviniendo la Resolución de Lambeth de 1998, que reafirmaba la práctica homosexual como incompatible con las Escrituras. El tema, que abarca cuestiones de sanación, discipulado, política, autoridad e interpretación bíblicas, el papel de la tradición y asuntos de obediencia eclesiástica, ha provocado profundas divisiones internas. Parece que dominará la agenda de la iglesia cristiana en el siglo XXI.

La lucha sudamericana

Sin embargo, la teología de la liberación no ha recibido el respaldo de Roma, y algunos sacerdotes se han visto obligados a abandonar el clero, como el brasileño Leonardo Boff (1938–) en 1992. La disposición de algunos sacerdotes sudamericanos a participar en la lucha armada y apoyar a los partidos revolucionarios no ha ayudado a su causa dentro de la iglesia. Las comunidades de liberación de Brasil y El Salvador participan en la agitación política y apoyan a partidos políticos. El poeta y sacerdote Ernesto Cardenal (1925–2020) apoyó activamente la guerrilla sandinista, uniéndose a la revolución que derrocó al gobierno dictatorial en 1979. Otro sacerdote, Camilo Torres Restrepo (1929–1966), fue asesinado por el gobierno colombiano cuando luchaba para el Ejército de Liberación Nacional.

El movimiento ecuménico

Un acontecimiento digno de mención en la historia del cristianismo es el auge y el alcance del movimiento ecuménico mundial en el siglo XX. Los ecumenistas lucharon por la unidad de todos los cristianos del mundo, independientemente de su denominación, tradición o credo. Inspirado por los resurgimientos evangélicos interconfesionales de los siglos XVIII y XIX, el movimiento moderno comenzó en 1910 con la Conferencia Misionera Mundial de Edimburgo (Escocia). En 1920, el patriarcado de Constantinopla publicó la primera de *Las cartas encíclicas del patriarcado de Constantinopla sobre la unidad de los cristianos y el «Movimiento ecuménico»* (completadas en 1952). Esta importante declaración doctrinal instaba a participar plenamente en el acercamiento de los cristianos separados. No fue plenamente aceptada por todas las iglesias autocéfalas, incluida la Ortodoxia rusa. Por ello, estos organismos estuvieron ausentes de la primera Conferencia Mundial de Fe y Constitución, celebrada en Lausana (Suiza) en 1927.

 ÓSCAR ARNULFO ROMERO (1917–1980)

Nombrado arzobispo de San Salvador en 1977 por su oposición a la teología de la liberación, Romero cambió de opinión ante la corrupta dictadura que gobernaba El Salvador. Atrajo una fuerte oposición del gobierno y fue asesinado mientras celebraba misa en 1980.

MADRE TERESA (1910–1997)

Teresa, monja católica albanesa admiradora de Francisco de Asís, fundó las Misioneras de la Caridad en Calcuta (India) en 1950. Su labor con los huérfanos y moribundos atrajo la atención internacional (recibió el Premio Nobel de la Paz en 1979) e inspiró una serie de iniciativas similares a lo largo de la India y en otros países.

▼ Madre Teresa.
  David Hartley/Shutterstock

En el mundo...

El Consejo Mundial de Iglesias (compuesto por 147 miembros) se formó en 1948 bajo la dirección del holandés W. A. Visser 't Hooft (1900–1985). Los rusos se unieron a la mayoría de las demás iglesias ortodoxas en 1961. Tras una visita del arzobispo anglicano Geoffrey Fisher (1887–1972) al papa Juan XXIII en 1960 (la primera visita de este tipo desde 1397), el Vaticano también envió observadores oficiales al Consejo en 1961, aunque la Iglesia católica romana no se ha convertido en miembro de pleno derecho. En 1993, había 322 iglesias participantes de todas las denominaciones que trabajaban juntas en asuntos de misión, justicia social y culto.

▲ Una vista de la Tierra desde el espacio.
  PhotoDisc

... y más allá

Dos mil años después de su creación como secta radical y perseguida, el cristianismo es ahora un verdadero fenómeno internacional, la religión más poblada del mundo, con una mayor variedad de expresiones que cualquier otro sistema de creencias del planeta. De hecho, se ha extendido más allá de la Tierra. La primera comida y bebida extraplanetaria jamás consumida tuvo lugar el 20 de julio de 1969, cuando el astronauta Edwin «Buzz» Aldrin (1930–) celebró la Comunión en la superficie de la Luna. Aunque nunca será posible contar toda la historia del cristianismo en todos sus detalles, sin duda es cierto que los obstinados ateos que tanto preocupaban a los gobernantes de un imperio pasado han recorrido un largo camino.

 CONGRESOS DE LAUSANA SOBRE LA EVANGELIZACIÓN MUNDIAL

En 1974, el predicador estadounidense Billy Graham (1918–2018) expresó su deseo de «unir a todos los evangélicos en la tarea común de la evangelización total del mundo». El resultado fue la reunión de más de 2400 líderes eclesiásticos y misioneros de 150 países en Lausana (Suiza) para celebrar el Primer Congreso Internacional sobre la Evangelización Mundial. El evento, presidido por el teólogo británico John Stott (1921–2011), se centró en la misión a «grupos de personas no alcanzadas» y en la necesidad de que la misión se comprometa con la justicia social. Este último punto fue especialmente resistido por los evangélicos estadounidenses, recelosos del «evangelio social» asociado al liberalismo teológico y a una política crítica con el capitalismo. En una reunión posterior, Stott se enfrentó a Graham por esta resistencia, argumentando a partir del Nuevo Testamento que los misioneros debían ocuparse tanto del cuerpo como del alma de las personas. El resultado fue el Pacto de Lausana y un respaldo a la misión holística que integra la evangelización con la justicia social.

◀ La sesión de clausura del domingo por la noche del Tercer Congreso de Lausana sobre la Evangelización Mundial en Ciudad del Cabo 2010. *Tercer Congreso de Lausana sobre la Evangelización Mundial en Ciudad del Cabo, 2010. www. lausanne.org*

▶ Billy Graham y otros en el Primer Congreso Internacional sobre Evangelización Mundial, 1974. *Foto cortesía de la Asociación Evangelística Billy Graham. Utilizada con permiso. Todos los derechos reservados*

GLOSARIO

anabautismo: del griego *anabaptizein* (bautizar de nuevo). Diversas corrientes de reformadores radicales del siglo XVI rechazaron el bautismo de niños en favor del bautismo de adultos. Estos europeos habían sido bautizados de bebés, pero ahora hacían una profesión de fe consciente. Los grupos anabautistas se inclinaban por el pacifismo y la estricta separación de Iglesia y Estado. La tradición anabautista perdura hasta nuestros días.

anacoreta: persona que hace votos para vencer las tentaciones y llevar una vida de contemplación y oración. Los anacoretas pueden ser eremitas solitarios o vivir en monasterios organizados. Suelen vivir en espacios reducidos e incómodos y practican una disciplina rigurosa. El ejemplo más famoso es el de Simeón el Estilita, que vivió en lo alto de una columna hasta su muerte en 459.

anticristo: el adversario de Cristo y el príncipe de sus enemigos. Históricamente, diversos grupos cristianos han denunciado como anticristo a gobernantes y líderes religiosos contrarios. Algunas tradiciones identifican el nombre con un principio del mal más que con una persona concreta. En la Biblia, la palabra solo aparece en 1 y 2 Juan en singular y plural. El anticristo también suele identificarse con la descripción de 2 Tesalonicenses 2 y varios personajes simbólicos del libro de Apocalipsis.

antipapa: una persona erigida como papa en oposición a la persona actualmente elegida por la sede o que se considera que está en posesión legítima del cargo.

apocalipticismo: del griego *apokalypto* (revelar). La creencia en la futura destrucción del mundo, o al menos del orden mundial actual. Espera la fundación de un nuevo cielo y una nueva tierra, y el triunfo de Dios sobre el mal.

Apocalipsis es el nombre que recibe el último libro de la Biblia, también llamado Libro de la Revelación.

apócrifos: escritos religiosos antiguos no incluidos en el canon de las Escrituras. Las Biblias católica romana y ortodoxa contienen libros hebreos no aceptados por los protestantes como parte del canon del Antiguo Testamento. El término también se aplica a las primeras obras cristianas de dudosa autenticidad y teología que no fueron aceptadas para su inclusión en el Nuevo Testamento.

apostasía: abandono, normalmente público y generalmente ante la persecución, del cristianismo.

autocéfala: el término suele referirse a las iglesias ortodoxas gobernadas por sus propios sínodos nacionales. Están en comunión con otras iglesias ortodoxas, pero no están bajo la autoridad superior de otro patriarca o metropolitano.

basílica: forma primitiva de iglesia inspirada en la arquitectura romana. En la actualidad, el título se reserva a iglesias de importancia ceremonial, histórica o privilegiada.

bautismo: aplicación de agua en la cabeza o inmersión completa del cuerpo. La ceremonia es un sacramento que representa la purificación del pecado y la entrada en la comunidad de los cristianos.

bula: una bula papal es un documento oficial emitido por el papa, relativo a asuntos de gran importancia para la iglesia y la sociedad en general.

canon: lista oficial de reglas, santos o libros bíblicos considerados auténticos y estándar. En el catolicismo romano y el anglicanismo, un canon es también el sacerdote de mayor rango de una iglesia o parroquia.

cardenal: alto clero católico de las parroquias de Roma. Administran la iglesia y son los consejeros inmediatos del papa. El derecho a elegir un nuevo papa es exclusivo de ellos.

carismático: del griego *charisma* (don de la gracia divina). El término se refiere generalmente a lo que en el cristianismo tiene que ver con los dones otorgados por Dios a individuos para el bien de la iglesia, como los descritos en 1 Corintios 7 y 12. El término ha llegado a describir aquellos movimientos cristianos que enfatizan las obras del Espíritu Santo y la experiencia religiosa personal de sanar, profetizar y hablar en lenguas.

catecúmenos: personas que reciben instrucción en los principios de la fe cristiana con vistas al bautismo. En la época del cristianismo primitivo, el programa de catequesis podía durar varios años.

cenobita: miembro de una comunidad religiosa que ha hecho votos. A diferencia de los eremitas, que viven solos, los cenobitas pueden comprometerse a vivir en silencio o en pobreza en común con otros.

cisma: ruptura grave y formal de la unión dentro de una tradición eclesiástica.

comunión de ambos tipos: la recepción tanto del pan como del vino durante la eucaristía. Históricamente, diversas tradiciones eclesiásticas han reservado a veces uno de los elementos para el clero, y han dado solo el pan o el vino a la congregación.

concordato: acuerdo formal entre el papa y el gobierno relativo a la regulación y organización de la iglesia en un Estado determinado.

cristología: aspecto de la teología que trata específicamente de la obra y la persona de Jesucristo. A menudo se asocia con las formulaciones trinitarias y con el análisis de las implicaciones del señorío de Jesús para la vida y el pensamiento cristianos.

curato: del latín *cura* (cuidado), el término se refiere al miembro del clero encargado del cuidado de la gente en la parroquia. En la iglesia anglicana, el curato es un sacerdote subalterno o asistente.

deísmo: del latín *deus* (dios), el deísmo es un movimiento de pensamiento que tiene sus raíces en el racionalismo del siglo XVIII opuesto al cristianismo. Los deístas afirman la existencia de un ser supremo que creó el universo, pero niegan a este ser toda dimensión personal, intervención sobrenatural o revelación. Muchos filósofos de la Ilustración eran deístas, al igual que los principales líderes de la Revolución francesa y la mayoría de los padres fundadores de los Estados Unidos.

diácono: del griego *diakonos* (siervo). Un diácono es un funcionario de la iglesia. La función exacta varía según la tradición cristiana. Algunos diáconos son miembros ordenados del clero, mientras que otras denominaciones reservan el título a miembros del público laico que ayudan a los dirigentes y sirven a la comunidad en general en nombre de la iglesia.

diáspora: el término suele referirse a las comunidades judías que viven fuera de Tierra Santa. La etiqueta también se aplica a grandes poblaciones de otros pueblos exiliados de sus patrias tradicionales.

diócesis: del griego *dioikesis* (administración), el término se refiere al distrito geográfico o red de iglesias bajo la jurisdicción de un obispo.

disidentes: grupos y confesiones cristianas que se separan de la iglesia oficial.

docetismo: del griego *dokeo* (parecer). Es la opinión de que Jesús solo parecía ser humano. Los docetistas negaban la importancia del cuerpo y la doctrina de la encarnación. Como «espíritu puro», Jesús no tenía forma física y,

203

por tanto, solo parecía sufrir y morir. Fue condenada como una herejía gnóstica por los primeros Padres de la Iglesia; sin embargo, las ideas persistieron hasta la época medieval en los albigenses.

doctores de la Iglesia: en el catolicismo romano, el papa puede conceder este título a teólogos de mérito sobresaliente, probada influencia histórica y vida santa. En 2024, se cuentan treinta y siete hombres y mujeres en la lista.

doctrina: creencia o conjunto de creencias que un grupo o tradición considera autorizadas. En el cristianismo, las doctrinas son los principios fundamentales que forman el cuerpo esencial del dogma cristiano.

dogma: del griego *dokein* (pensar). Declaraciones e ideas que deben ser aceptadas u obedecidas por todos los cristianos. Los primeros cristianos designaban como verdad revelada las enseñanzas de Cristo y sus apóstoles. Las tradiciones posteriores ampliaron el papel de la iglesia en la definición e interpretación del dogma; sin embargo, siempre se mantiene la distinción entre la enseñanza de Cristo y la de los demás.

encarnación: doctrina cristiana según la cual, en la persona de Jesucristo, la Divinidad asumió carne humana. Cristo es a la vez Dios y hombre. La doctrina se definió formalmente en el Concilio de Calcedonia en 451, pero sus raíces se remontan a las primeras creencias cristianas sobre Jesús, como las que se encuentran en Gálatas 4, Mateo 11 y Juan 1.

encíclica: originalmente una carta circular enviada a múltiples destinatarios, el término se refiere ahora a los documentos oficiales del papa. A diferencia de las bulas, que tienen un público general, las encíclicas se dirigen a los obispos y arzobispos de la Iglesia católica romana.

escatología: del griego *eschatos* (lo último). Este aspecto de la teología aborda la naturaleza y el destino de la creación y las implica-

ciones del reino de Dios predicado por Jesús. Considera la cuestión de la muerte, la resurrección, la inmortalidad, el juicio divino y la salvación, y el estado futuro del mundo. Está relacionada con el apocalipticismo, pero no es sinónimo de él.

etnarca: gobernante de un grupo étnico o reino. El Imperio otomano musulmán estableció etnarcas sobre las comunidades nacionales religiosas minoritarias (llamadas *millets*) que vivían bajo su influencia.

eucaristía: del griego *eukharistia* (dar gracias). Acto central del culto cristiano. Según la tradición, también se denomina sagrada comunión, cena del Señor, Santísimo Sacramento, divina liturgia o misa. El rito celebra la última cena de Jesús con sus discípulos (Marcos 14 y paralelos) y es una de las primeras instituciones del cristianismo (véase 1 Corintios 11). La toma del pan y del vino en conmemoración de la entrega del cuerpo y la sangre de Jesús ha sido fuente de gran controversia en cuanto a la naturaleza exacta de los elementos y su significado. Para la Ortodoxia y el catolicismo romano, en el momento de la consagración, el pan y el vino sufren una transformación metafísica (*transubstanciación*) y se convierten en el cuerpo y la sangre de Jesucristo. Para muchos anglicanos y luteranos, este acto significa la *presencia real* o *espiritual* de Jesús con los comulgantes. Otros grupos protestantes la consideran un acto conmemorativo con un significado meramente simbólico. Todas las tradiciones cristianas consideran la eucaristía como un acontecimiento importante en la vida comunitaria de la iglesia.

excomunión: exclusión formal de una persona de la comunión de la iglesia. Una persona así excluida no puede administrar ni recibir legalmente la eucaristía, y cualquier acción que lleve a cabo en nombre de la iglesia queda invalidada.

Filioque: palabra en latín que significa *y del Hijo*. Designa la fórmula dogmática trinitaria según la cual el Espíritu Santo procede tanto

© *Historia esencial del cristianismo* CLIE

del Padre como del Hijo. Fue insertada en el Credo de Nicea por la iglesia occidental sin consultar con Oriente y sigue siendo un punto central de discordia entre las tradiciones.

fin de los tiempos: véase *apocalipticismo* y *escatología*.

galicanismo: el término hace referencia a las doctrinas y prácticas de la iglesia y la corte que reivindicaban ciertos privilegios y libertades para la Iglesia francesa en relación con la autoridad romana. El movimiento tiene sus raíces intelectuales en la enseñanza de la Universidad de la Sorbona en el siglo XIII.

gnosticismo: del griego *gnosis* (conocimiento). El término no se refiere a una religión o sistema específico, sino más bien a la familia de creencias heréticas que emanan de las sectas paganas precristianas, judías y cristianas primitivas que otorgaban un gran valor a la obtención de conocimientos secretos sobre la creación y el reino espiritual. Los gnósticos buscaban la liberación del alma pura de la prisión de la materia física y solían afirmar que el mundo había sido creado por un demonio (o *demiurgo*) que debía distinguirse del Dios verdadero. Los gnósticos negaban la encarnación corporal, la crucifixión y la resurrección de Jesucristo. Muchos de los libros apócrifos rechazados del canon del Nuevo Testamento, como el *Evangelio de Tomás* y el *Evangelio de María Magdalena*, eran de origen gnóstico.

herejía: negación formal y oposición sostenida a cualquier doctrina definida de la fe cristiana.

homoousion: expresión técnica griega que significa «de una sola sustancia». Utilizada por primera vez en el Concilio de Nicea (325) para describir la relación del Hijo con el Padre. Esta formulación trinitaria pretendía deliberadamente excluir a los seguidores de Arrio.

iconos: imágenes planas, generalmente pintadas sobre madera y que a menudo incorporan pan de oro u otro material precioso. Las imágenes representan a santos, a la santísima Virgen María o al Señor Jesucristo y desempeñan un papel central en la devoción pública y privada de muchos cristianos, especialmente en las tradiciones ortodoxas.

iglesia establecida: cualquier tradición eclesiástica reconocida como iglesia oficial del Estado o a la que se otorga el estatus de institución nacional. Existe una gran variedad de acuerdos entre el Estado y la Iglesia.

indulgencias: práctica tradicional de remitir la pena por los pecados recurriendo a los méritos de Cristo y los santos. En la Edad Media se concedían indulgencias a quienes participaban en cruzadas o se vendían certificados de remisión expedidos por la iglesia.

Inmaculada Concepción de la Virgen María: En el catolicismo romano, dogma según el cual, desde el primer momento de la concepción, María, la madre de Jesús, se mantuvo libre del pecado original.

investidura laica: práctica consistente en que un rey (u otro gobernante no ordenado) nombra a los obispos y otros funcionarios clave de la iglesia, les otorga los símbolos de su autoridad y patrocina su permanencia en el cargo.

juicio de ordalía: método para determinar la culpabilidad o inocencia de una persona exigiéndole que realice tareas dolorosas o peligrosas. Si la persona escapaba del daño o de la muerte, se consideraba una prueba divina de su inocencia. Esta técnica se empleaba a menudo contra las mujeres acusadas de brujería.

liturgia: en la Iglesia ortodoxa, la liturgia se refiere principalmente al rito de la eucaristía. En general, dentro de las tradiciones cristianas, las liturgias son formas prescritas de culto público que contrastan con las prácticas privadas e informales.

menonitas: originalmente seguidores del reformador anabautista holandés Menno Simons, el movimiento es conocido por su no violencia y sencillez de vida.

metropolitano: en la Ortodoxia, se denomina así al obispo que ejerce la jurisdicción provincial, con un rango inmediatamente inferior al del patriarca. En el catolicismo romano, el metropolitano es el obispo con poderes provinciales que supervisa a los obispos sufragáneos (o auxiliares).

millets: véase *etnarca*.

misa: véase *eucaristía*.

misticismo: la práctica de buscar el conocimiento inmediato de lo divino a través de la meditación personal, las experiencias religiosas y las disciplinas espirituales como el ayuno y el ascetismo.

no conformistas: disidentes protestantes británicos que se negaban a acatar las doctrinas y la autoridad de la Iglesia oficial de Inglaterra.

obispado: véase *diócesis*.

obispo: miembro principal o superior del clero que supervisa varias congregaciones en una diócesis u obispado. Algunas tradiciones cristianas no tienen obispos. En el catolicismo romano, el anglicanismo y la Ortodoxia, los cardenales, arzobispos, papas, patriarcas y metropolitanos son grados del cargo.

ordenando: persona que se prepara para ser admitida en el ministerio de la iglesia como sacerdote o ministro.

Padres de la Iglesia: los primeros teólogos cristianos de los siglos II al VII, cuyos escritos fueron fundamentales para la doctrina de la iglesia.

papa: del latín *papa* y el griego *pappās'* (Padre). En Occidente, el título se reserva ahora exclusivamente al obispo de Roma, líder de la Iglesia católica romana. Las Iglesias ortodoxa y copta utilizan el título para el patriarca de Alejandría. Durante los primeros años de la iglesia, se refería a cualquier obispo.

parroquia: subdivisión de una diócesis. Zona geográfica bajo el cuidado de un sacerdote o ministro.

parusía: del griego *parousīa* («presencia» o «llegada»). Doctrina escatológica del regreso o segunda venida de Cristo para juzgar a vivos y muertos e inaugurar una nueva era.

pascual: del hebreo *Pesaj* (Pascua). La palabra se utiliza para describir todo lo relacionado con la celebración cristiana de la Pascua. A menudo se hace referencia a Cristo como el cordero pascual, en alusión al cordero sacrificado durante la Pascua judía.

patriarca ecuménico: Patriarca de Constantinopla y máximo responsable de la Iglesia ortodoxa.

patriarca: título dado a los obispos de las cinco sedes principales de la cristiandad primitiva: Alejandría, Antioquía, Jerusalén, Roma y Constantinopla. Más recientemente, también se da al jefe de las Iglesias ortodoxas autocéfalas.

pecado original: en la teología cristiana, la expresión describe el estado de corrupción o tendencia al mal innato en todas las personas, un estado heredado como consecuencia de la pecaminosidad de los primeros seres humanos. La idea es articulada por el apóstol Pablo en Romanos 5 y fue aceptada de alguna forma por la mayoría de los primeros Padres de la Iglesia. Entre las figuras clave posteriores en la formulación de la doctrina se encuentra Agustín de Hipona.

penitencia: sacramento de las Iglesias ortodoxa, católica romana y algunas otras. Sistema formal de confesión, arrepentimiento y reparación de los pecados cometidos, generalmente administrado por una autoridad religiosa. En la Edad Media, a veces se exigían actos de penitencia pública a los reyes y gobernantes que habían sido excomulgados por el papa.

presbítero: la organización más primitiva del liderazgo eclesiástico era la de una junta de presbíteros o ancianos (véase Hechos 14). Los presbíteros de la Iglesia primitiva supervisaban la enseñanza y la administración de las congregaciones locales, con un rango inferior al de los obispos. Las tradiciones posteriores mantuvieron el cargo como un ministro superior. El *presbiterianismo* describe las estructuras confesionales que no tienen obispos ni líderes designados, sino que están gobernadas por ancianos elegidos popularmente para sus cargos.

purgatorio: en la doctrina católica romana, las almas de las personas que han muerto en estado de gracia, pero que aún necesitan purificarse entran en una condición o tiempo de purga espiritual antes de alcanzar el estado final de bienaventuranza. Las oraciones por los difuntos pueden ayudar a la purificación del alma, al igual que las indulgencias y los actos de penitencia realizados por los vivos. La Ortodoxia mantiene las oraciones por los difuntos y un tiempo de purificación, pero es menos explícita sobre los detalles del purgatorio. Esta doctrina fue uno de los principales objetivos de la crítica de los reformadores y es rechazada por todas las tradiciones protestantes.

quietismo: cualquier filosofía religiosa o política que enfatice la pasividad y la no resistencia a la agresión gubernamental o, de forma más general, fomente la retirada del compromiso social.

rapto: transporte literal (o arrebato) de los creyentes al cielo en la segunda venida de Cristo. En algunos grupos protestantes prevalecen variaciones de esta creencia. La idea procede principalmente de la teología puritana del siglo XVIII y no existe una tradición eclesiástica primitiva de la doctrina. Muchas denominaciones protestantes y las Iglesias anglicana, católica romana y ortodoxa no la aceptan.

sacramentos: ritos cristianos que se consideran un medio o una forma visible de gracia. Las Iglesias ortodoxa, católica romana y algunas protestantes mantienen los siete ritos del bautismo, la confirmación, la eucaristía, la penitencia, la unción de los enfermos, la ordenación y el matrimonio. El anglicanismo distingue el bautismo y la eucaristía (que fueron ordenados por Jesús) de los otros cinco. Otras tradiciones protestantes solo mantienen el bautismo y la comunión.

sede: residencia oficial de un obispo.

segunda venida: véase *parusía*.

simonía: compra o venta de cosas espirituales. El término se aplica especialmente a la práctica de pagar para ser ordenado o para alcanzar un cargo en la iglesia. La palabra deriva de la historia de Simón el Mago en Hechos 8.

sincretismo: combinación de dos sistemas religiosos diferentes. La práctica de presentar el cristianismo utilizando los ritos y conceptos de otras religiones se hizo especialmente controvertida tras las misiones católicas romanas al sudeste asiático en los siglos XVI y XVII.

teocracia: «Gobierno de Dios». Políticamente, el término se refiere a gobiernos que regulan directamente las leyes civiles según principios religiosos. En la Ginebra de Calvino, en el siglo XVI, se intentó instaurar una teocracia cristiana.

teología dialéctica: un modo de teología que se opone tanto al optimismo liberal como al dogmatismo conservador. Hace hincapié en los límites de lo que los seres humanos pueden saber sobre Dios, subrayando la trascendencia de lo divino, nuestra necesidad de revelación y las tensiones y paradojas inherentes a la existencia. Entre sus personajes clave figuran Søren Kierkegaard y Karl Barth.

tonsura: afeitado total o parcial de la cabeza en señal de observancia religiosa y renuncia a los valores mundanos. Tradicionalmente la practicaban todos los monjes y clérigos católicos romanos. Algunas órdenes católicas modernas mantienen variaciones de esta práctica, al igual que los clérigos ortodoxos.

traditores: nombre dado a los cristianos norafricanos que entregaron sus Escrituras durante la persecución del emperador Diocleciano a principios del siglo IV.

transubstanciación: véase *eucaristía*.

vicario: del latín *vicarious* («sustituto» o «representante»). En la tradición anglicana, se suele llamar vicario al sacerdote de una iglesia parroquial. En el catolicismo romano, los vicarios son sacerdotes de alto rango que actúan en lugar de otro sacerdote. Los vicarios generales son funcionarios que representan a un obispo.